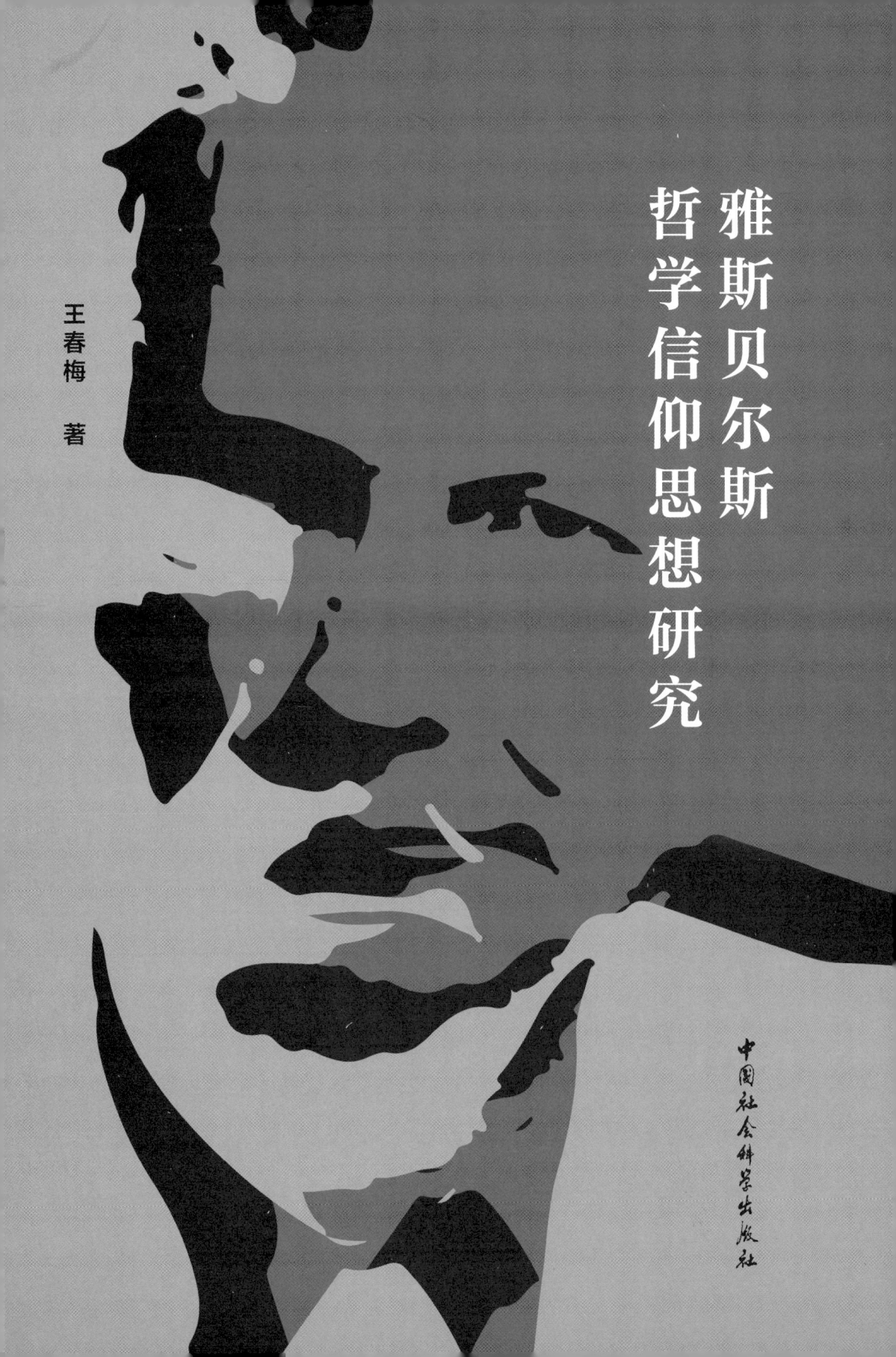

雅斯贝尔斯哲学信仰思想研究

王春梅 著

中国社会科学出版社

图书在版编目（CIP）数据

雅斯贝尔斯哲学信仰思想研究／王春梅著 .—北京：中国社会科学出版社，2023.7

ISBN 978-7-5227-2046-3

Ⅰ.①雅… Ⅱ.①王… Ⅲ.①雅斯贝尔斯（Jaspers, Karl 1883-1969）—哲学思想—研究 Ⅳ.①B516.53

中国国家版本馆 CIP 数据核字（2023）第 102685 号

出 版 人	赵剑英
责任编辑	刘亚楠
责任校对	张爱华
责任印制	张雪娇

出　　版	中国社会科学出版社
社　　址	北京鼓楼西大街甲 158 号
邮　　编	100720
网　　址	http://www.csspw.cn
发 行 部	010-84083685
门 市 部	010-84029450
经　　销	新华书店及其他书店
印　　刷	北京明恒达印务有限公司
装　　订	廊坊市广阳区广增装订厂
版　　次	2023 年 7 月第 1 版
印　　次	2023 年 7 月第 1 次印刷
开　　本	710×1000　1/16
印　　张	16.25
插　　页	2
字　　数	246 千字
定　　价	98.00 元

凡购买中国社会科学出版社图书，如有质量问题请与本社营销中心联系调换
电话：010-84083683
版权所有　侵权必究

目 录
CONTENTS

导 论　　　　　　　　　　　　　　　　　　　　　　　1

第一章　哲学信仰提出的背景　　　　　　　　　　　11

第一节　个体性生存自身及其信仰的缺失　　　　　12
　　一　雅斯贝尔斯对时代处境的反思　　　　　　13
　　二　个体性信仰的危机　　　　　　　　　　　16
第二节　西方传统哲学的困境　　　　　　　　　　19
　　一　古希腊思想家的追问　　　　　　　　　　20
　　二　哲学的宗教化与科学化时代　　　　　　　28
　　三　康德与黑格尔的努力　　　　　　　　　　33
第三节　哲学信仰的提出　　　　　　　　　　　　37
　　一　生存性哲学属于真正的哲学信仰　　　　　38
　　二　哲学信仰基本的思想内容　　　　　　　　42

第二章　走进哲学信仰的方法　　　　　　　　　　　47

第一节　非客观性　　　　　　　　　　　　　　　50
　　一　客观性与非客观性：基于科学与哲学不同思维之比较　　51
　　二　"非客观"的内涵　　　　　　　　　　　52

· 1 ·

   三 非客观性在哲学活动中的运用与遭难 54

 第二节 主客分裂 57
   一 何谓主客分裂？ 57
   二 生存性活动中的主客分裂 58
   三 主客分裂中的哲学信仰 61

 第三节 超越性 64
   一 生存的超越行为 65
   二 主客分裂意义上的超越 68
   三 对客观性的超越 70

第三章 哲学信仰的基石——生存 76

 第一节 生存阐明 76
   一 生存阐明的实质与目的 77
   二 生存阐明的环节与方法 78

 第二节 生存性自我存在的基础 80
   一 世界探源：生存性自我存在的基础 81
   二 世界之为世界 82

 第三节 生存性自我与非生存性自我 84
   一 实存性自我 85
   二 意识一般之自我 86
   三 精神性自我 87
   四 生存性自我 88

 第四节 生存性自我在交往、历史性与自由中阐明自身 91
   一 交往 91
   二 历史性 94

三	自由	95
第五节	生存遭遇边缘处境	98
一	边缘处境	98
二	自我面对边缘处境的三重飞跃	99
三	几种特定的边缘处境	101
四	边缘处境的哲学意义	108
第六节	生存在绝对意识中确信自我存在与超越性存在	109
一	绝对意识之本源运动	112
二	绝对意识之实现	115
三	绝对意识之确保	117

第四章 哲学信仰的"对象"——超越　　128

第一节	超越在形而上运动中显现自身	130
一	在形而上的客观性中阐明超越的现实	131
二	超越在客观范畴的超越中显现自身	134
三	超越在生存的思维失败中显现自身	135
第二节	超越在生存性的关涉中显现自身	136
一	反抗与服从	138
二	上升与下沉	141
第三节	超越在密码中显现自身	146
一	密码的内涵与种类	147
二	生存解读密码的方式与行为	152
三	解读密码与传统存在论	155
四	生存、密码、超越：密码思想的意义	157

| 第五章 哲学信仰的性质——理性 | 162 |

第一节 宗教还是哲学？	163
一 雅斯贝尔斯的信仰观	165
二 宗教和哲学、宗教信仰和哲学信仰的关系	166
三 客观评价雅斯贝尔斯哲学思想中的神学性质	173
第二节 哲学信仰是理性的信仰	181
一 雅斯贝尔斯理性的意旨	182
二 理性的优越性	184
三 "理性哲学"	186
第三节 从哲学根源与"三个命题"看哲学信仰的性质	186
一 哲学根源问题	187
二 关于哲学信仰的几个命题	191

| 第六章 哲学信仰的视域——大全 | 196 |

第一节 大全	197
一 基于对象与视域的大全的阐明	197
二 超越了一切客观性的大全	199
三 大全与传统哲学中的"存在"的区分	200
四 对雅斯贝尔斯"大全"的疑问	202
第二节 哲学信仰在大全各个样态及其彼此关系中的阐明	203
一 实存、意识一般、精神及其与生存在大全视域中的关系	205
二 世界及其与生存的关系	208
三 超越在哲学信仰中的意义	209

四　再论理性及其在哲学信仰中的意义　　213
第三节　有关大全内部的逻辑关系问题　　217
　　一　大全与它的样态之间的逻辑关系　　218
　　二　各个样态之间在大全视域中的逻辑关系　　219
第四节　超越与大全　　222
　　一　在超越与大全的相异中理解两者的关系　　222
　　二　在超越与大全的互摄中理解两者的关系　　223
　　三　大全属于超越最终的旨归　　224

第七章　哲学信仰的旨向——沟通　　226

第一节　雅斯贝尔斯思想中的沟通　　228
　　一　人与人之间的沟通　　229
　　二　人与存在之间的沟通　　229
　　三　不同文化之间的沟通　　229
第二节　世界哲学　　232
　　一　世界哲学何以可能？　　233
　　二　哲学信仰的现实　　235
第三节　雅斯贝尔斯哲学信仰视域中的儒家哲学　　237

参考文献　　248

导　　论

卡尔·雅斯贝尔斯（Karl Jaspers，1883 – 1969）是 20 世纪最具影响力的德国哲学家之一。虽然最初被冠以"存在主义者"之称号，但其思想的影响是广泛的，不仅仅局限于存在主义领域，当他本人对这一冠名称号进行反驳时，足以证明他也不希望自己的思想仅仅被局限于某一派别。尽管如此，其所表现出来的情况则是：他的影响无论是在他生前还是去世后都有逊于他的同胞海德格尔。作为同一时代的伟大哲学家，雅斯贝尔斯与海德格尔同时见证并深刻体验了他们的时代，两人有着对时代面临主题问题的思考，虽然有时候思考结论不同，也有着共同的哲学话题，例如对于人的问题的思考、对于存在问题的思考，当然也有这些思想的"不谋而合"之处，等等。雅斯贝尔斯与海德格尔两人的思想有着千丝万缕的关系，正如两人的交往关系，但不同显然是主要的，本书对两人思想的异同有讨论的地方，不过并不是作为专题，两人的气质、性格以及思想之具体比较，并不属于本书关注的范围。本书认为，比起海德格尔，雅斯贝尔斯的思想影响在目前并不是很大，但两人的思想意义却相当，雅斯贝尔斯的哲学思想在今天具有很大的发展空间，有一定的理论意义和现实意义，需要认真挖掘与严肃对待。

很多人认为雅斯贝尔斯的著作与思想不好把握，晦涩难懂。实际上，雅氏的思想与其独特的思维风格有关，而其独特的思维究其根本都与他的"哲学信仰"这一思想主题有着直接关系，也可以说，他的哲学信仰思想导致了其独特的哲学思维。在雅氏思想中，哲学信仰占据着非常重要的地位，贯穿于他的整个哲学学说。叔斯勒在其介绍雅斯贝尔斯的一本书中说道："在某种广泛的意义上，雅斯贝尔斯的全部哲学都可被理解为哲学信仰。"① 这种说法毫不夸张，虽然后来世界哲学成为雅氏的关注点，然而那仍然是以哲学信仰为基点的，哲学信仰构成了世界哲学能够实现的前提和基础，或者说，具有更加开阔视野的世界哲学是哲学信仰发展的逻辑必然。既然如此，那么问题的关键就在于理解雅氏的哲学信仰思想。

雅斯贝尔斯的哲学信仰指的是什么？其思想究竟有什么意义？直接而言，所谓哲学信仰，其本质在于认为哲学就是个体的信仰行为，雅氏以生存（*Existenz*）与超越（*Transzendenz*）的关系阐述之，在这一信仰状况中，没有所谓的"异教徒"之说，而只有存在意识中的自由思想以及对存在的坚信，在哲学视域中，信仰者不再受教会、信条、制度的束缚。哲学信仰的思想精髓在于：在哲学信仰中，个体之间进行自由的交往，不同的文化由于源初的存在意识因而具有了沟通意义。笔者认为，哲学信仰揭示并渗透于雅斯贝尔斯的整个思想，他的全部著作都不同程度地体现了这一主题，雅氏的哲学信仰思想有其深刻的意义，在一定程度上可能解决人类的普遍沟通问题。

就其哲学信仰这一角度来说，雅斯贝尔斯的思想主旨在于：个体性生存在信仰中的普遍沟通何以可能。雅氏的这一思想主旨至少具有两层内涵：其一，哲学的本质首要在于个体性生存对存在的确信；其二，在个体信仰保障的基础上，个体在存在意识中实现广泛沟通。就第一个层面来说，涉及哲学信仰何以可能的问题；就第二个层面来说，涉及人类普遍沟通何以可能的问题。这两个层面紧密相关，缺一不可地构成了雅

---

① ［德］维尔纳·叔斯勒：《雅斯贝尔斯》，鲁路译，中国人民大学出版社2008年版，第59页。

氏思想的独特性与其对人类的思想贡献。就这两个层面来说，将雅氏划到存在主义领域，或者单纯强调他的世界哲学思想，都有失偏颇。如果一味强调个体性的存在信仰，而忽视哲学信仰的未来发展，就会使雅氏的思想落于流俗，遮蔽其思想的目的和意义；如果缺乏哲学信仰这一前提性，其世界哲学思想的未来实现将会落空。雅斯贝尔斯一生致力于这一思想主旨。雅氏的基本著作有《哲学》三卷本，以及《时代的精神处境》《生存哲学》《哲学信仰》等，其形成具有特定的时代背景和人的精神发展特点，一定程度上，这些著作都表达了他的思想主旨，在这个思想主旨中，哲学信仰思想的地位和影响不言而喻，哲学信仰思想既是雅氏世界哲学思想的基础和前提，也构成了其整个思想的前提和基础。哲学信仰是雅斯贝尔斯对时代问题的回应，雅氏试图以哲学信仰的确立改变人类精神荒芜与信仰危机的状态，只有理解了他的哲学信仰思想，才能深入其思想内核，并理解他的其他相关思想。进而，只有理解了雅氏的哲学信仰思想，才能更好地理解其著作中一些基本的观念和诸种复杂关系，例如生存、超越、大全、边缘处境、沟通、主客分裂、密码解读、世界哲学，生存与超越的关系、超越（作为方法的）问题、超越与大全的关系等。鉴于哲学信仰在雅氏思想中的地位和意义，以哲学信仰为进路来把握雅氏的思想也是一种有效的方式。

在雅斯贝尔斯之前，很少有哲学家把"哲学信仰"作为一个鲜明的主题进行讨论。雅斯贝尔斯时代，人类正处于迷信科学，且虚无主义盛行之期，无论是科学还是宗教都无法改变当时人们信仰荒芜的精神状况，雅氏试图在哲学领域确立一种信仰，他认为唯有哲学能够担负起解决时代问题的任务。或者，一定程度上我们可以说，雅斯贝尔斯的思想本质在于试图确立一种哲学式的信仰来回应时代问题。雅氏在自己的传记中如是说："从我的《哲学》（1931年）开始，我公开提倡哲学信仰，将它看作哲学学说的意义。"事实上，《哲学》三卷本的主题脉络——生存在不断地超越（transzendieren）中确立自己对超越（Transzendenz）的信念——正是与"哲学信仰"紧密相关。在1948年的《哲学信仰：客座讲座》(Der Philosophische Glaube：Gastvorlesungen)中，雅斯贝尔斯进而对这一思想进行了专门而详细的阐释。然而此书1949年的英译本却把书名译为 The Perennial Scope of Philosophy（雅斯贝尔斯在《哲学自传》中就指出，这个译名并不准确），一些中译本也相应地以"哲学的恒久范围"为题，这多少使得"哲学信仰"这一思想被模糊化、边缘化了，也使得这一原本鲜明的、内核性的思想长期以来无论在国内还是国外都没有得到足够的重视和研究。

本书主要考察雅斯贝尔斯的哲学信仰思想。尽管有批评者认为，雅斯贝尔斯的思想不过是康德哲学的现代版本，但我们认为，其独有的哲学方法与内容，仍使雅氏的哲学信仰思想以生存性的维度向我们显现出来。当透过时代与传统哲学的困境来审视雅斯贝尔斯哲学信仰时，我们会清楚地发现他的思想给我们带来的许多启示与改变。

我们首先对哲学信仰的思想实质与特点作一阐发，以深化对哲学信仰的理解；继而在此基础上尝试性地表达哲学信仰的意义。

1. 雅斯贝尔斯哲学信仰的实质

雅斯贝尔斯基本的哲学观点在于：哲学思想活动的意义就在于确立哲学信仰，然而并不是通过宗教的方式，而是通过生存的自我阐明，在与超越的自由关涉中表达自己对存在的信念。雅氏希望哲学信仰保持哲学的纯粹性，他对"哲学的超越"与"宗教的超越"做了本质区别。雅斯贝尔斯一直强调，哲学追问的"存在"并不同于宗教诉求的"上帝"，而生存与超越的关系是内在统一的，在根本上不同于宗教中人与上帝的关系，他的哲学信仰也并不关涉死后的世界或者彼岸世界，而更关涉人的生存现实，关涉生存哲学活动中对存在的实践行为。一定意义上可以说，雅氏以哲学信仰表达了不同哲学形态具有的共同存在方式。

据本书的讨论，总结出有关哲学信仰的以下几方面特点：

（1）哲学信仰的生存性与超越性

雅斯贝尔斯哲学信仰中，人对存在的确信是通过个体之人的内在行为实现的。在世界中的活动，突破非生存性自我存在与世界之界限，解读密码，面对边缘处境等，都属于生存的当下行为。雅氏强调生存的真实体验，实际上申明了哲学信仰的生存性实践特点。哲学信仰的这一特点也发展了西方传统哲学重体验、重实践之一面，同时与传统儒家哲学形成了某种沟通的可能。

雅氏认为作为存在的超越属于形而上领域，但又强调他的超越不同于西方传统哲学之存在。按照雅氏的意思，传统存在属于一外在客体，具有对象性，而他的超越是生存为之的内在行为，是人与存在的统一。雅氏的哲学信仰具有内在而超越之特点。在哲学活动中，生存自我的显现过程正是超越的显现过程，在一定意义上，生存性的自我存在与超越是同一的：当这两者完全实现自身，即完全实现"一"时，也就实现了哲学信仰的生存性与超越性的同一。

（2）大全视域下哲学信仰的自由与开放

依雅斯贝尔斯的意思，哲学信仰不像宗教信仰那样宣称自身是一种唯一的信仰，哲学信仰也不迫使人类相信，它能够给一切人确定一个普遍适用的信仰与真理。完全可以说，在德国，人们追求存在的方式属于哲学；在中国，人们践行道德的方式亦属于哲学。哲学信仰也不立任何权威，它不分种族、不分地域，也不把"异教徒"之称加诸任何人。雅氏哲学信仰只是使人们相信：真正的信仰就在于生存对超越的无限的、自由的显现中。

大全的提出，给人们以开放的视域，而开放的视域必然保障信仰的自由与开放。无所不包的大全以包容、开放、广阔的态度对待一切哲学。"没有人能以任何确定的形式把这种信仰称为是他自己所有：这是对真理之路的信仰，在这条路上所有真诚地寻找的人都能互相遇见。他们的思想仍然是敞开着的，他们并不把自己孤立起来。其他方式的信仰也没有被排除；否则就该被认为是不真实的信仰的明显标志。"① 哲学信仰是属于人的自由的信仰，它为人提供无限的可能，而并不使人从属于某种外在的权威，或者从属于任何特定的机构，"我欲仁，斯仁至矣"（《论语·述而》）。其生存性与自由跃然而出。所以从本质上说，哲学信仰是每个人的自由行为，在哲学信仰中，人可以自由地呼吸，正如雅斯贝尔斯所强调的那样：哲学信仰的根源在于它使人具有"作为人的"自由。历史上每一位思想家，诸如孔子、释迦牟尼、柏拉图、康德等，从古到今，从东到西，他们对超越性存在的不同追问与践行，其实都是哲学之信仰的表达，都体现了生存对存在自身不同方式的、自由的确信。哲学信仰的这一特点与雅斯贝尔斯所提出的"轴心时代"思想内涵是一脉相承的，"轴心时代"实质上阐释了开放与自由的哲学之信仰。

哲学信仰的自由与开放，在一定意义上避免了信仰的专制化与权威化，也体现出雅斯贝尔斯思想所具有的真诚的包容态度。

（3）哲学信仰是理性与交往中的信仰

对雅斯贝尔斯来说，哲学信仰虽然具有生存性的特点，却并不能因此被当作非理性的。在本书中我们将阐述：无论是作为方法的理性，还是理性与生存的特殊关系，抑或是理性在大全中对各个样态的作用，都体现了理性在雅斯贝尔斯哲学信仰中的意义与重要性。大全视域下的哲学信仰之所以是自由与开放的，是因为大全的各个样态并没有把自己孤立起来，而是彼此敞开、彼此关联的，它们的敞开和关联与理性的连接和交往功能有着密不可分的关系，也就是说，哲学信仰的自由与开放是由理性保障的，在此意义上可以说，哲学信仰是一种"理性的信仰"。

---

① ［德］卡尔·雅斯贝斯：《雅斯贝斯哲学自传》，王立权译，上海译文出版社1989年版，第100—101页。

雅氏哲学信仰避免了信仰在非理性主义那里的虚无与迷信，同时也避免了信仰在传统理性中的独断与权威。雅斯贝尔斯强调的实际上是这样一种信念：信仰属于非知识的领域，真正的信仰不可能导致迷信。

传统哲学强调理性的普遍必然性，而雅斯贝尔斯的理性关注的是个体性生存，而且，他赋予理性以交往之功能。理性之所以具有交往功能，"因为它确定以下这两个命题：真理正是使我们连接在一起的东西；真理的根源就在交往中"①。这一点在大全视域中有所体现：作为大全的特殊样态之一，理性在大全各个样态中的作用，就在于它是沟通大全各个样态的桥梁。理性拒绝每一样态的自我封闭，它消除它们之间彼此孤立的状况，使它们互相交往。由于"即是我们的大全"的每一样态中都存在着真理，各个样态之间的联系其实是不同的真理之间的联系，因此，理性的沟通作用其实就是使不同的真理互相交往。理性自身所具有的连接与交往功能，使哲学信仰也植根于交往，因为它清楚："任何信仰，只要它使大全中的任何一种样态孤立起来，使其实体化，它都是虚假的。"②据此，雅斯贝尔斯有时也称哲学信仰为"交往的信仰"。

上述分析揭示出，雅斯贝尔斯哲学信仰的生存性与超越性、自由与开放、理性和交往性等各方面内涵，是紧密联系、彼此影响的，不能被孤立地理解。当然，哲学信仰的内容是深刻而丰富的，并不限于本书所论及的这几个方面。

2. 雅斯贝尔斯哲学信仰思想的意义

雅斯贝尔斯对待传统哲学的态度较为理性，诸如对传统哲学的存在自身、所运用的思维、概念、两个世界的划分和对立，以及传统哲学之

---

① Karl Jaspers, *The Perennial Scope of Philosophy*, trans., by Ralph Manheim, New York: Philosophical Library, 1949, p. 46.

② Karl Jaspers, *The Perennial Scope of Philosophy*, trans., by Ralph Manheim, New York: Philosophical Library, 1949, p. 43.

于存在的逻辑论证、存在的终极确定性，等等，有所继承有所批评，在现代西方哲学家一味反对传统哲学的浪潮中，雅斯贝尔斯显得温和、包容。体现了20世纪思想家的反思。在此基础上，雅氏试图重新提出哲学学说的意义，他构建了自己的思想体系，其中突出的便是他的哲学信仰思想。或者说，雅斯贝尔斯以哲学信仰的方式重申了哲学研究的对象、性质、意义与价值。

在对时代与传统哲学的困境的反思中，雅斯贝尔斯试图从一个新的角度确立人与存在自身的关系。这些困境使他的思想从一开始就把哲学信仰作为主要的出发点，并且有针对性地使哲学信仰建立在个体性生存的基础上。无论在哲学内容还是在哲学方法上，雅斯贝尔斯对传统哲学都有重要的突破，体现在如下几个方面：

其一，哲学信仰要求人回到自身，回到个体性的生存。哲学信仰试图以个体自我的尊严与自由，摆脱机器与技术统治下的大众式的束缚。它反思：究竟是大众式的个体更加真实，还是生存性的个体更能体现人的价值与自由？它强调个体性生存的无限可能性，并赋予个体不断的超越，以此来克服传统哲学中活生生的个体被禁锢、被遗忘的状况。在哲学信仰中，人获得了最本真的存在。

其二，哲学信仰改变了对存在自身的追问方式。传统哲学基于主客二分，把存在自身当作认知对象，使存在成为与人无关的外在客体；在哲学信仰中，生存通过自身的生存性体验、实践与存在自身永恒关涉。这样，哲学信仰就表明：存在自身并不是与人无关的对象，而是与人的内在相统一。哲学信仰使哲学活动真正回到了存在自身，使人能够"有信仰地"生存下去。

其三，哲学信仰丰富了哲学本身的方法。传统哲学之所以陷入困境，与它自身的方法有着莫大关系，它强调以客观逻辑的方式认知存在，并试图得出普遍有效的结论；雅氏哲学信仰中，客观逻辑的认知方式只是手段，生存通过非客观的、主客分裂的、超越的、理性与密码解读的方式，阐明自己与存在的永恒关涉。哲学信仰的方法突破了传统哲学的思维模式，直接指出人们所关心的而用传统哲学的思维又无法解决的诸多问题，如：人自身与他所面对的对象世界的关系问题，人的信仰的生存性问题，人自身的超越问题；又如，如何重新认识信仰的问题、理性的作用范围问题；等等。实际上，雅斯贝尔斯在哲学信仰中提出了这样的质疑：当关系到人的生存与意义，关系到人的信仰、自由、尊严问题时，传统思维是否有效？人究竟如何存在于世？人能否从他人那里寻求到庇护？进而，人类的未来又是何种状况：是在孤立、封闭中自我消亡？还是在普遍交往中走向统一？对特殊年代人类的遭遇的反思，雅氏将其诉诸哲学信仰，诉诸哲学信仰独特的思维方法。很可惜，人们并没有意识到这些方法的重要性。

雅斯贝尔斯的哲学信仰思想在今天具有重要意义，在人类历史进程中，人类的生存境遇、所面对的共同问题，一如既往地重复着，是否重要？又如何解决？诚如雅斯贝尔斯所说："如今，那些实际上一如既往的普通境遇都变得至关重要：如我与他人是否可取得一致；如我确定的信仰与他人的信仰相互抵触；如在任何地方的边界处只有争斗，没有统一的希望，出路仅在于征服或消灭对方；如出于懦弱与无力反抗，没有信仰的人们要么盲目地联合起来，要么固执地彼此争斗，——所有这些都并非随随便便、无关紧要的事情。"[①] 这些不同程度的"抵触""争斗""不一致""联合"等，本质上关涉人的生存性问题，关涉交往或者沟通问题，关涉人与人、人与世界、人与存在的沟通，雅斯贝尔斯确立哲学信仰正是为了回应这些问题，"哲学信仰可用于世界范围内的交往，这种

[①] ［德］卡·雅斯贝尔斯等：《哲学与信仰：雅斯贝尔斯哲学研究》，鲁路译，人民出版社2010年版，第274页。

交往问及在当今已变得登峰造极的生存性不安"①。

  本书对雅斯贝尔斯思想的探究主要着眼于哲学信仰这一主题，力求对雅氏哲学信仰提出的背景、方法、具体内容等进行梳理和阐释，揭示雅氏哲学信仰的思想本质及其意义，进而在哲学信仰的基础和前提下，尝试性地解读传统儒家思想，以期进行有关中西哲学的比较研究。

  因水平所限，本书尚有不足之处，还望大方之家批评交流。

  感谢爱人李世平多年以来在专业研究方面以及其他方面的支持与帮助，使本书得以完成。

  本书能够顺利出版应归功于中国社会科学出版社责编刘亚楠。感谢中国社会科学出版社其他为本书的出版付出努力的朋友们。

---

① ［德］卡·雅斯贝尔斯等：《哲学与信仰：雅斯贝尔斯哲学研究》，鲁路译，第5页。

第一章

哲学信仰提出的背景

一位真正的思想家，面对他所处的时代，总是能够迫切而敏锐地抓住时代的问题，并对之做出诊断与批评。雅斯贝尔斯也不例外，他对时代问题的分析突出地表现在两个方面：一方面，克尔凯戈尔与尼采的思想力量对当时雅斯贝尔斯本人产生了强烈的冲击，并直接影响到他对人的生存处境的分析与对生存性哲学信仰的思考，《时代的精神状况》一书对人的当下处境与时代的精神状况的详细描绘，就体现出这种冲击的影响，在克尔凯戈尔与尼采的影响下，在对两人真实生存的反思中，雅斯贝尔斯开始思考作为个体的人的生存问题，这一点也构成了其哲学信仰思想的起点；另一方面，在《哲学》《时代的精神状况》及其他著作中体现出来的对传统哲学的深入反思，使雅氏开始重新理解一些哲学概念，并对一些基本的哲学方法进行重新界定。就其第一方面来说，雅斯贝尔斯的思想多少体现出存在主义的特点，这也是后来的研究者将其归为存在主义流派的主要原因。的确，克尔凯戈尔、尼采、雅斯贝尔斯、海德格尔等思想家在存在主义思想方面具有某种共通点，而且克尔凯戈尔与尼采对雅斯贝尔斯的影响一点也不亚于他们对海德格尔的影响，但我们不能因此就将雅氏的思想仅仅囿于一隅。就其第二方面来说，雅斯贝尔斯试图突破传统哲学的困境，这一点也构成了雅氏哲学信仰思想的理论背景。在克尔凯戈尔与尼采的影响下，在对传统哲学反思的基础上，雅斯贝尔斯提出：哲学的本质即哲学的活动，今天哲学的任务就是要在哲学活动中确立真正的生存性自我存在，确立生存的信仰。

本章分别从雅斯贝尔斯所处时代的现实与西方传统哲学自身的发展困境出发，对雅氏确立生存性哲学信仰的原因及可能性进行考察。

第一节　个体性生存自身及其信仰的缺失

雅斯贝尔斯是一个具有包容性的思想家。就其思想来源而言，正如他自己所说的，柏拉图、普罗提诺、斯宾诺莎、康德等伟大思想家都对他产生了重要影响，甚至古印度与中国古代的一些思想家也在他的关注范围之内。但无疑，克尔凯戈尔和尼采那与时代格格不入的精神，以及他们所持的批判态度，首先引起了雅斯贝尔斯的重视，对他产生了最直接的影响。当克尔凯戈尔和尼采以自己的批判态度宣告时代的不合理时，他们其实已深刻地洞察到了那个时代必然走向毁灭的趋势。雅氏认为，他们二人是对时代进行猛烈批判的"先行者"，是时代的"例外"。克尔凯戈尔和尼采不仅对时代有着超前的问题意识，而且他们从内部对哲学自身发起了攻击，他们的批判在雅氏看来正适用于当下的时代。当然，除了批判时代的态度及其思想对雅氏的影响以外，克尔凯戈尔和尼采本人的其他思想，在雅氏的思想中也多有阐释与发挥，尤其是克尔凯戈尔和尼采他们自身作为个体性存在的特例，构成了雅氏哲学信仰思想中最真实的个体："生存"，这些在后文的讨论中有所涉及。在本章，我们主要讨论雅斯贝尔斯在《时代的精神状况》及《哲学》中对人的精神处境所做的诊断与思考。

《时代的精神状况》（英译名为"现时代的人"）最初写于1930年，当时雅斯贝尔斯正在撰写巨著《哲学》三卷本。在纳粹统治时期，据说此书曾经成为许多受难的德国人的精神慰藉，其时代影响力可见一斑。在1951年的英译本重印前言中，雅斯贝尔斯说这本书描述了那个特殊时代的状况，但他同时也认为，即使在"二战"结束之后，书中的思想内容仍然具有同样的哲学状况与时代情景。在该书中，雅氏基于当时的世界现实与哲学发展，深刻地剖析了人的生存处境，阐明了时代的精神状况。几乎与此同时的《哲学》三卷本则对此生存处境做出了更详细的分析，并且提出了当人们面对这样的处境时该何去何从的问题。

与其他存在主义者一样，雅斯贝尔斯也认为，时代的精神处境就是世界普遍的非精神化，人的自身存在毫无着落，虚无化的情绪到处弥漫，科学技术统治着生活中的一切。雅氏深切感受到：人们正生活在一个没有任何期望，也无法得到任何保障的时代，不仅什么都抓不住，甚至对自己也不能确定，没有人再相信人自身所具有的可能性与自由。但即使如此，雅氏仍然坚信这个时代潜藏着许多可能，在他眼里，这个时代"……包含着巨大的危险，也包含着巨大的可能性"[1]。"危险"与"可能性"同时存在，这是雅氏对他的那个时代所做的判断，正是时代的这种双重性特点，雅氏能够一方面无情地批判时代的不合理性，指出人类已经面临的灾难；另一方面又试图在新的哲学基础上确立时代的精神追求，指出人之本真存在的可能，并给人们带来希望。在《时代的精神状况》一书中，雅斯贝尔斯沿着这种既破又立的思路，对时代的现实处境进行了反思。

一 雅斯贝尔斯对时代处境的反思

雅斯贝尔斯对时代的诊断，主要体现在他对时代，即对人所面临的精神处境的批判中。

首先，这是一个技术与机器统治的时代，技术以及由技术确定的生活秩序构成了社会的基本形式。雅斯贝尔斯与海德格尔一样深刻地意识

---

[1] [德] 卡尔·雅斯贝斯：《时代的精神状况》，王德峰译，上海译文出版社2003年版，第22页。

到，技术化、普遍化、钢筋水泥共同构成了人们的生活处境，成为支配人的力量与决定性因素。无论是在交往中还是在劳作中的日常生活，本质上都是在与生硬的技术打交道；无论是在家庭生活中还是在工厂协作中，衡量人们生活质量的只是"知识与计算"。"知识与计算"充斥着生活的角角落落，人，丧失了其作为"真正的人"的本性，而在数字量化中成为机器的一个组成零件。更可怕的是，在技术与机器化的时代，人丧失了个体自我的决断与自由，因为技术与机器的生活也编织出一种捆束人的物质网络，构造出一种虚假的精神约束力，使得个人无法从中摆脱，而一旦摆脱又无法继续生活。正如雅氏在《哲学》中对实证主义的批评，在《时代的精神状况》这本小书中，他也指出，技术与机器的生活秩序所体现的正是实证主义的本质，或者说，实证主义是这个时代的基本格调，它强调客观化，强调确定性的事实，要求一切都遵循知识的规则化。在这个基调下，人普遍受到束缚，人的生存状况有被制度化的危险，因而恶性循环地使得技术与机器的生活秩序又走向绝对化。这又不可避免地将造成两方面的后果：一则，世界有被解体的可能，人们将陷入混乱之中；二则，会造成人们对生活的不可控制的恐惧，这种恐惧属于"一种在其强度上也许是前所未有的对于生活的畏惧，是跟随着现代人的可怕阴影"[①]。

  技术与机器确定的生活秩序，不可避免地使人类陷于大众式的生存方式之中。由此雅斯贝尔斯的批判指向了第二个方面："大众化的个人"成为人的基本的存在方式。对于这种"大众"，尼采与克尔凯戈尔进行了同样尖锐的批判，尤其当人的"大众化"消解了个体性的自由时，他们的反应就更加强烈。在这一点上，雅氏明显受到他们的影响，他指出："大众性"已成为今天的"个人"的最大特点，使得个人毫无真正的个

---

  ① ［德］卡尔·雅斯贝斯：《时代的精神状况》，王德峰译，第65页。

体性可言。个人只能按照大众的齐一性进行劳作，遗忘了自我或者在盲从中根本无暇追问自我、追问存在，也无力怀疑其生活于其中的周遭世界的一切；大众性消解了个体之人的生存自由与选择能力，使个人迷失并陷落于大众之汪洋中。在大众中，个人要么无所事事，要么受控于种种低级需求。因为只有"大众性"才适应于今天技术化与机器化的生活状况，个人在大众中变得软弱而有依赖性，不得不服从并服务于这个秩序——由技术与机器确立起来的大众秩序。雅氏认为，时代的危机恰恰就体现在这一秩序中："即使是一个接合起来的大众，也始终有着非精神和无人性的倾向。群众是无实存［即'生存'］的生命，是无信仰的迷信。它可以踏平一切。它不愿意容忍独立与卓越，而是倾向于迫使人们成为像蚂蚁一样的自动机。"① 同技术与机器构成的生活机构一样，大众机构同样表征着绝对的不可抵抗性与制度化。在技术与机器的生活秩序中，大众秩序就是一架标志着普遍性与绝对性的机器，这架机器对于真正的个体生活世界构成了巨大的、毁灭性的威胁，使个人的现实生活变成仅仅是功能化的机器劳作，使他的精神世界变得面目全非、苍白无力。在这种普遍的大众力量中，"个人"失去了属于自己的真正的世界，失去了自我。如此一来，如果个人成为"我们"，他又如何会认为自己的行为有着不同于他人之行为的重要意义？他又如何能相信自己具有非凡的潜能？他又如何自由地采取行动？

相比于克尔凯戈尔对大众的反感情绪，相比于尼采对大众的深恶痛绝，雅斯贝尔斯展现出一种理性的批评态度，但相同的是，他们同样看到了绝对化的大众生活必将导致个体自我毁灭的本质；他们甚至同样认为，如果普遍的大众秩序完全吞噬了人作为真正的个体性的世界，那么其后果就必然导致人的自我灭绝。在这个时代，大众秩序不是维护人的

---

① ［德］卡尔·雅斯贝斯：《时代的精神状况》，王德峰译，第42页。

真正价值的力量，反而成为扼杀一切个性的虚假"事业"，正如雅氏所说："群众在任何可能的定义上都不可能是那使人如其所是的本质的承荷者。每一个人，因为他是一个可能的实存［即'生存'］，都不仅仅是群众的单纯成员，都对自身拥有不能让渡的权利，都不能以丧失作为一个人所具有的独立实存［即'生存'］的权利为代价而被融化到群众中去。诉诸群众概念，是一种诡辩的手段，为的是维护空洞虚夸的事业，躲避自我，逃脱责任，以及放弃趋向真正的人的存在的努力。"① 人不是确定的，不是机器中的某一颗螺丝，人就是人。但在雅斯贝尔斯时代，人却被自己的时代困缚住了，这是人类当时面临的真实生存状况。如何摆脱人的糟糕处境，使人实现自己"如其所是的本质"，成为"真正的人的存在"，就成为雅氏所着力思考的。

二 个体性信仰的危机

雅斯贝尔斯的批判最后指向的是：技术与机器化、大众化秩序下的信仰危机。技术与机器构造的大众秩序成为今天的社会状况，它仅仅成为为大众提供生活必需品的体系，它使一切存在都丧失了对人的真正意义。在技术与机器的秩序中，个人所要依赖的"整体"，诸如国家、教育等，作为现实社会中的整体力量，在今天已经不能保障人作为人的真正的权利，也丧失了确立未来价值观念的功能，因此也使个人丧失了确信信仰的行动，因为"群众机器缺乏真正崇高的象征、缺乏庄严"②。面对这种状况，雅氏试图重新界定"整体"，对他来说，"整体是互不相容的事物之间的一个张力。对我们来说，它并不是一个客体，而是位于遥远而朦胧的地平线上；它是作为独立的实存［即'生存'］者的人们的寓所，是这些实存［即'生存'］之创生的可见形态，是感性中的超感

---

① ［德］卡尔·雅斯贝斯：《时代的精神状况》，王德峰译，第82页。
② ［德］卡尔·雅斯贝斯：《时代的精神状况》，王德峰译，第43页。

性者的清晰化"①。雅氏意义上的整体之为整体，应当如此，换言之，真正的整体对每个个人、对国家、对教育都很重要，在其中，个体自我的根源、人类生存的精神价值、人的自由权利等，都可能得到保障。对"整体"这一概念的重新界定，意味着雅氏对其时代的社会、国家之功能开始进行理性思考。

雅斯贝尔斯对"整体"的界定非常重要，从这个界定中我们可以看出，他有关"超越"的思想意识已得到了依稀的体现，也就是说，《时代的精神状况》中的"整体"概念与雅氏之后在《哲学》中所提出的"大全""超越"等概念存在着一定关系，真正的超越性之"整体"在《时代的精神状况》这本书中已经具有了形而上的"存在"之意味，它将雅氏在此书中所论述的世界（国家、教育、社会等）、精神、生存通通纳入了自己的视域并超越了这一切。超越性之"整体"并不在世界中实际显现自身，它是超越了世界的现实，它决定着在世界中显现的任何事物，或者说，世界中的任何事物因它而得以显现。超越性之"整体"因此而成为生存的精神"寓所"。然而，在技术与机器秩序的时代中，随着各种整体体系的专制化，大众秩序、国家、教育日益成为机械系统，所谓的"整体"也已经不是真正意义上的、超越一切的整体，而是机械化与绝对化了的客体之整体。整体对象化了。对象之整体日益机械化、日益专制化的时代状况，在雅斯贝尔斯看来，必然导致人们的整个精神价值沉沦，必然使人之个体性生存迷失于非生存的深渊。

人们丧失了对真正整体的追问，人被囿于对象中，毫无精神寄托，对精神的追求在技术与机器的大众秩序中已经显得非常脆弱。"今天，无信仰成了与时代合拍的强大的潮流。"② 更何况在雅氏眼里，今天的科学已经陷入迷信、虚无与混乱中，今天的宗教已经不是个人信仰的有力避

---

① ［德］卡尔·雅斯贝斯：《时代的精神状况》，王德峰译，第127页。
② ［德］卡尔·雅斯贝斯：《时代的精神状况》，王德峰译，第165—166页。

难所；相反，宗教真理成了绝对的权威、成了压制人们的工具，而宗教法则在技术与机器中的客观化又进一步阻碍了真正的人的自我发展，使个人成为宗教机构的奴隶。尤其是处于科学、艺术、宗教、哲学中的人的生存状况，更显出了时代意识的危机：人不再成其为人，而是丧失了作为个体自我的可能性，在机器化的束缚中，人忘记了实现人自己"如其所是的本质"，忘记了只有通过个体的自身的自由活动才可达到的东西——实现生存性个体自我的全部的可能性。

总之，人们在今天的时代所面临的巨大困境与混乱，首先是人作为个体性生存的无望，其次是人自身在时代中的精神空虚与无所依赖。个人自身与其信仰都沦落了。雅斯贝尔斯以一段发人深省的话精辟地概括了这个时代的无望与混乱："毫无疑问，存在着一种普遍的信念，认为人的行动是毫无结果的，一切都已成为可疑的，人的生活中没有任何可靠的东西，生存无非是一个由意识形态造成的欺骗与自我欺骗不断交替的大漩涡。这样，时代意识就同存在分离了，并且只关注其自身。持有这种信念的人只可能产生关于他自身之空无的意识。他关于毁灭的结局的意识，同时就是关于他自己的生存之虚无的意识。时代意识已在空虚中完成了一个大转向。"①

在这种状况下，雅氏质问："是否极大多数人都将在这架机器的作用下枯萎？"② 答案是否定的。因为"我们不得不沿之前进的唯一道路是同这架机器联系在一起的，即使我们受困于它，也必得要奋斗以求拯救。人尽管没有了信念，却仍然不只是一头负重的牲畜。他仍然是人。正因为如此，是人自己发现，一切事物已变得朦胧昏暗"③。大众秩序摧毁了人，而宗教亦不再是人的信仰的寄托，国家、教育、社会对人丧失了保

---

① [德] 卡尔·雅斯贝斯：《时代的精神状况》，王德峰译，第15页。
② [德] 卡尔·雅斯贝斯：《时代的精神状况》，王德峰译，第163页。
③ [德] 卡尔·雅斯贝斯：《时代的精神状况》，王德峰译，第163页。

障意义，人，只剩下自身存在，换言之，人不再可能依赖于他存在的世界，不再傍依上帝，而只有依靠自己并超越自己，在自身存在中成就真正的存在。

我们不难发现，雅斯贝尔斯所说的时代问题突出地表现在两个方面：一是人自身作为个体性的问题，二是人的信仰的问题。雅氏对技术与机器规则下人的生活处境的分析使人们清醒：作为真正的生存性个体，必须意识到它自身的精神处境，并突破这种处境的界限；既然时代的生活秩序只是为人们提供生活必需品的机器，既然"它并不为人提供使人具有价值和尊严的东西"①，那么，人就必须具有危机意识，以个体自我的尊严发自内心地在机器与技术的生活秩序中做出决断与选择，寻求已经丧失了的根源。雅氏确信，即使在今天的时代状况中，仍然有着可能性，使人能够作为人，在超出自己的现实生活中建立起他的精神世界。

那么，哲学，在雅斯贝尔斯看来，如果真正地关心人如何生存的问题，如果关注人的精神信仰问题，它就会成为这个时代更好的出路。

第二节　西方传统哲学的困境

通过对时代的反思、批评，雅斯贝尔斯认为，昔日人们赖以生存、有所依靠的科学与宗教已然丧失了自身存在的合法性，只有哲学才有可能开辟出一条拯救人类的道路。那么，在什么意义上哲学才有这样的可能性？雅氏直接面对的便是西方传统哲学。传统哲学能否为时代开出方案？能否带领人类走出雅斯贝尔斯所深陷的时代困境？笔者认为，尚需反思。

在雅氏看来，西方传统哲学往往通过理性与逻辑的方法，寻求一个

---

① ［德］卡尔·雅斯贝斯：《时代的精神状况》，王德峰译，第89页。

确定不变的、唯一的、永恒的存在作为自己的信仰对象，而这样确立的信仰在最后又往往成为外在于人的、有着具体规定性的、对人具有限定性的一种信仰；反过来，对于这样的信仰，人们也总是可以通过或概念或范畴的方式论证它、认识它。传统哲学确立信仰的方式，基于它对存在自身的理解方式，也就是：传统哲学往往认为存在自身最终可以被逻辑论证，因此，传统思想家固执于自己的信念建立了一个又一个的形而上学体系，但这些体系最终都受到了现代思想家的批评。整体而言，依雅斯贝尔斯的意思，传统哲学所确立的信仰大多属于知识范畴。

一 古希腊思想家的追问

在《形而上学》卷一中，亚里士多德指出，智慧不同于其他科学，前者是对首要或者第一原因和本原的研究；在卷四，亚氏进一步明确，智慧是对"实是之所以为实是"即"作为存在的存在"的首要原因的研究，"有一门学术，它研究'实是之所以为实是'，以及'实是由于本性所应有的秉赋'"。[①] 这门智慧之学术即形而上学，形而上学研究存在之为存在，研究事物之"是其所是"，即其自身属于它的东西。亚里士多德较为体系化地奠定了哲学自身的研究对象，当然，亚氏也是在考察哲学形成史基础上对哲学性质进行诠释。按照亚里士多德的说法，寻求第一因，即对首要原因和本原的研究，成为古希腊早期思想家的信念。早期思想家无论是用物质性的东西解释世界之第一因，还是以逻各斯、数、努斯等解释世界，都具有很强的本原特点，这种本原在某些地方并不同于后来思想家所追问的存在自身，而更多地具有人们通常认为的宇宙论色彩，它要求万物生成、演化于此，最终又能够统一于此本原，这样的一种思维和精神，即追求统一性、普遍性虽然没有得到体系化、科学化

---

① ［古希腊］亚里士多德：《形而上学》，吴寿彭译，商务印书馆2007年版，第64页。

的论证，但也开启了人类对统一性和普遍性的追求。

希腊早期的思想家首先把对象的具体形态作为世界之因，例如泰勒斯把水作为万物之因，阿那克西美尼认为万物根源于气，赫拉克利特把火定为万物的始基。无论是水、气还是火，都是自然界中具体的存在物，属于经验世界中变动不居的事物，不足以解释其他事物存在的理由。水、气或者火等虽然具有亚里士多德所说的从"物因"探讨万物之因的特点，但并不能成为亚氏意义上的存在之为存在之第一因。经验中的这些具体存在物不可靠，具有易逝性与多变性，它们无法满足人们对真理的追求，不足以成为人们的信赖与支撑，无法使人们确立对真理的信念，因此它们并不能从根本上充当万物之第一因，也不能解决世界之所以合理的问题。不过，当赫拉克利特把火作为万物之因时，他也发现了"逻各斯"，认识到事物间的相互转化必须遵循一定的规律，从而主张以理智或理性认识事物的这一特性。在赫拉克利特这里，认识和把握逻各斯的是理性、思想。换言之，思想、理性的重要性被赫拉克利特确定下来。赫拉克利特的这一发现，启发了西方哲学认知世界的新方法：理性的和逻辑的方法，塑造了传统哲学家对存在确信的方式，理性与逻辑也成为西方哲学追问存在的主流方式。当然，赫拉克利特的逻各斯思维也形成了西方哲学的另一个重要特点，即万物之因的客观性、确定性与普遍性，因为"逻各斯具有客观性、公共性、共同性、普遍性"[1]。这就使得西方传统哲学家将所追问的存在，最终定性为具有普遍必然性和绝对客观性的存在。

当以具体的自然物来解释万物之因遇到困境时，早期思想家以具体物为根本因的信念也被否定，一些思想家便把眼光转移到了事物的共同属性上。这些思想家不再相信通过可感的、具体的存在对象把握世界的

---

[1] 黄颂杰、章雪富：《古希腊哲学》，人民出版社2009年版，第18页。

可能，他们试图寻求具有确定性的东西，于是他们转而寻求事物所具有的共同属性，并把它作为万物的第一因，如毕达哥拉斯的"数"、德谟克利特的"原子"，都是被这样用来解释万物之所以可能的原因。相较于水、气等具体物的可感性，数、原子具有一定的抽象性，这种抽象性在某种程度上意味着确定，而确定性又可以给内心提供保障，毕竟，比起那种建立在可变事物基础上的信念，后者，也即数、原子所提供的确定性对人们信念的保障要牢靠得多。然而，这些思想家虽然摆脱了把具体存在物作为万物之因所陷入的困境，但他们想要寻求一个确定不变的、唯一而永恒的存在以作为自己的信仰对象的理想，仍然无法实现，因为事物的共同属性只是表达了存在的某一属性，例如作为存在的"数"只具有数之规定性[1]，"原子"具有某种必然性[2]，它们并非存在自身。如果存在具有多种属性，凭什么说这一属性就能成就自身，而其他属性有问题？换言之，成为自身之秉性并不在其属性，事物的属性也并不能成为存在之为存在之第一因，所以，寻求共同属性并把万物奠基于其上的做法，也不可能从根本上解决万物第一因的问题。

究竟什么才可以作为存在之为存在之第一因？早期思想家一直追问的"第一因"的问题摆在了巴门尼德的面前。巴门尼德认识到经验现象世界的变动不居，他把这个世界称为"非存在"，并指出对经验现象的认识只能形成"意见"，而不能获得"真理"，经验世界最终无法给人们提供可靠的知识，他提出一个与经验世界相对的、永恒不变的、唯一的、概念性的"存在"世界，巴门尼德把这个"存在"作为走向真理的根基。进而，巴门尼德把"非存在"与"存在"对立起来。巴门尼德意识到真理属于"存在"领域，哲学之根基并不在于对象世界的具体存在物，也不在于事物的共同属性，而在于永恒不变的"存在"，存在之为

---

[1] 黄颂杰、章雪富：《古希腊哲学》，第32页。
[2] 黄颂杰、章雪富：《古希腊哲学》，第64页。

存在之第一因就在于"存在"。对这个存在自身的确定,是巴门尼德为西方哲学提供的思路,他开启了西方哲学追问和思考的方向。也正是巴门尼德开启了西方哲学关于"两个世界"划分的思想:一个是变动不居的经验世界,即"非存在"世界;另一个是永恒不变的"存在"世界。巴门尼德以"非存在"与"存在"的思想范式清晰地确立了人们对"存在"的信念。对于"非存在"与"存在"这"两个世界",哲学家宁可相信"存在"世界,因为巴门尼德告诉大家:"非存在"是不真实的,"存在"是真实的。巴门尼德也提出只有思想才可以把握存在,至于"非存在",那是感觉的事,当然,思想也可以认识"非存在",但"非存在"与"存在"的对立,使巴门尼德放弃了"非存在"即可感的现象世界。问题是:人直接面对的又是自己可感的世界,如何超越这个可感世界把握那个对立的"存在"世界?换言之,巴门尼德虽然为西方哲学找到了确定不变的、唯一的、永恒的"存在",但"非存在"与"存在"的对立却形成了难题:如何放弃变动不居的经验世界去把握永恒的、唯一的"存在"?即使有思想的力量,存在自身又是如何与感觉世界的人们关涉的?这些问题引起了后来思想家的不断思考。

柏拉图在巴门尼德对"非存在"与"存在"区分的基础上,明确划分出"两个世界",这也是西方哲学第一次较为体系化地论证了"两个世界",柏拉图基于"两个世界"提出了他自己的相的思想,他试图通过相来解决人们对最高存在认识的问题。柏拉图对整个西方哲学发展中所涉及的一些根本问题产生了重大影响,可以说,柏拉图是整个西方哲学主流思想的奠基者,这一点在后来的思想家那里已经形成了共识。就其思想来源来说,柏拉图不仅受到巴门尼德思想的影响,也接受了早期其他思想家的思想,在《理想国》等一些对话篇中都有体现,但直接的影响却来自苏格拉底。苏格拉底是西方传统哲学中一位最具标志性的思想家,古希腊早期思想家那些奠定西方哲学根基的基本概念、思维方式,在苏格拉底这里不再是模糊的或者猜测性的,而是得到了较为清晰的论证,也被正式确定下来。

在《理想国》,柏拉图叙述了苏格拉底对"美"本身、"正义"本身、善等概念的追问,传达出苏格拉底思维的思辨性特点与思想的理性特点。正是承接了苏格拉底思想中的普遍性、理性、概念辩证法等,柏拉图才成功地建构了相的思想体系。在柏拉图有关相的形而上学思想中,真正的可靠的知识不是对可感的现象世界的认识,而是对可见的相世界的把握,相具有绝对的客观性和独立自存性。因其对两个世界的区分,进而对其中一个世界的偏重,柏拉图也遇到了与巴门尼德同样的问题,这就是众所周知的相的难题:美的事物与美的相如何沟通?如何解释具体的可感事物与先验的相之间的相互关系?虽然柏拉图用或分有或模仿的方式来沟通可感事物与相,但这些做法并不能令人满意,后来的亚里士多德对此质问:"本体与本体的所在两离,似乎是不可能的;那么,意式既是事物之本体,怎能离事物而独立?"① 亚里士多德认为,意式,即柏拉图的相,是事物的本性,不能离开事物。柏拉图也意识到了相论的问题所在,但他并没有被可感事物与先验的相之间的关系问题所困扰,而是转而研究相与相之间的相互关系,并通过这些关系得出相自身的规定。以此柏拉图形成了关于相的"通种论"思想,在这一思想中,善的相被确定为"相之相"。也就是说,在所有的不同的相中,例如美的相即美本身,正义的相等,善的相是至高的,善的相不仅是所有不同的相的第一因,也是所有可感事物的第一因,善的相构成了人们的终极追求,成为哲学家追问的最高的存在,也是哲学家为之永恒奋斗的目标与信念。对于善的相,因其不可感,柏拉图以辩证法进行了论证,或者可以说,具有概念性的善相,唯其辩证法方可逻辑论证之。善相之终极性、至高

---

① [古希腊]亚里士多德:《形而上学》,吴寿彭译,第29页。

性与难以企及性突出地体现了柏拉图思想的形而上学性和思辨性特点。柏拉图较为成熟地为西方哲学家提供了存在之安身立命处，但同样也面临着问题：美的相与正义的相如何沟通？各个事物的相与最高的相即善的相如何沟通？柏拉图引入数，以概念辩证法论证各个相的结合或相通，但解决得并不是很圆满，亚里士多德在证明柏拉图的相能否成为数，进而证明数是否相通时，认为柏拉图的论证充满了矛盾，亚里士多德指出："……意式不能是这样的数。'人意式'与'动物意式'或其它任何意式怎能成为这样的数？"[①] 按照亚里士多德，柏拉图设定的人的相与动物的相是无法相通相合的，而且，在20世纪哲学家看来，柏拉图思辨哲学带来的独断性遗忘了人的生活世界。在一定意义上，柏拉图并未能解决巴门尼德遗留的问题，而且把问题又推向了深层。雅斯贝尔斯在其哲学信仰思想中所论述的大全内部各个样态的关系，其实正是对柏拉图相论问题的一个回应。

柏拉图虽然确立了一个人类可以信仰的永恒不变的相世界，但他同时也把人类对存在的信念推向了一个与人无关的世界。而且在整个哲学活动中，柏拉图确定相之存在所运用的哲学方法主要是概念辩证法，虽然与早期思想家以逻各斯追问确定的、不变的对象运用的思维方式没有本质区别，却更加抽象、更具思辨性。柏拉图所运用的辩证法思维，属于对象性的、理性的、概念式的，相较于20世纪的现代西方哲学家，尤其是存在主义思想家，柏拉图是从知识的角度认知善的相，从而把哲学家对存在的信仰知识化与体系化了。这种知识化、体系化的存在之论证有其思想意义，但不可避免地带来了一些问题，遭到了后世思想家不同程度的批评、诘难。

亚里士多德发现了柏拉图相论中相与具体事物无法沟通的现象。为

---

① ［古希腊］亚里士多德：《形而上学》，吴寿彭译，第302页。

了摆脱人们在可感的经验世界中把握永恒的相世界所遭遇的困境，亚里士多德把人们信仰的视野从相世界重新拉回到可感的经验世界，并建立起庞大的形而上学体系。亚里士多德重视可感世界，重视个别事物，因为发现了柏拉图思想的矛盾，所以他研究的对象不再是先验的相，而是经验的"实体"。不过，这里存在着一定的张力，亚里士多德虽然把具体的可感事物作为"第一实体"，但他同时又强调，只有事物"是其所是"的"形式"才是真正的第一实体，这个实体不带任何质料内容，不具任何可感性，它在人的感觉之外，是一个圆满体，"在感觉事物以外有一个永恒，不动变，而独立的本体。……这本体没有任何量度，没有部分而不可区分"①。亚里士多德认为万物之原始动因就是这个永恒的、不变的实体（本体），他把这个最高的实体命名为神，神是理性与至善的同一，"而神确在更佳更高之处。生命固亦属于神。生命本为理性之实现，而为此实现者惟神；神之自性实现即至善而永恒之生命。因此，我们说神是一个至善而永生的实是，所以生命与无尽延续以至于永恒的时空悉属于神；这就是神"②。可以看出，亚里士多德的神是"理性之实现"，是"至善而永生"的存在。那么，亚里士多德的这个神究竟是如何来的？如何理解和把握这个最高的神？与柏拉图对相的把握一样，亚里士多德也是经过逻辑推演必然形成了神这个万物之第一因，也就是说，对神的把握在于思想或者理性之论证。柏拉图和亚里士多德对于万物第一因，即存在自身的论证，突出了存在的思想性与理性特点，高扬了思想和理性的力量，也彰显了人之存在价值。亚里士多德的伟大之处在于，他较早地表达了哲学家在存在之追问中的信仰境况，"于思想活动之顷间亦正思想持获其所想对象之顷间。是以思想〈理性〉所涵若云容受神明，毋宁谓禀持神明，故默想〈神思〉为唯一胜业，其为乐与为善，达

---

① ［古希腊］亚里士多德：《形而上学》，吴寿彭译，第276页。
② ［古希腊］亚里士多德：《形而上学》，吴寿彭译，第276页。

到了最高境界。如云吾人所偶一领会之如此佳境,神固万古间未尝一刻而不在如此之佳境,这不能不令人惊奇;若谓神所在境宜更佳于如此者,则其为惊奇也更甚。而神确在更佳更高之处。生命固亦属于神"①。亚里士多德的信仰依思想与理性完全可以实现,"于思想活动之顷间亦正思想持获其所想对象之顷间",哲学家在至高的理性神那里进入佳境。

当然,亚里士多德思想中存在的紧张,使得人们对其理性神或至高存在的确信也变得摇摆,遭到了后世思想家的争执。亚里士多德强调"这个个体"的实体性,承认个别事物是真实的,但他同时又主张个别事物的"形式"才是真正的第一实体。那么,究竟是个别事物是最真实的,还是个别事物所具有的形式或者所属的一般性质最真实?如果是后者,那么,形式是在个别事物中还是超越了个别事物、脱离了经验世界?如果形式在个别事物中,又为什么说它是思想或者理性的对象?如果形式超越了个别事物,那么又如何实现经验世界与神的沟通?虽然亚里士多德最终确信形式的第一因意义,但他思想中纠结的问题却抛给了后世,在中世纪和近代哲学那里,尤其在中世纪,这个问题愈加突出地表现在思想家关于形式即一般究竟是不是真实的问题的争论。有争论说明有问题存在。

更何况,亚里士多德所论证的第一因,那个理性神,虽然是思想的对象,其实并不好懂,即使是罗素也如是说:"不动的推动者这一概念,是一个难于理解的概念。"② 而且,"我们必须推论说,神并不知道我们这个地上世界的存在。亚里士多德也像斯宾诺莎一样坚持说,尽管人必须爱神,但是神要爱人却是不可能的事"③。亚里士多德虽然极力避免并力图解决柏拉图思想中相之世界与可感事物二元对立的困境,即:人们如何在可感的

---

① [古希腊] 亚里士多德:《形而上学》,吴寿彭译,第 275—276 页。
② [英] 罗素:《西方哲学史》(上卷),何兆武、李约瑟译,商务印书馆 2001 年版,第 220 页。
③ [英] 罗素:《西方哲学史》(上卷),何兆武、李约瑟译,第 220 页。

经验世界中理性地把握那个至上的神的问题,但自己重新导致的问题又引起了后世的争执。实际上,这个问题也是西方传统哲学固有的问题。追问存在自身,这是西方传统哲学家的信念。存在究竟是什么?如何把握?谜一样地困扰着思想家。在《存在与时间》中,海德格尔引用柏拉图《智者篇》中的话:"当你们用到'是'或'存在'这样的词,显然你们早就很熟悉这些词的意思,不过,虽然我们也曾以为自己是懂得的,现在却感到困惑不安。"① 紧接着海德格尔说:"我们用'是'或'存在着'意指什么?我们今天对这个问题有了答案吗?没有。"②

古希腊思想家在思考存在时形成了诸多特点,其中两个特点比较鲜明,对后世产生了很大的影响:其一,古希腊思想家所追问的存在本质上属于知识性的,存在具有普遍性、确定性,是唯一的、永恒不变的;其二,古希腊思想家时常以逻辑论证的方式把握存在,所运用的哲学思维具有较强的思辨性,"运用逻辑、构造概念范畴体系是哲学家进行研究的基本方法和表达自己思想的基本方式"③。

二 哲学的宗教化与科学化时代

由柏拉图肇始并由柏拉图和亚里士多德共同造就的唯实论与唯名论之争成为西方中世纪的焦点,争论的思想余温一直延续到近代经验论与唯理论那里。在中世纪宗教思想的发展和近代科学的发展中,哲学被披上了宗教和科学的外衣,成为宗教化的哲学与科学化的哲学。这个时期的哲学失去了希腊时期哲学的纯粹性与独立性,什么都像,唯独不像哲学本身。

---

① [德]海德格尔:《存在与时间》,陈嘉映 王庆节合译,生活·读书·新知三联书店2006年版,第1页。
② [德]海德格尔:《存在与时间》,陈嘉映 王庆节合译,第1页。
③ 黄颂杰、章雪富:《古希腊哲学》,第646页。

在中世纪，希腊时期对于存在论证的思辨力量被用来证明教会教义的权威。教会权威成为衡量一切的标准。哲学遭遇了宗教化的危险，并一度陷入属于宗教权威的统治领域，被束缚在宗教信仰中。在宗教化的时代，无论是在哲学活动中，还是在人们的世俗生活中，上帝成为人们赖以生存的绝对真理与最高标准。哲学自身存在的全部意义就是论证上帝存在与教会教义的合法性，换言之，理性不是用来思考，而是用来解释；不是张扬人的尊严，而是劝人服从于权威。理性的作用被限定在对教会教义的解释中，论证宗教信仰的合理性是中世纪哲学的核心内容，上帝也自然成为哲学论证的最高的、绝对的、唯一的存在。虽然中世纪经院哲学并没有改变西方传统对绝对的、永恒的存在的追求，但人们诉诸上帝的是不带反思的、木偶式的信仰，失去了古希腊传统中运用理性对存在进行无限探求的方式。对于信条的证明反而使哲学变成了信条：哲学丧失了自身曾经具有的本质特点，从而隶属于宗教，成为神学的婢女；哲学不再是对智慧的启迪，反而成为束缚思想自由的精神枷锁。哲学的宗教化最终使人们面对一个异于人的、最高的、绝对的上帝，这样的上帝在本质上是与人的存在相隔绝的。人的内在精神追求瘫痪在宗教化的信仰中，按照雅斯贝尔斯的反思精神，哲学对存在自身的追问，即属于哲学自己的信仰的建立面临着严峻的考验。

与中世纪哲学家不同，近代哲学家更关注眼前的自然世界，他们不再将超自然的"上帝"世界作为研究与追求的对象，当然，近代哲学家也不同于对至上存在追求的希腊思想家，形而上学在近代同样遭遇了困境，因为"科学的成功一向主要由于实际功用，所以自来便有人打算把科学的这一面和理论的一面割裂开，从而使科学愈来愈成为技术，愈来愈不成其为关于世界本性的学说"[1]。罗素所说的这种情况的确适用于近

---

[1] ［英］罗素：《西方哲学史》（下卷），何兆武、李约瑟译，第5页。

代，近代的科学性质及其特点对近代哲学的发展形成了冲击，近代科学尤其是物理科学的发展，使其哲学之思带有明显的自然科学特点，科学的实际功用性决定了这一时期的哲学家对形而上学问题的思考不是那么纯粹，反而显得混乱。另一方面，近代哲学家更依赖于不证自明性，希求以明晰性达到普遍必然的知识，某种程度上对近代哲学家来说，明晰性正是普遍必然性知识的保证，尤以笛卡尔为甚，这一点恰恰是科学客观性的特点，而非哲学之本性，正如雅斯贝尔斯的比较与澄清："任何一种哲学形态都不同于科学，缺乏人们的一致认可，而这是哲学的特点使然。哲学要达到的那种明确性不是科学性的明确性，不是对所有有理智的人来说都一致的明确性，而是一种确定性，要取得这种确定性，就要投入人的全部生命。科学认识关涉个别对象，没有必要让每个人都去了解这些对象。"① 近代的哲学似科学而非哲学自身，同时按照康德的批判思想，近代哲学所追求的明晰性、自明性、实体等概念又带有较强的主观色彩，哲学家往往基于自身之观念、感觉或者自身之思维，抱有理性面前一切皆有可能之态度。自然性、科学性、机械性以及实用性逐渐强加于思想家正在从事的哲学思考之中。

近代哲学家开始探寻确定性知识产生的不同来源，这也是近代哲学从中世纪天国世界回到现实世界努力的结果，这一时期的哲学家返回到人自身，对人的内在认识能力进行讨论，这就是近代哲学的认识论转向。近代的认识论有两种倾向：一是经验主义，二是唯理主义。无论是经验主义还是唯理主义都试图摆脱教会权威的统治，哲学家开始重思哲学意义之真理，他们试图重新高扬理性，将理性自身在知识形成中的权威重新确定下来，但对于人的认识能力的探讨，使得近代形而上学又具有浓厚的个人主义和主观色彩。② 同时，无论是经验主义还是唯理主义，在

---

① [德] 卡·雅斯贝尔斯等：《哲学与信仰：雅斯贝尔斯哲学研究》，鲁路译，第262。
② [英] 罗素：《西方哲学史》（下卷），何兆武、李约瑟译，第5页。

其论证中都充满了不同程度的冲突和矛盾,其思想大都表现出某种调和、妥协以及不一致。笛卡尔在"我思"中确定了物质实体与精神实体,但自然界的机械力量根本无法弥合笛卡尔物质和精神的二元对立,虽然笛卡尔以调和矛盾的姿态、以妥协教会权威的做法又确定了上帝实体,但这种调和与妥协反而加大了物质与精神二元世界对立的鸿沟,更有甚者,"笛卡尔对哲学与科学的虚妄证明,……已使科学成为想象中的全部知识,并且摧毁了哲学"[①]。

经验主义者以经验为知识的来源,认为经验是知识唯一可靠的基础。然而经验主义者共同面临的理论上的重大难题是:经验究竟源于何处?对此,不同的经验主义者持有不同的态度:洛克主张感觉经验来源于外部事物,贝克莱企图通过上帝保证感觉经验的可靠性,而休谟则对感觉经验的来源持怀疑态度。经验主义者的目的,是想通过对人之认识能力的考察确立知识之可靠根基,但他们最终发现,人的认识能力在根本上是有限的,也就是说,人不具有认识先验之存在的能力。如贝克莱认为人只能认识自己的观念,确定无疑的知识存在于人的观念,如此的话按照休谟,在经验的世界里,人又如何断定某一实体的实在性?另一方面,唯理主义者试图通过理性的方法寻求知识可靠的基础,如,笛卡尔运用普遍怀疑的方法获得了知识可靠的基础,从而确立了人在认识中的主体地位,但是,对于知识来说,有了可靠的基石并不等于有了可靠的知识自身,笛卡尔也必须考虑如何通过严密的、几何式的推理获取对他的实体的把握。因此,摆在笛卡尔面前的困难就成为这样一个问题:既然人是主体,而哲学信仰的最高实体是客体,那么,作为主体的人又是如何把握与自身相异的客体的?斯宾诺莎以上帝实体协调笛卡尔的物质实体与精神实体,认为物质实体与精神实体是上帝派生的,是上帝实体的两

[①] Karl Jaspers, *The Perennial Scope of Philosophy*, trans., by Ralph Manheim, New York: Philosophical Library, 1949, p.179.

种不同属性而隶属于上帝。近代哲学发展中,斯宾诺莎能够突破经验主义,甚至突破自身所属的唯理主义阵营,重新确定实体之最高存在性,表现出其形而上学追问的坚信,诚如黑格尔所说:"斯宾诺莎的思想的伟大之处,在于能够舍弃一切确定的、特殊的东西,仅仅以唯一的实体为归依,仅仅崇尚唯一的实体。"① 然而,斯宾诺莎在某种程度上又加深了自古希腊以来形而上学之于人的无关性与独断性,"这是一种宏大的思想,但只能是一切真正的见解的基础。因为这是一种死板的、没有运动的看法,其唯一的活动只是把一切投入实体的深渊,一切都萎谢于实体之中,一切生命都凋零于自身之内"②。主客的二元对立,就这样成为近代哲学难以避免的理论困境。

近代哲学在整个西方哲学发展史上有其意义,亦存在问题。无论是经验主义者还是唯理主义者,都高扬理性大旗,反对迷信权威,主张通过理性与逻辑的方法获得可靠的知识。不过对于形而上学问题的思考,要么如经验主义的不以为然,要么如唯理主义的独断,这一点与近代哲学的处境有关系,近代哲学的处境比较尴尬,刚摆脱宗教的桎梏,又落入科学的窠臼。重视理性,很多时候却是将理性运用在数学式的概念分析或几何式的逻辑演绎中,又将理性的这种运用发挥于形而上学中,"莱布尼茨坚信逻辑不仅在它本门范围内重要,当作形而上学的基础也是重要的"③。罗素引用莱布尼茨的说法:"有了这种东西,我们对形而上学和道德问题就能够几乎像在几何学和数学分析中一样进行推论。"④ 形而上学与道德关乎人的现实行为、人类终极问题,关乎意志问题、自由问题,按照康德的说法属于实践领域,经由逻辑论证、推论出来的结论如

---

① [德]黑格尔:《哲学史讲演录》(第四卷),商务印书馆1981年版,第103页。
② [德]黑格尔:《哲学史讲演录》(第四卷),第103页。
③ [英]罗素:《西方哲学史》(下卷),何兆武、李约瑟译,第119页。
④ [英]罗素:《西方哲学史》(下卷),何兆武、李约瑟译,第119页。

何保障行为上的践行或获得自由意志的确信？但这些在近代却发展到了可笑的地步，对于形而上学和道德领域的冲突"来算算，也就行了"。①

　　哲学在中世纪和近代丧失了独立性，哲学论证了宗教信仰与科学信仰的可能，哲学自身的信仰却成为问题。一方面，哲学对存在之追问，形而上学本身之发展，遭到前所未有之困境。事实上，休谟已经给西方传统形而上学敲响了警钟：试图通过理性的逻辑方法认知先验的存在是不可能的，休谟的怀疑正是对传统形而上学基础的质疑。另一方面，近代以来形成的二元对立世界，早在希腊时期就已经存在，只不过在近代表现得更为突出，莱布尼茨以单子的封闭性尝试消解二元世界，他强调单子的精神实体性，认为单子具有自足自洽性，单子自身因其必然性而成就自身，如此便避免了与单子相对的另外一个世界，当然，莱布尼茨的单子思想有其哲学意义，单子的个体自足性一定意义上是对古希腊以来哲学家强调的普遍性、共性的反抗，但莱布尼茨的单子没有可供出入的窗口，单子实体的封闭性既隔绝了单子间的交往，也断绝了单子与外界的沟通，这样的话，哲学本身的意义又如何实现？20世纪特殊的年代，当宗教和科学仍然无法改变人的生存境况时，雅斯贝尔斯寄希望于哲学，明确强调哲学自身的信仰，哲学信仰是雅氏对哲学独立性之重申和反思，以期哲学发挥它对人的终极意义以及应有的社会拯救意义。

三　康德与黑格尔的努力

　　从希腊哲学开始，哲学家思考的视野始终确定于存在、至上神、实体或者某一客体世界，他们将其作为形而上学具有普遍必然性的知识加以论证，以理性思辨的态度或方法使之成为形而上学的研究对象，并对其充满确信。然而对于康德来说，"纯粹理性在其思辨运用中不可能有相

---

① ［英］罗素：《西方哲学史》（下卷），何兆武、李约瑟译，第119页。

应的客观对象,也就是说,我们根本无法形成关于传统形而上学的对象的知识,对于它们我们一无所知,我们不可能具有关于它们的先天综合知识"①。

康德将目光转向认识和确信存在的人自身,虽然这一转向在近代哲学那里通过反思人的认识能力得以开始,但从未表现得像康德这样严肃与深刻,以往诸种形而上学问题都成为康德哲学词典里"何以可能"的追问。哲学在康德这里正式形成了批判。康德的批判哲学实际上表明:未经批判和检验的确信都是有问题的,康德开始重新思考人类理性问题,对理性的作用范围、界限进行划定。康德分析并批判了近代唯理主义与经验主义,他认为,经验主义所坚持的"知识来源于经验"的主张是合理的,而唯理主义把知识的可靠性归源于人的主体的做法,同样具有有效性。结合此二者,康德提出:在认识过程中,不是主体符合客体,而是对象接受主体的规范,这就是康德在认识论上实现的"哥白尼式革命"。但是,康德认为人的认识能力只限于经验对象,而不能超越经验达到对物自体的认识,对他而言,物自体最终是不可把握的,在理论理性的范围内是不可被认识的。同休谟一样,康德的理论理性再一次表明,利用传统的方法建立形而上学信仰是不可能的。不过,康德的批判与休谟的否定有着本质区别:康德认为,虽然运用传统的方法建立形而上学不可能,但作为终极关怀的形而上学又是人类存在所必需的。康德也因此在实践理性中重新把上帝存在、灵魂不朽、意志自由作为道德实现的前提,这也表明他对形而上学抱有坚定的信念。康德对待物自体的态度前后矛盾,同样,物自体本身以及现象与物自体的关系使康德思想内部也充满了悖论,罗素认为:"……假定知觉表象是由'物自体'引起的,或者也可以说是由物理学世界中的事件引起的。不过,这个假定从逻辑

---

① 俞吾金等:《德国古典哲学》,人民出版社2009年版,第91页。

上讲决不是必要的。如果把它抛弃掉，知觉表象从什么重要意义上讲也不再是'主观的'，因为它没有可对比的东西了。"① 事实上，康德已经提出，哲学必须放弃传统形而上学的追问方法，他告诉人们：信仰必须存在，但运用理性与逻辑方法寻求一个绝对的、外在于人的最高存在又是不可能的，人们应该另辟蹊径，确立对存在自身的信仰。

虽然康德已经证明，西方传统形而上学的方法无法实现对存在自身的确信，人们最终无法获得关于物自体的可靠的知识，也就是说，人们不可能从知识的角度出发确立哲学信仰，但西方传统形而上学为了穷尽它的一切可能，为了实现它的最终目标，仍然继续在这方面竭尽一切努力。黑格尔哲学正是此种努力之典型。黑格尔运用传统形而上学中理性与逻辑的方法，以"实体即主体""主体即客体"的基本原则，解决了康德遗留下的"物自体不可认识"的难题。黑格尔从精神出发，并通过精神的自我运动达到"绝对精神"，从而构建了一个完备的形而上学体系。在某种意义上讲，西方传统形而上学所诉诸的哲学信仰在黑格尔这里得到了实现，但同时也充分暴露出传统形而上学自身的弊端。黑格尔式体系化的哲学信仰，或者会导致人们对信仰的绝对化，而信仰的绝对化亦反映了信仰的专制化，并最终使人们失去信仰的自由，这与哲学的初衷——爱智慧——是相悖的；或者最终会导致人们对信仰的怀疑，从而走向信仰的虚无化。总之，黑格尔将存在理性发展到了极致，理性不再是人之为人的尊严体现，而是成为一个具有人格意义的确定的对象、客体，统治着整个世界，包括人的活生生的存在，人在"理性的狡计"面前，只能服从理性的安排，人的一切活动完全成了理性实现自身的手段和工具，人由此失去了人之为人的自由与尊严，成为理性控制下的木偶，成为客观主义的附庸。这一极端导致了严重的后果，某种思想发展

---

① [英] 罗素：《西方哲学史》（下卷），何兆武、李约瑟译，第262页。

之极端可能导致反面的膨胀,其反面也难以避免会发展至极端,当康德的物自体被后来的哲学家抛弃时,哲学便陷入"一种非常像唯我论的思想"①,正如在费希特那里,已经"把主观主义发展到一个简直像沾上某种精神失常的地步"②。

值得注意的是,近代思想中的"理性"观念,除了黑格尔的绝对精神或者"主体即客体"理性之外,还有科学工具理性,后者甚至对近代哲学的发展有着更大的影响。工具理性运用逻辑分析和推理的方法,在人类认知客观世界的活动中获得极大成功,它随着科学的节节胜利而在近代逐渐膨胀起来,并试图僭越自身的认识范围,去把握形上领域之存在。可是,科学所能够处理的只是客观的认知对象,它通过逻辑的、精确的方法寻求客观必然性与普遍有效性,因而只能在科学领域展现自然的必然规律。人在遵循自然必然性的同时,必须提升人自身的自由,确立人的价值与意义,否则便会在工具理性的作用下不知不觉地放弃自己的自由追求,最终成为毫无信仰的一般存在物。不幸的是,近代科学的胜利使形而上学以科学为榜样,甚至把建立科学的形而上学当成自己的目标。西方形而上学陷入困境的根本原因,在此可见一斑。

无论是科学的工具理性,还是黑格尔的绝对精神之理性,都过于夸大了理性的作用,遗忘了活生生的作为个体性的人的存在。理性的极端发展直接导致了人对理性的抗争,正如雅斯贝尔斯所认为的,尼采与克尔凯戈尔对这种状况进行了猛烈抨击。概言之,近代西方哲学虽然以人之理性的觉醒为开端,却以人在必然之理性体系中的最终消融而终结。

通过对传统哲学的考察,我们发现,按照雅斯贝尔斯哲学信仰思想,传统哲学在确立对存在的信仰过程中主要存在三个问题:其一,对存在自身进行确信时所运用的方法有问题;其二,在方法中所寻求的存在本

---

① [英]罗素:《西方哲学史》(下卷),何兆武、李约瑟译,第262页。
② [英]罗素:《西方哲学史》(下卷),何兆武、李约瑟译,第262页。

身有问题；其三，在追问存在自身时，人自身的问题凸显出来。雅氏认为"哲学关涉存在的整体、关涉人之为人、关涉一经闪现出来便较之任何科学认识都更为深刻的真理"①。正是基于此，雅氏意识到：真正的哲学信仰的确立，必须突破传统哲学所面临的困境，根除哲学自身的弊端。在后文中，我们将进一步讨论雅斯贝尔斯在确立自己的生存性哲学信仰时，是如何在这三方面做出应对的。

综上所述，人的精神状况在时代中面临着巨大的现实困境，传统哲学已经暴露出自身的弊端，并不能真正地解决人之生存问题。雅斯贝尔斯的哲学信仰就是在这种困境中提出来的：它力图通过对时代处境的批判，通过对传统哲学的超越，从而为个体自身及其信仰提供可能的、开放的、自由的空间。

第三节 哲学信仰的提出

在雅斯贝尔斯之前，很少有哲学家把"哲学信仰"作为一个鲜明的主题进行讨论。雅斯贝尔斯的许多著作都论及信仰和哲学信仰的问题，但他集中起来讨论哲学信仰的是一本直接以"哲学信仰：客座讲座"（*Der Philosophische Glaube*：*Gastvorlesungen*）命名的书，这本书出版于1948年，但实际上，雅斯贝尔斯很早就开始关注哲学信仰的问题了，在他自己的传记中，他说："从我的《哲学》（1931年）开始，我公开提倡哲学信仰，将它看作哲学学说的意义。"② 鉴于人类正处于迷信科学、虚无主义盛行的时代，雅氏试图在哲学领域确立一种信仰，来改变无论是科学还是宗教都无法改变的当时人们信仰荒芜的精神状况。

---

① [德] 卡·雅斯贝尔斯等：《哲学与信仰：雅斯贝尔斯哲学研究》，鲁路译，第262页。
② [德] 卡尔·雅斯贝斯：《雅斯贝斯哲学自传》，王立权译，第101页。

一 生存性哲学属于真正的哲学信仰

始于希腊的西方哲学，从古到今从未停止过对存在的探讨，按照雅斯贝尔斯，"哲学信仰在传统中"①。即使早期古希腊思想家所追问的万物之因也具存在之性质，苏格拉底、柏拉图和亚里士多德从不同的方面共同奠基了西方哲学之后的发展，某种意义上可以说，正是他们形成了西方哲学信仰之传统。苏格拉底突出了哲学中理性的重要性，并规定哲学追问的对象，或者说，规定了哲学应当思考普遍必然性的知识；柏拉图的相论实际上告诉人们，哲学的意义在于有限的人必须超越可感的现象世界去把握相的世界；亚里士多德最终以庞杂的形而上体系论证了柏拉图所提出的哲学意义的合理性，并建构了"不动的动者"的世界。对于雅斯贝尔斯来说，传统哲学家本身的意义就在于"万川如海般汇入人的存在"②。既然存在问题一直以来是哲学家的思考，既然哲学信仰一直在传统中，那么，雅氏为何又要将"哲学信仰"作为一个主题明确提出来？问题就在于，哲学家对存在之思考本身属于人的一种存在行为，"汇入人的存在"，但哲学家所思考的存在却逐渐地因其体系化、逻辑化、对象化而与人无关，存在越来越远离人，哲学"主张每个人都可介入哲学，这一点必须得到认可"③。雅氏的哲学信仰强调的应当是"人的存在"，而非机构化的"存在"，强调的是每个个体的生存意义以及每个个体存在意识的确定，传统哲学在很多时候讨论存在时遗忘了人、遗忘了人的生存意识。

随之而来的，也是雅氏需要解决的问题：如何突破传统哲学的弊端，

---

① Karl Jaspers, *The Perennial Scope of Philosophy*, trans., by Ralph Manheim, New York: Philosophical Library, 1949, p. 20.
② [德] 卡·雅斯贝尔斯等：《哲学与信仰：雅斯贝尔斯哲学研究》，鲁路译，第262页。
③ [德] 卡·雅斯贝尔斯等：《哲学与信仰：雅斯贝尔斯哲学研究》，鲁路译，第262页。

第一章 哲学信仰提出的背景

换言之，雅斯贝尔斯需要解决究竟以什么样的方式实现人对存在的确信、实现人的存在？什么样的哲学信仰才是雅氏意义上的真正的哲学信仰？雅氏哲学信仰所讨论的话题、所涉及的基本范畴、相关涉的一些基本关系，都与传统哲学存在莫大关联，但又不同于传统。突破传统哲学的弊端，首先面对的是澄清科学、宗教与哲学的关系，毕竟在西方，哲学的发展或多或少纠缠、伴随着科学问题与宗教问题。西方哲学与科学、宗教的关系本身就很复杂，理顺、厘清其间的关系尚属一个大课题，本书仅就雅斯贝尔斯思想中所涉及的相关内容进行探讨，而且，哲学在自身的发展中受到科学与宗教的影响从而带有它们的特点，将这些特点按不同的哲学家不同的时期一一进行分析，也是一个颇费周折之事，但就其主要特点来说，按照雅氏对宗教和科学的批判来说，在于宗教权威所形成的独断与科学所形成的客观性，虽然不同，但从本质上来讲都会导致迷信。正是在区分宗教权威和科学客观性的基础上，雅斯贝尔斯避免他的哲学信仰思想成为某种新的信条，他坚信他的哲学将为真正的个人、为时代的自由创立新的信仰，他说："哲学信仰以敏锐的眼光对待迷信，对待那依附于对象的信仰，它因而不能表示为独断的信条。"① 客观性、确定性、权威迷信使个体不再成为自己，雅氏建构自己的哲学信仰思想，目的并不是提供一种新的确定性与权威性，而是确立个体的独立性，他强调："哲学信仰仅仅存在于每一个体的独立思考中，它并不提供客观机构的庇护，它正是其他一切东西崩溃后所剩余的，然而，当一个人就像依附世界中的实际支撑物那样设法依附它时，哲学信仰就什么也不是。"② 从这一点来说，雅斯贝尔斯哲学信仰起源于人们对科学的迷信与

---

① Karl Jaspers, *The Perennial Scope of Philosophy*, trans., by Ralph Manheim, New York: Philosophical Library, 1949, p. 18.

② Karl Jaspers, *The Perennial Scope of Philosophy*, trans., by Ralph Manheim, New York: Philosophical Library, 1949, p. 20.

对宗教信仰的迷惘之时。

就时代的现实状况来说，同样受到雅氏的关注与批判，他深刻体会到现代人的生存困境，他的哲学信仰除了确定个体的独立性，还要强调个体的生存性，强调个体在生存意识中对自己存在的意识，从而在现代人的生存意识中确定存在。传统哲学的诸多弊端，很多时候是因客观性、确定性非法渗入哲学的方方面面造成的，当然，客观性、确定性本身具有一定的意义，但如果一味地强调或追求客观性、确定性，最终会使其成为束缚人的机构。一方面，传统哲学把存在自身与人自身绝对对象化，造成了存在的抽象与人的生存的空虚；另一方面，传统哲学又把存在自身与人自身的生存割裂开来，使存在自身抽离人的生存，成为孤立的、虚假的、与人无关的外在客体，人自身也变得无信仰。"但严格意义上的信仰正是生存性行为，通过此行为，超越在其真实中显现自身。"[①] 在生存性行为中，超越即存在也成为可理解的。雅斯贝尔斯意识到：今天的哲学就应该确立新的方向，同时，这种哲学的新方向应该为个体性生存确立新的精神关怀。与传统哲学不同，雅氏一直强调，哲学就是活动、就是过程、就是生存的行为，他也总是把自己的哲学称为哲学活动，对他来说，进行哲学活动就是个体对存在意识及其自我意识的生存性阐明，他的哲学活动就奠基于个体性生存。所以，源于哲学活动的生存哲学，并不把人作为特殊的、独立的研究对象，也不把握任何确定的客体，它只是阐明、追问、实现人的存在。雅斯贝尔斯的生存哲学就是个体对自身及其对存在进行确信的生存性活动，如他所强调的，生存性行为属于"严格意义上的信仰"，通过此行为，存在得以显现自身。信仰由己，而非某一外在对象，由信仰而生存，生存即信仰，在这层意义上，生存性哲学属于真正的哲学信仰。

[①] Karl Jaspers, *The Perennial Scope of Philosophy*, trans., by Ralph Manheim, New York: Philosophical Library, 1949, p. 17.

第一章 哲学信仰提出的背景

强调个体的生存性，强调信仰的生存行为性，海德格尔也表达了作为同时代人的同样的思考。海德格尔在谈到基督教信仰时，认为基督教信仰某种意义上属于"实证科学"，具有实证性的特点①，基督教的"信仰始终只在信仰上来理解自己"②。只在"信仰所信的东西"，而不是在人的生存意义上理解自己。在基督教信仰中，人因为启示而信仰，因为某一对象，"十字架上的受难者"之启示而信仰，而非因为自己而信仰，这种信仰的"信仰者决不知道他的特殊的生存；毋宁说，他只能'相信'这种生存可能性是那样一种可能性；有关的此在自己不能掌握这种可能性，在这种可能性中，此在成了奴仆，被带到上帝面前，从而获得了再生"③。在基督教信仰中，个体并非在自己的生存中意识到自我的存在，因其是"被带到"某个对象面前的，所以丧失了未来敞开的无限可能性，这样的个体并非真正的"生存"，海德格尔认为"神学乃是一门完全独立的存在者状态上的科学"④。我们并不陌生海德格尔在《存在与时间》中所做的"存在论层次"与"存在者层次"之区分，海德格尔下面一段话，可以看作这种区分的延伸：此在本己行为中的信仰与基督教信仰的区分，"信仰乃是人类此在（Dasein）的一种生存方式，根据其本己的——本质上归属于这种生存方式的——见证，这种生存方式并非从此在中而且并非通过此在而自发地产生的，而是从那个在这种生存方式中并随着这种生存方式而启示出来的东西而来，也即从信仰所信的东西而来产生的"⑤。此处的"此在"，诚如海德格尔在《存在与时间》中的明确规定，其本身就具有生存性、本己性，与雅斯贝尔斯对个体的理解是相同的，两人所理解的

---

① ［德］海德格尔：《路标》，孙周兴译，商务印书馆2000年版，第57页。
② ［德］海德格尔：《路标》，孙周兴译，第60页。
③ ［德］海德格尔：《路标》，孙周兴译，第60页。
④ ［德］海德格尔：《路标》，孙周兴译，第68页。
⑤ ［德］海德格尔：《路标》，孙周兴译，第59页。

属于个体的真正的信仰思想也具有异曲同工之妙，两人都表达了这样一种观念，即信仰是此在的生存方式，信仰基于此在自己而且只能通过自己才能如此这般。

雅斯贝尔斯的生存哲学是每一个人为自我的存在与信仰、为实现真实的生存性个体而进行的活动。一方面，因其并不承诺任何目的，它只是让人们纯粹地、有信仰地生存下去，所以，并不导致任何确定的结果；另一方面，生存哲学虽然关注的是个体性的人，但它并不是什么唯我主义的主观哲学，它只是力图保持人之真实的状况，并使人通过生存性的哲学信仰实现自身。生存哲学的主题在于：通过自我在生存意识中确定存在意识，或者说，生存在不断的超越中使存在显现，生存性哲学属于真正的哲学信仰。哲学活动的过程就是哲学生存性的体现，是哲学信仰确立的过程，哲学信仰即生存自身的哲学活动，雅斯贝尔斯把哲学信仰当作一个鲜明的主题进行讨论，正是为了把自己的哲学与传统哲学区分开。

二　哲学信仰基本的思想内容

既然从《哲学》开始，雅斯贝尔斯就"公开提倡哲学信仰"，我们有必要先从整体上对《哲学》三卷本的主题内容作一概要分析，以此考察雅氏提出的哲学信仰的基本内容和主要思想。需要指出的是：雅斯贝尔斯后期的一些著作，诸如《理性与生存》《哲学信仰》《我们时代的理性与反理性》等，只是从不同的角度，更为详细、更为成熟地对他在《哲学》中提出的主题进行了阐释与发挥，其哲学信仰的基本观念与思想并没有发生根本性的改变。

哲学的世界探源、生存阐明与形而上学是雅斯贝尔斯伟大著作《哲学》三卷本的主题，亦构成了雅氏哲学信仰的主要思想内容。同时，这三大主题亦是生存确定存在进行信仰活动的领域。

第一章　哲学信仰提出的背景

《哲学》三卷本的主题安排，始于雅斯贝尔斯对哲学活动进行的"存在意识"之阐明，也就是说，雅氏是从对"存在"的不同分类开始他的哲学探讨的。雅氏认为，当追问存在时，人们总会面对各种各样的对象。在所有的对象中，"我"和其他对象不同，"我"会意识到："我"存在着，"我"是提问者，"我"可以进行自我反思，如此就有了客观存在与主观存在之区分。相对于客观存在，主观存在是客观存在的现象，而相对于主观存在，客观存在是主观存在的现象。除此之外，还有一种存在，对雅氏来说，此种存在不是任何事物的现象，而是它自身，这就是存在自身。

客观存在、主观存在与存在自身，这些不同类型的存在，是存在的三个向度，它们互相关联着。在这三个向度中，"我们都可以发现自身在其中"①。这三种存在类型都基于"我"的存在而存在。所谓客观存在，即与"我"相对的对象世界，是人们需要认识的世界，主观存在则表征着"我"自身，存在自身是对"我"而言永远不可达到的，只可对其进行思维，它是一个表征着边界的观念。的确，无论哪种存在都有人自身的参与。雅氏认为，这三种类型的存在并不存在孰优孰劣之分，而只是在特定条件下有不同的侧重。客观存在是相对于知识的认知而言的，当谈到哲学活动之阐明时就关涉主观存在，存在自身则是相对于形而上学而言的，是形而上学的主题。在主观存在中，除了生存，还有其他不同的存在方式，如经验实存与意识一般，与生存不同，作为主观存在的经验实存只是满足于自身，它并不寻求存在自身，意识一般也只是把自己局限于经验世界中，并把世界中被认知的对象当作存在自身。在这个意义上，雅氏认为，只有生存、具有可能性的个体性生存，才具有对存在自身追问的冲动。生存始终保持着对经验实存与意识一般之界限的不断

---

① Karl Jaspers, *Philosophy* (Vol. 1), trans., by E. B. Ashton, Chicago: The University of Chicago Press, 1969 – 1971, p. 48.

突破，始终保持着对一切主观存在与客观存在的超越，从而朝着存在自身无限地逼近。

有关"存在意识"之阐明，实际上是雅氏对传统哲学有关存在思想的总结和吸收，他将生存与各个存在类型共同置于哲学信仰活动中，并试图证明其中存在着交往关系，进而，通过对生存与各个存在类型之间交往关系的讨论，雅氏表明：只有生存才能够意识到真正的存在，并确立它与存在的生存性关系。

基于对存在的追问，及其对存在不同类型进行的区分，雅斯贝尔斯把《哲学》分为三卷，每一卷都有一个相关的主题。第一卷为"世界探源"（又分为科学的"世界探源"与哲学的"世界探源"），主要涉及"世界"；第二卷为"生存阐明"，主要涉及"生存"；第三卷为"形而上学"，主要涉及"超越"。与之相对应的存在类型分别为：客观存在，主观存在，存在自身。但这种对应与区分并不是绝对的，我们也不可片面地理解《哲学》三卷本的主要内容，如，虽然雅氏在第二卷认为"生存"是一种主观存在，但当他对"生存"进行阐明并讨论"生存"与"超越"的关系时，并不是把"生存"当作具有纯粹的主观性的存在。其实，在雅氏哲学思想中，并不存在仅仅属于纯粹的主观的东西，也不存在仅仅属于纯粹的客观的东西，我们在有关方法的章节中将分析这一特点。

哲学的世界探源、生存阐明与形而上学，构成了雅斯贝尔斯哲学信仰的主要思想内容。从这些内容中，我们亦看出生存确立哲学信仰的活动领域，生存的全部活动就在这三个领域，在这三个领域中，生存的表现与本性又有所不同。在哲学的世界探源中，生存以实存、意识一般、精神的形式认识世界，在这个领域，生存并未显现出自己的本真状态，它只是以对象的方式表现为经验个体之"我"（实存）、一般之"我"（意识一般）或整体之"我"（精神）；当生存发现它必须摆脱对象性存在而追问自身之所是、追问存在之所是时，它返回到自身，同时超越它的世界状况而进入阐明自身的领域。在"生存阐明"这一领域，生存真正地成为个体性自我，它通过历史性、自由与交往行为实现自身，并在边缘处境中，在绝对意识中显现自身。生存的自由本性来源于它与超越的关系，生存在阐明自身中无限地逼近超越，哲学活动进入形而上学领域，在"形而上学"这一领域，具有超越性的存在得以显现自身，生存性自我存在与超越性存在于密码中实现统一，在与超越的生存性关涉中，生存最终确立自己的信仰。

哲学的世界探源、生存阐明、形而上学这三个领域在整个哲学信仰活动中的地位和作用很明确，哲学的世界探源是整个哲学活动的起点，它使哲学信仰具有确定的、坚实的内容；生存阐明是哲学信仰的核心，"生存"一直贯穿于全部过程中，是"灵魂"；形而上学是归宿，它使整个超越性的哲学活动趋向统一。虽然形而上学是生存确定存在、确立哲学信仰的最后阶段，但雅氏认为，就历史性而言，形而上学却是首先的，形而上学的密码显现在世界探源与生存阐明中，为确信真正的存在，人们首先需要阅读世界探源与生存阐明中各种各样的密码。不过，就超越的方向来说，三个领域之间却是一个逐渐深入的过程。

从哲学信仰的思想内容可以看出雅氏确立哲学信仰的思路与内在逻辑，他从"世界"开始构建自己的哲学，以"生存"为枢纽和基石，最终归于"存在"，换言之，生存在世界中的活动构成了雅氏哲学信仰的基础与起点，在生存性活动中，真正的自我存在即生存得以确立，在形而上学领域，生存确定它与超越的永恒关涉，并最终形成对存在的确信。按照雅氏自己的说法，如果仅从内容上看，或许《哲学》三卷本的每一个主题都不是什么新鲜的东西，与《哲学》三卷本的主题相关的世界、灵魂（个体性、自由、超越性）、神（上帝、至上存在），这些内容或范畴属于哲学的常谈话题。的确，雅氏思想中的这些范畴几乎都可以在传统哲学中觅得踪影。实质上，雅氏的《哲学》，或者他的哲学思想中却存在很多具有启发性的、新鲜的、永恒的（正如他所说与所期望的）内容与意义，这是有待发掘的，也是本书所要努力呈示的。

第二章

走进哲学信仰的方法

很多人认为雅斯贝尔斯的哲学思想看似简单,但又不好把握,理解起来比较晦涩,尤其是翻译时会遇到很多模棱两可、无法确定其义的词句。这固然与德国思想传统中一贯的语言风格有关,但更多与雅氏本人的哲学思维有关:在其思想本身的特点与要求之下,他总是试图运用一些既不同于传统又相异于时代的方法。因此,只有把握了雅氏思想中特殊的哲学方法,才能更好地理解其哲学观念,理解其整个思想。此外须注意的是,雅氏哲学思想中所运用的方法并不是独立存在的,而是其思想的有机构成;虽然他在有些地方也讨论过思维方法在哲学上的运用问题,但他本人并没有把其方法从思想中剥离出来单独进行讨论,而是始终将方法贯穿在整个哲学活动中,甚至有时,方法与思想已不可区分,他的方法就是他的思想,他的思想就是他的方法。我们之所以对雅氏的哲学方法进行专门梳理,也是为了更好地理解其思想,理解他以此确立的哲学信仰。

雅斯贝尔斯最初读过法律,早期主要从事心理学、精神病理学等科学方面的研究工作。在这些科学研究领域中,雅氏很早便坚持了一种开放的思维态度,这种态度一直贯穿在他随后的整个哲学活动中。首先,他认为一名科学家应该具有方法论的意识,因为对于科学研究,对于人们对世界的认知,对于人们把握人的本性来说,方法都具有很重要的作用与意义。其次,他主张在方法上应该包罗万象,运用多种方法、多种手段解决问题,比如他承认自己在早年就采用了胡塞尔对内在经验进行描述的现象学方法,他也从狄尔泰那里获取了"理解"。最后,雅氏在科学研究中对科学方法的认识使他认为,科学真理的方法在哲学思维中有着重要的意义,甚至有着基础性的作用。不过,雅氏也意识到,科学方法并不是一切,哲学思维应当有自己的独特性。在此基础上,雅斯贝尔斯公开反对把任何一种看似结论的东西绝对化。换言之,他反对一切教条理论,反对人们对事物做出绝对化判断的态度,因为对某一现象进行绝对化就意味着使这一现象终止。在科学研究中,人们往往以为已经达到了某一事物或某一现象的最终结论,从而对其做出自以为正确的评论,这在雅氏看来是不合理的、武断的,人们每每所谓的"最终"其实只是对事物或现象之某一部分的相对结论,而且"绝对化是偏见的源泉"①。雅氏从来不给自己的哲学观念作任何确定之说,也从来不把某个观念概念化、客观化,这种开放的思维态度,也体现出他本人的包容精神与广阔视野,如其哲学信仰中不同文化交流之开放性。

雅斯贝尔斯在早年的科学研究中已经展现出某些独特的思维特征,发端出后来的哲学思想与方法。诸如雅斯贝尔斯在1919年发表的《世界观的心理学》一书,在今天已被公认为存在主义的第一本标志性著作,他在其中对"处境"、对"人性"的探讨,在方法与内容上都体现出他独有的思维方式与思想气质,以至于人们把这本书当作他走向哲学之路的转折点,在他正式进入哲学研究之后,这些思维方式与气质得到了一贯的发展,并不断变得成熟、深刻。我们可以从雅氏早年对"全体""无限"这两个观念的分析入手,窥见他独特的思维。根据多年的临床经验,通过对病人个案的理解与分析,雅氏认为人之真正的"全体",即"全体"之人是无法在科学研究中被最终把握的。虽然人们通过"全

---

① Karl Jaspers, *Basic Philosophical Writings*, trans., Edith Enrlich, etc., London: Ohio University Press, 1986, p. 15.

体"有时候可以认识一个人,但始终了解的只是他的一部分、他的某一方面,而不是他的本性、他的全部;换言之,在经验世界中无法完成对人之全体性的把握,经验世界中的把握是有限的,无法穷尽人之本真状态,人之自由或人之信仰也不是科学研究的内容。无论是对人性、对事物甚或对世界之全体的把握,都莫不如此。雅氏对"全体"之人的理解实际上指出了关于人的、事物的、现象的、本质的等一切知识的界限问题:既然"全体"是未成的、是开放的,无法最终把握,那么人们又如何理解人之本真?"全体"之人是否存在?"全体"自身是否存在?如果存在,它又如何向人们显现?经验科学,包括心理学、精神病理学等科学都无法从根本上解决这些问题,雅氏说"精神病理学家必须使自己关注哲学"[1],因为哲学发现了经验科学自身的界限,并为各种界限开辟了可能性空间。同样,雅氏批评了人们对于"无限"的错误认识,在他看来,人们的思维中总是有一种无限追求的渴望,人们总是试图穷尽"无限",正如传统哲学对存在的把握,但"无限"始终是开放的,它之所以是"无限",就在于它永远不能被克服、不能被穷尽。显然,雅斯贝尔斯哲学信仰中的大全存在正是基于他对"无限"的理解,大全的主要特点就在于开放、包容。从雅氏早年对"全体""无限"的理解,我们可以窥见其哲学思维的基本特点:非确定性、非完成性、非概念化、非客观化,这些基本特点始终体现在雅氏的整个哲学思想中。

总之,雅斯贝尔斯从精神病理学等科学研究中认识到经验科学方法之本质,当他由科学研究进入哲学活动时,便以开放包容的态度扬弃了经验科学的研究方法,他将科学方法作为哲学活动的界限并最终超越之。除了哲学思维中常见的如理性(不过在雅氏这里又不同于传统哲学)、现象学方法之外,雅氏还形成了其独特的哲学方法:非客观性、主客分

---

[1] Karl Jaspers, *Basic Philosophical Writings*, trans., Edith Enrlich, etc., London: Ohio University Press, 1986, p. 20.

裂、超越性等，这些独特的哲学方法也构成了我们理解雅氏的思想从而进入其哲学信仰的关键。当然，非客观性、主客分裂、超越性方法，既是雅斯贝尔斯阐释其思想的主要方法，其哲学中的诸多观念亦具有非客观性、主客分裂、超越性，如生存既具有非客观性又具有超越性，大全既在主客分裂中自我阐明亦超越了一切存在。

第一节　非客观性

科学总是把寻求对象的确定性作为自己的目的，而哲学，尤其在雅斯贝尔斯眼中的哲学，并不提供任何确定的、结论性的东西，哲学思想并不是有关确定的对象的认知。雅氏一直主张，哲学思想就是人们与之生存的、与人自身紧密相关的活动。科学追求客观确定性，哲学是活动，与之相应的是非客观性问题。从事哲学之始，雅斯贝尔斯就试图使哲学摆脱一直以来的科学思维的束缚与影响，他在《笛卡尔》一书中明确提出了此种目的与意图："我想从根本上指出近代历史上的基本错误，即误将思想当作合理的有效知见，以及由近代科学的本末倒置而带来的不幸，当这种科学开始兴盛时，此一不幸就出现了，而且，自此以后，这种不幸一直与它不离。"[①] 雅氏的思想中贯彻着一种态度，即反对哲学以客观的知识为对象，反对把个体性生存一般化，也否认存在被最终把握的可能。然而，正是这种态度构成了很多人反过来反对他的主要理由，人们认为他的思想中不可避免地存在主观主义，甚至认为他的思想缺乏确定性和清晰性。对此，雅斯贝尔斯在1955年的《哲学》重版后记中，特别是在他对批评者的反驳中（见 The Philosophy of Karl Jaspers），详细提到了他对待客观性的态度。

---

① ［美］W. 考夫曼编著：《存在主义》，陈鼓应等译，商务印书馆1987年版，第161页。

一 客观性与非客观性：基于科学与哲学不同思维之比较

雅斯贝尔斯对待客观性的态度实质上是他对待科学的态度，这一态度也体现出他对哲学与科学之间的关系的认识。雅氏认为，科学知识是关乎对象的客观认知，它以确定性和绝对有效性为目的，而哲学本质上是一种活动过程，自身并不导致最终完成的、确定的结果。在他看来，一直以来的哲学更多具备的是科学的素质，人们也总是以科学的态度对待哲学。因此，当胡塞尔强调哲学的绝对科学性时，雅斯贝尔斯便与他的哲学保持了一定的距离，雅氏甚至认为，康德哲学中浓厚的科学意味实际上掩盖了哲学自身的本性。

雅氏并不像人们常常误解的那样，一味反对或仇恨客观性，而是相反，正如他对待科学的态度一样，他说："对客观认知的敌视对我而言很陌生，相反，在我的著作中我不仅对科学有绝对的兴趣，并使我自己参与科学研究，而且在任何机会下我都试图证明：没有科学，任何哲学都不可能成功。"[①] 他强调：在哲学中，客观性、确定性等表征科学的思维同时亦具有积极的意义，因为科学为哲学提供了条件与准备，具有非客观性的哲学需要通过客观性来实现。其实，雅氏是在另一种意义上强调了客观性在哲学活动中的意义，对他来说，今天的哲学思维一方面不能继续生活在科学的客观性符咒之下；另一方面又需借鉴现代科学中所产生的新的方法与成果，并使客观性成为哲学思维的工具。换言之，客观性在哲学活动中是不可或缺的，因为"哲学活动是一个在客观思维中超越客观的过程"[②]。也正是康德哲学使雅斯贝尔斯意识到："由于我们的

[①] Paul Arthur Schilpp, *The Philosophy of Karl Jaspers*, New York: Tudor Pub. Co., 1957, pp. 797–798.

[②] Paul Arthur Schilpp, *The Philosophy of Karl Jaspers*, New York: Tudor Pub. Co., 1957, p. 790.

思考在每一时刻都与客体相关,所以,仅仅以客观思维的字眼言及这个非客观的(大全)才是可能的。"① 只是在雅氏看来,康德虽然没有明显地说明这一点,实际上却在对之进行运用:"对一切客观性,一切知识的可能性进行先验演绎时,他[康德]是这样做的,即:在心理学的、方法论的、形而上的客观化思路的指引下,他认为物自体绝不是这些客观化,虽然是这一切的必要的条件,但物自体既不是主观又不是客观。"②在对康德的批判与超越中,雅氏意识到:哲学活动不能仅仅局限于客观化等一切表征着科学性的思维中,哲学需要超越,要有自己的思维,需要在客观中成为非客观的。"非客观",或者说非客观的方法,就成为雅斯贝尔斯阐明自己的哲学思想的主要方法。

二 "非客观"的内涵

所谓"非客观"在雅斯贝尔斯这里具有三方面的内涵:一则,是指非客观性的思维,它与科学的客观性思维相对,是一种超越了一切有形的、对象的、知识性思维的思维,如雅氏所说的诸如浪漫想象、形而上、沉思等方法,或古老的亚洲的非客观性的思维;二则,"非客观"作为名词用法,也可以用"非客观的"来表达,这种情况下"非客观"被雅氏用来代指自己哲学中的一些观念,诸如大全、现实、生存、超越等,他也经常用"非客观的"代指存在,甚至代指哲学;三则,"非客观"即非对象性,但并不意味就是纯粹的主观性、纯粹的主体,而是"在主观与客观的两极中",在主客张力之中,如他所认为的"生存",就是存在的"非客观"样态。生存的非对象性体现在:一方面,对于自身而

---

① Paul Arthur Schilpp, *The Philosophy of Karl Jaspers*, New York: Tudor Pub. Co., 1957, p. 792.

② Paul Arthur Schilpp, *The Philosophy of Karl Jaspers*, New York: Tudor Pub. Co., 1957, p. 792.

言，生存不是客观对象，"我"不能把"我"自己作为对象；另一方面，生存不能成为知识认知的对象，无论把它当作心理学的主体，还是社会学的分子，都是把生存作为与人自身无关的认知对象来把握的。在雅氏的哲学信仰活动中，生存本身就处于主客两极中，它的显现有赖于自身在历史性中对诸如"永恒""人之本性""超越"等所进行的非客观的阐明。雅氏对"非客观"的运用更多地体现在后两个内涵中。

就上述第一个内涵而言，雅氏希望在哲学思维中包容一切方法，无论这种方法是表征客观性的还是表征非客观性的，是属于科学领域的还是属于神学领域的，是处于今天的还是处于古代的，是出自东方的还是出自西方的。哲学思维必须实现更新与转变，只有这样，才能提高哲学进行无限理解的可能，并由此获得对存在的新的意识。

非客观的第二个内涵，是指"非客观的"只能通过客观的来实现，并最终超越客观的。如，作为"非客观的"生存、超越、大全等，都需要在客观中阐明自身。有人指出，雅斯贝尔斯的这种非客观的思维最终是不可能的，对此，雅氏这样说："虽然并不存在没有客体的思维，但是，只要客观的问题被提出，非客观的也就成为显眼的了。或者说：非客观的大全自身是在客观中被思考的；直接而言，有关生存实践的思维内容中，主体与客体相符合；间接而言，（我们在）哲学活动中意识到大全。此哲学活动是对客观的超越。"[1] 我们将在后文中针对非客观的这一内涵进行详细阐述。

非客观的第三个内涵与雅氏的另一种思维，即主客分裂的思维有关，一定意义上，非客观性只能借助主客分裂思维得以理解。所谓主客分裂，即在主观与客观的张力中显现自身。但雅氏的主客分裂思维的表现与运用又不仅仅限于此，如生存，它既不是纯粹的主观，更不是纯粹的客观，

---

[1] Paul Arthur Schilpp, *The Philosophy of Karl Jaspers*, New York: Tudor Pub. Co., 1957, p. 795.

却包含主客观这二者，但又不是二者的统一，即是说生存具有非客观性（在后文中，我们将进一步分析生存的非客观性，它如何在主客分裂中进行哲学活动、显现自身）。再如，人们既不能从纯粹主观的方面，也不能从纯粹客观的方面理解大全，不能把"世界"理解为纯粹的客观对象，而只能说"世界"具有相对意义上的客观性。同样，对于大全诸样态的理解，也须基于这种非客观性或者主客分裂的思维。雅斯贝尔斯之所以一再强调非客观性、强调主客分裂思维，无非是告诉人们，他的思想、其哲学中的一些观念，一方面不能被理解为纯粹的主观的东西或者纯粹的客观的东西；另一方面，不能被纯粹主观地或纯粹客观地对待。

三 非客观性在哲学活动中的运用与遭难

此外，非客观性也体现在雅斯贝尔斯对其哲学思想与哲学观念所进行的非概念式的阐明上。即使深知非概念式的表达可能会使问题的阐释变得不确定、不明晰，雅氏也从不概念式地界定自己的哲学观念，不对语词进行概念式的分析，这一点与分析哲学的做法大为不同。在英美国家，雅斯贝尔斯哲学观念、哲学用语的不确定性几乎是毫无疑问地招致了厌烦，正如《理性与生存》的英译者 William Earle 在译者导言中指出的："已经习惯了当代英美哲学的读者，可能会被雅斯贝尔斯缺乏确定性的关键词汇激怒。究竟什么是生存？什么是大全？什么是超越？"[①] 的确，非概念式的表达使雅斯贝尔斯的思想显得含糊不定、模棱两可、难以把握，但这绝非意味着他没有把问题说清楚，或者没有把他的哲学意图和哲学观点客观地表达出来。William Earle 同样也指出，在雅斯贝尔斯的思想中，"我们被告知的是这些词语的意义，而不是它们的可操作性。但他的这个思想特点并非偶然，也不能归咎于某些风格缺陷，而是

---

① Karl Jaspers, *Reason and Existenz: Five Lectures*, trans., by William Earle, Routledge & Kegan Paul London, 1956.

第二章 走进哲学信仰的方法

表达了他内心里希望言说的。如果给这些术语下一个明确的定义,将会和他的思想意图相冲突"①。非概念式的表达、非客观性思维与雅氏坚持的思想主题是一致的,他是为了说明哲学的活动性、生存性,说明哲学的本质在于使个体不断地超越,超越一切确定的、有限的界限。雅氏强调的是哲学何以能够成为个体的信仰活动,对他来说,"基于无限可能性之基础的哲学活动,比以往任何时候都更是体验的,也就是说,它是这样的一种行为,其中超越了一切合理的意图,超越了每一目的。……真理之准则在于这些生存性的标准,而不仅仅在于逻辑机制"②。

对哲学观念的非客观性、非概念式阐述,亦表现在雅氏从来不对哲学范畴进行语词分析。很多人批评雅斯贝尔斯缺乏对语词的概念分析,雅氏却认为,对语词的概念分析不足以为重,对于旧的语词的分析并没有真正的、现实的意义。因为"一些大事在西方人的现实中已经发生了:一切权威的毁灭,在对理性过分自信中彻底地觉醒,各种联结的分开,使任何事情、任何绝对的事情看起来成为可能的。从事于旧的词汇仅仅像一层面纱,遮住了我们焦虑的眼神对混乱力量的准备。这种工作看起来除了继续的欺骗外,再没有更多的力量,这种使词汇与学说重新复活的激情——虽然带有良好的意图,但是看起来却没有真正的效果……真正的哲学活动必须来自我们的新的现实,并在那里获得它的立足点"③。在雅氏看来,哲学在当前的发展状况并不是真正的哲学活动,而是哲学研究,其专注于分析陈旧语词,人们对于过去的学说仅仅是知道,人们脱离了生命自身,脱离了真理;专注于语词分析于人的生存没有任何意

---

① Karl Jaspers, *Reason and Existenz: Five Lectures*, trans., by William Earle, Routledge & Kegan Paul London, 1956.

② Karl Jaspers, *Reason and Existenz: Five Lectures*, trans., by William Earle, Routledge & Kegan Paul London, 1956, p. 153.

③ Karl Jaspers, *Reason and Existenz: Five Lectures*, trans., by William Earle, Routledge & Kegan Paul London, 1956, p. 23.

义,也无法改变人们的现实,现在必须寻找哲学活动的新的现实。雅氏在表达哲学思想时,不是进行概念界定、语词分析,他更多地用"阐明""澄明",如对"生存",雅氏以"生存阐明"使"生存"在自我行为中显现自身。

雅斯贝尔斯之所以在哲学信仰中强调非客观性的方法,也是为了批评客观确定性和普遍有效性。他认为普遍有效性、绝对、体系、范畴等,属于表征科学知识的方法。对科学来说,普遍有效性关乎其基础与目的,而哲学之真理并不在于普遍有效性,哲学不是在实际生活中具有某种效用或可使用性,哲学是通过人自身来理解存在的活动,哲学在于对存在的生存性阐明。所以,普遍有效性不是哲学的最终追求。雅斯贝尔斯在《关于我的哲学》一文中强调自己的哲学思维特点时也曾说,他向来反对把存在当作体系或者范畴显现于人们面前,在他看来,所谓体系、范畴等这类东西并不能阐明存在之真理,而且它们也不应该试图把握存在自身。不过,雅氏对普遍有效性、对体系与范畴的这种态度,并不表明他就完全否弃这些方法所具有的功用,他认为,普遍有效性、体系与范畴等,都可以保证哲学思维的有效性,因而它们也是"理性的工具"。

利科尔也曾谈及雅斯贝尔斯对客观性、确定性与普遍有效性的批评态度,并指出雅氏持这种态度的原因:"雅斯贝尔斯的哲学核心不是精神,而是在他的源初中的、唯一的、独特的生存性。"[①] 利科尔认为,雅斯贝尔斯之所以这样做,正是为了给个体信仰的自由开辟道路,也正是其哲学活动的生存性,使得一切普遍有效性和客观性成为疑问。当然,雅斯贝尔斯推崇非客观性方法在他的哲学中的运用,并不意味着他排斥客观性,他认为在哲学活动中,客观性与非客观性思维有着不同的作用,

---

① 转引自 Paul Arthur Schilpp, *The Philosophy of Karl Jaspers*, New York: Tudor Pub. Co., 1957, p. 615。

片面强调任何一方都会使哲学活动限于教条，并丧失自己的本性。在此基础上，雅氏提出了主客分裂的思维方法。

第二节　主客分裂

主客分裂是雅斯贝尔斯重要的思维方法之一。前文提到：雅氏有关主客分裂的思维方法基于他对客观性的态度，基于他非客观的思维方法的提出，这也是雅氏的一个基本态度，他认为非客观的总是通过客观的实现自身。雅氏的一些哲学观念正是以主客分裂思维为基础的，如对于大全这个观念，雅氏并没有直接定义，而是使大全在主客分裂的样态中显现自身，大全的每一种样态又都是基于主客分裂被阐明的，又如，既非主观又非客观的生存于主客分裂中与超越相关涉，等等。对雅斯贝尔斯哲学信仰的理解，离不开对他的主客分裂方法的理解。

一　何谓主客分裂？

主客分裂这一说法，是相对于主客统一或主客对立说的，也是相对于纯粹主观或纯粹客观来说的，因其面对对象而产生的思维意识。雅斯贝尔斯之所以提出主客分裂的方法并将其用于阐释哲学信仰中，原因在于：第一，他认为主客分裂是人类不可避免的思维习惯，人类思维在根本上离不开主客两者的关系，当人们进行思维时，主观与客观，或者说主体与客体总是不可避免地同时出现，谈到主观，必然是相对于客观而言的，反之亦然；第二，雅氏认为主客分裂更有利于清晰地阐明思想，特别是阐明不可想象、不可理解的东西；第三，主客分裂是雅斯贝尔斯哲学信仰的要求，生存性哲学信仰的确立须有不同于传统哲学的思维方法，哲学信仰本身是在主客分裂中得以阐明的；第四，主客分裂是通向源初性的跳板，无论是生存、超越，抑或是大全，最终都要超越一切主客分裂，而达到人类最源初的根基。

主客分裂的方法很明显地体现在雅氏对大全存在的阐明中。大全基于主客分裂而产生诸种样态：实存、意识一般、精神、生存等（在后文中将具体涉及），每一样态又是相对于或者基于一定的主客分裂形式而言的，就大全来说，"即是我们的大全"相对于"即是存在自身的大全"；就个体之人来说，有不同的存在状况，当说起人的实存状况时，总是把实存放在内在世界与外在环境中进行分析，当说起人的意识一般状况时，是在意识与对象的视野中讨论的，同样，人的精神存在是在人的主观观念与向人显现的客观观念中得到理解的，人的生存在生存与超越中得以阐明。

主客分裂思维是雅斯贝尔斯解决传统哲学主客二元对立的一种尝试。西方哲学从巴门尼德到黑格尔一直以来的主客二元对立，导致了诸多弊端，也产生了许多疑问，雅氏确立哲学信仰，不得不思考：主客究竟是什么关系？人与存在究竟如何关涉？他试图以主客分裂思维超越传统哲学方法，达到内在而统一。主客分裂思维是他实现这一目的的一种手段，而不是说人无限地处于主客之分裂中。主客分裂思维，雅氏也称作是"在主客的张力之中"，但又不同，"主客张力"是雅氏本人对主客分裂思维进行超越的一种努力，我们将以主客分裂中的生存为例，探讨雅氏思想中的主客分裂这一方法。

二 生存性活动中的主客分裂

在雅斯贝尔斯看来，作为个体的"生存"兼具主观性与客观性，但同时又超越了主观性与客观性，生存始终活动于主客分裂中并超越主客分裂。雅氏从早年的研究开始，就拒绝把人作为研究对象，他认为人本身是不可穷尽的，并不是具有纯粹客观性的确定对象。当然，雅氏意义上的"人"也并非纯粹主观性的存在，雅氏说："生存总是既是主观的

第二章 走进哲学信仰的方法

又是客观的。"① "既是主观的又是客观的"也可以说是在主客分裂中，只有在主客分裂中方能避免纯粹的主观或纯粹的客观，当然，雅氏也是以主客分裂思维阐述生存的，他认为只有在主客分裂中才能正确理解人，换言之，其思想中的生存于主客分裂中展开一系列活动。生存自身需要客观性，因为它需要从客观性中获取相对的确定性与有效性，但生存自身的客观性也需要主观性，因为它需要从主观性中获取生存与生存之间进行交往的可能性，获取信仰的自由性，生存同时又反对两者，因为纯粹的主观性会使生存陷入绝对的自我孤立状态，纯粹的客观性会使生存丧失个性而盲目服从普遍性，"僵化了的客观性会破坏生存"②。同样的提法在雅氏著作中随处可见。"既非主观又非客观"即"主客分裂"的思维是雅氏阐释其哲学信仰思想的重要方法，对这一方法的运用使其对"人"的理解方式明显区分于其他许多思想家，人们往往忽视了其中的深刻意义。

雅斯贝尔斯之所以把客观性纳入生存的内涵，是因为在他看来，生存性的哲学阐明中无可避免地总会产生误解：要么是把生存当作经验个体，要么是把生存当作纯粹的主观性、当作精神，"为了保持哲学性生存阐明的真理，我们必须直接地采用客观性之意义"③。但这并不是说客观性就是生存的主要因素。当生存在世界中显现自身时，它总是基于主客分裂来阐明自己。所谓生存的主客分裂，在此是指生存自身拥有的双重性——"既是主观的又是客观的"。换言之，生存既要寻求客观性，力图在社会法则、国家标准等一系列客观性中进行自我判断与自我确定，

---

① Karl Jaspers, *Philosophy* (Vol. 2), trans., by E. B. Ashton, Chicago: The University of Chicago Press, 1969 - 1971, p. 295.

② Karl Jaspers, *Philosophy* (Vol. 2), trans., by E. B. Ashton, Chicago: The University of Chicago Press, 1969 - 1971, p. 305.

③ Karl Jaspers, *Philosophy* (Vol. 2), trans., by E. B. Ashton, Chicago: The University of Chicago Press, 1969 - 1971, p. 295.

又要寻求主观性与可能性以凸显自己作为个体的自由。生存之双重性中的任何一方如果被绝对化，都会丧失生存本身，如果仅仅"局限于主观性中，我将没有活力，也无所实现，我将会窒息"①，而如果只保留生存的客观性，那么生存就会被对象化，丧失自由与超越性。在此又容易产生一种误解，即把生存当作主观性与客观性的统一。实际上，雅斯贝尔斯一直反对把生存理解为"主客统一的整体"，因为整体统一性有可能消解生存自身的个体性。因此，生存只能在主客两者之间的张力中成就自我，显现自我，也就是说，生存，因其是具有可能性的生存，总是在主观性与客观性之间寻求某种张力，它对两者的态度并不是非此即彼的选择，而是既不完全陷于主观性中，又不完全隶属于客观性。所以，生存自身的实现，不是在主客统一中，而是在主观性与客观性之间的张力中、在主客分裂中，而此种张力，也只能在生存与生存共同向超越飞跃时的彼此交往中实现。

在雅氏的哲学中，生存、大全与超越都是非客观的存在，它们每一个的实现都是通过客观性来完成的。对于生存，它的实现有赖于自身在客观性中获取一定意义的确定性，并在其中无限地逼近超越，在超越中确信存在。那么，生存究竟如何在客观性中进行哲学活动并最终实现自身？在生存这里，非客观性又是如何在客观性中得以实现的？雅氏认为，生存赖以存在的三种客观性形式是：国家、宗教、文化，它们自身所具有的客观性表现在："首先，作为国家，客观性就是那种在时间中建构存在的东西。其次，作为宗教，客观性就是暂时彻底的参与永恒存在的客观性。最后，作为文化，它是这样一种客观性，即，使人们在世界与在

---

① Karl Jaspers, *Philosophy* (Vol. 2), trans., by E. B. Ashton, Chicago: The University of Chicago Press, 1969–1971, p. 296.

永恒中彼此理解对方的语言的客观性。"① 生存通过参与国家、社会、宗教、文化、历史等领域，通过在这些具有客观性的机构中的活动，获得自己的确定性。生存又具有绝对的个体性，因此当它面对这些具有普遍性的机构时，就只能在个体与普遍的张力中进行活动，对雅氏来说，这恰恰体现出生存在主客分裂中的活动特点。显然，与其他存在主义者所主张的个体的存在方式不同，雅氏的生存并不消极否定它所存在的现实环境，因为如果没有客观条件与外在规则，生存本身就是空虚的，是"有问题的"，生存必须与这些表征着客观性的诸种领域积极交往，获取自己在世界中的存在性。

主客分裂思维并不意味着雅氏拒绝、否定客观性、确定性、普遍性。当然，雅氏所强调的生存的客观性与确定性并不同于逻辑证明之确定性，而是具有文化、历史之价值认同的内涵，他的普遍性也不是传统哲学知识体系、范畴所追求的普遍必然性，而是具有国家、社会之公共性的特点。

三 主客分裂中的哲学信仰

雅氏以主客分裂的方法阐明哲学信仰思想，使哲学信仰始终在主客分裂思维中显现，正如他指出的，哲学信仰由信仰行为和信仰内容构成，而这两者恰恰构成了主客分裂中的哲学信仰之整体。信仰行为属于个体性自己的生存行为，指的是个体对超越确信的行为；信仰内容指的是信仰的对象和表达信仰的具体方式，诸如信仰的目标和目的，信仰通过哪些命题或哪些陈述表达自身，等等。信仰行为和信仰内容彼此影响，谁也离不开谁，只有通过前者，后者才能获得对信仰的理解，才能保障自身具体内容的实现；而前者所具有的行为也唯有通过后者才能得到具体

---

① Karl Jaspers, *Philosophy* (Vol. 2), trans., by E. B. Ashton, Chicago: The University of Chicago Press, 1969 – 1971, p. 307.

体现。信仰行为和信仰内容不可分地构成了雅氏所说的哲学信仰。

信仰的行为属于信仰的主观方面，而信仰的内容则属于信仰的客观方面，信仰的主观与客观形成了信仰之整体，例如，生存与超越这一对范畴，就体现了信仰活动中的主观与客观方面，我们既不能说信仰是完全主观的，从而抹杀信仰中的"超越"这一内容，也不能说信仰是完全客观的，从而否定信仰的行为主体。不过雅氏又强调，哲学信仰中主观与客观也是相对的，生存虽是信仰的行为主体，表达了信仰的主观方面，但决不能就此将生存当作纯粹主体来对待，不能以纯粹的主观性定性生存。因生存自身的特点以及在信仰活动中它与超越的特殊关系，雅氏认为生存既具有主观性，亦具有客观性。

同样，个体性生存所坚信并始终追求的"超越"，或广泛意义上的"大全"，也既具有主观性，亦具有客观性，并非纯粹的客体对象，亦非纯粹的主体，如此意义上的存在才可以称得上是存在自身，如雅氏所说："我们称既不只是主体又不只是客体，而毋宁是于主客分裂的双重中的存在为'大全'，das Umgreifende，无所不包者。"① 超越之存在、大全之存在就不再是传统哲学意义上的纯粹客体、确定对象，而是处于主客双重中的存在自身，思想家始终追问的是存在自身而非客观对象，客观对象因其确定而有限，当然，这也是雅斯贝尔斯对传统哲学对象性与确定性的一种批评，哲学信仰并不以任何客观有限的事物作为自己的基础。哲学信仰最终是"对大全的体验"②，大全乃"无所不包者"，而所谓"无所不包者"，即包容了一切的存在，也可以说，雅氏以无所不包的态度将哲学史上所有的存在样态统统摄入自己的大全视域。在大全视域中，哲

---

① Karl Jaspers, *The Perennial Scope of Philosophy*, trans., by Ralph Manheim, New York: Philosophical Library, 1949, p. 9.

② Karl Jaspers, *The Perennial Scope of Philosophy*, trans., by Ralph Manheim, New York: Philosophical Library, 1949, p. 9.

学信仰属于一切真正的思想家的信仰,在思想家自己的历史处境中,他对存在的意识与信念得以体现。

雅斯贝尔斯的哲学信仰包含了主观与客观两方面,信仰就在主观行为与客观内容中显现自身,信仰存在于主客两重中。信仰的主观与客观之两重表明,在信仰活动中,人们不可避免地面临着主客分裂,也就意味着,我们不能按照理解传统哲学的思维方式来理解雅斯贝尔斯的哲学观念与哲学思想。主客分裂是雅斯贝尔斯在哲学思维上的一个基本用法,也是他避免传统哲学所导致的主客二元对立的努力。雅氏为了阐明他的哲学信仰思想,一方面囿于西方哲学传统,他接受了主观与客观这两个基本范畴;另一方面又为了克服传统哲学二元对立之弊端,遂以主客分裂述之。西方哲学的一个主要特点是对象性思维,较之于中国哲学,主观与客观、主体与客体形成了西方哲学的思维习惯,对于儒家之仁、道家之道的浑然一体,如果以西方哲学的对象性思维理解,反而会增生许多不必要的麻烦;如果以雅氏主客分裂思维理解,也是一种有益尝试。

人们面对世界,既有所面对的对象的客观世界,又有作为认识世界的主体的主观世界,这两个世界并不是截然二分的,但西方传统哲学,尤其近代哲学在认识论方面的发展,使主观世界和客观世界变得彼此孤立,互不干涉,在主客之间形成对峙。在雅斯贝尔斯的思想中,主客之间不再是单纯的对立关系,而是具有了某种融通,主观世界与客观世界的界限并不是那么僵硬,对象不再是纯粹的客体,人也不再是纯粹的主体。雅氏认为,主客分裂是认识的前提,也就是说,只要人们进行认识便会形成主客分裂,就会产生主体与客体、主观与客观的分裂,并进而在主客分裂中进行思维、展开行为。雅氏的主客分裂这一说法看似与传统哲学的主客关系一样,实则有本质区别,主客分裂并不是主客对立,一方面雅氏承认主观世界与客观世界、主体与客体的彼此存在是一种事实;另一方面,对存在与人自身不再进行限定、固化则是关键,雅氏认为，存在不再是与人无关的纯粹客体，而人也并不是与存在自身无关的纯粹主体，这一看法体现了他对传统哲学的批评；此外，雅氏的目的也并不在于主客分裂，而在于最终实现对主客分裂的超越，在主客分裂的超越中实现与存在的内在而统一，返回源初的主客不分之状况。

哲学信仰在主客分裂中显现，主客分裂是雅斯贝尔斯阐述哲学信仰思想的重要方法，也是我们理解雅氏哲学信仰思想以及一些基本范畴、观念的关键，我们应当在主客分裂中把握雅氏的哲学信仰思想。

第三节　超越性

超越性的方法贯穿雅氏的整个思想，是他哲学信仰的又一核心方法，人们对此谈论较多，但往往强调不够，其与雅氏对生存、超越和大全等观念进行非客观性阐释直接相关，体现了他对传统哲学客观性、确定性的批评。

在雅氏思想中，超越性方法主要有两种体现：一种是对对象的超越，体现在思维方式中，这也是主客分裂意义上的超越；另一种是内在性超越，体现在人的行为中，雅氏以其阐明人的行为。就前者来说，雅斯贝尔斯指出："其超越了可知的界限，超越了作为整体之世界的界限，以便通过这些界限，我们意识到经验存在的现象性，由此意识到存在的大全本性，从而进入信仰领域。此超越思维是这样一种思维：它通过方法获得科学的特点，然而又不同于科学认识，因为在超越思维中确定的对象消失了。"[①] 对雅氏来说，思维方式中的超越是人们确信大全、进入信仰领域的方法，只有在超越中，才能意识到对象思维的界限，从而超越这些界限及其现象，也只有在超越中，才能意识到大全存在。雅氏意义上

---

① Karl Jaspers, *The Perennial Scope of Philosophy*, trans., by Ralph Manheim, New York: Philosophical Library, 1949, p. 30.

的超越总是与主客分裂的思维紧密相关，超越对象是在主客分裂中对对象的超越，在超越中，一切确定性消失，一切对象消失。至于雅氏对于人的超越行为的阐明，主要是其对人之存在及其自身的超越行为的强调，也是雅氏哲学信仰的重要方法和核心内容。在雅氏看来，超越也总是人的超越，属于人的内在行为、是人的本质，一定意义上没有超越就没有真正的人的存在，所以他一直以超越性思维阐明人，强调哲学活动中的人的超越性，并且认为，人自身所具有的超越行为，是人的真实自我实现的保障和前提。

超越性这一方法的具体运用，则是雅氏在与实证主义和唯心主义思维方式的对照中进行的。雅氏认为，实证主义与唯心主义这两种哲学思维都限制了哲学活动，实证主义对客观性和对知识确定性的追求使哲学活动丧失了超越的源泉，而唯心主义试图获取统一性、整体、绝对的做法同样会使超越失效。他指出："……在理智决断中，在客观确定性中，在一切认知方式中，我确实看到了试图谈论非客观性的大全的错误方法与观点，一切这样的观念只能出现在无限运动的可能中，出现在超越思维中。"[1] 生存性的哲学活动需要超越实证主义与唯心主义的思维界限，而且雅氏哲学信仰思想的基础就在于生存自身的超越行为，哲学信仰有赖于生存在不断的超越中确立自己的存在。鉴于此，雅氏亦本着哲学"无限运动的可能"以"超越思维"阐释其哲学信仰。

一　生存的超越行为

超越性的方法主要体现在雅斯贝尔斯对生存行为的阐明中，在哲学信仰中，生存主要依超越行为实现对存在的确信，对此也可以说生

---

[1] Paul Arthur Schilpp, *The Philosophy of Karl Jaspers*, New York: Tudor Pub. Co., 1957, pp. 781-782.

存的行为具有超越性。超越性的方法也是雅氏用以区分哲学与科学的一个主要特征。科学对客观性与普遍性的追求，反映了其封闭的思维特点，而超越性的方法是面对视域的开放而言的，超越本身意味着开放性，也就是说，只有在大全视域无限开放的哲学信仰中，超越才可能发生，而超越终止之时也正是生存性哲学活动终止之时。（作为方法的）超越是生存确信（作为存在的）超越的主要方式，生存唯有在哲学活动中不断地超越，才可能逼近（作为存在的）超越。《哲学》三卷本在思想内容上的安排，或者说，雅氏对其整个哲学的基本内容划分的主要依据，除了存在之样态的不同显现外，就是超越性的根源，雅氏明确说过，他在《哲学》中就是要"对超越行为进行系统的研究"[①]。

作为生存行为的超越，雅氏将其分为三种状况，分别相应于《哲学》三卷本的三个主题。第一种是在世界探源中的超越，人面对世界，认识世界，在超越中意识到可能的界限；第二种是在生存阐明中的超越，生存超越它的经验实存状态，诉求自我存在的自由，在边缘处境中意识到自我与超越的关涉；第三种是在形而上学中的超越，生存面对神性，面对超越，在阅读超越之密码中与超越关涉。雅氏将超越性思维贯穿始终，换言之，生存在这三种状况中不断地超越，并使世界、生存、超越之间保持紧密的联系："没有生存，世界将变得无意义，超越将成为迷信。没有世界，生存将变得空洞，超越将失去声音。没有超越，生存将丧失真正的自我存在，世界将丧失可能的深度。"[②] 这种紧密的联系正是基于生存的超越行为，如果在任何一种状况中缺乏超越行为，这三者之

---

① Karl Jaspers, *Reason and Existenz: Five Lectures*, trans., by William Earle, Routledge & Kegan Paul London, 1956, p. 155.

② Karl Jaspers, *Philosophy* (Vol. 1), trans., by E. B. Ashton, Chicago: The University of Chicago Press, 1969 – 1971, p. 89.

间就会发生断裂,哲学活动就会终止。

所以,为了充分表达生存的无限可能性,雅氏以超越性方法继承传统哲学对人的界定,这一点体现在他对人的存在状态的阐述中。雅氏将人的存在状态分为:实存、精神、意识一般与生存。在哲学活动中,当人仅仅以经验实存的方式存在时,这种实存并不具备超越性,而只是一味地沉湎于对象世界,被外在的东西束缚,缺乏自主选择与决断能力,在对象世界,实存感到无助与空虚;但是当它意识到自我的处境并返回自身时,便是在实践超越,实现了从经验实存到生存的飞跃。于是就可以理解,人之所以有不同的存在方式,就在于人可以通过超越行为自由地选择自身更高的存在状态。无论是生存对自身的超越,还是生存对实存、对有限的经验世界的超越,抑或生存对超越之存在的确信,都有赖于生存自身具有的超越品性。因此,是滞留于还是超越于经验实存状态,完全有赖于生存自己的选择,按雅氏的话说就是:"当生存向其超越敞开自身时,就意识到了机遇。或者在超越中实现自身,或者使自己迷失于实存中,成为挫败的存在,这些完全取决于生存。生存的本质就在于它不仅仅可能是实存。"[1] 从实存、精神、意识一般到生存,从世界到存在自身,从作为内在存在的生存与世界到超越,从真正的自我存在的形成到生存性哲学信仰的确立,始终贯穿着生存的超越行为。雅氏即以此超越性方法阐明生存,当然也可以说,在超越性思维中,我们逐渐把握雅氏的生存这一观念。由于哲学信仰的开放性,生存的超越行为并不是单纯地否定与排斥,而是对所超越之事物的批判与包容,如生存对实存的超越,实质上是两者在历史性中的同一。哲学信仰中的超越性方法体现了雅氏对待传统哲学观念的基本态度,如"人"这一观念,雅氏批判地继承了笛卡尔、黑格尔等哲学家对"人"的诸种界定和规范,在此基础

---

[1] Karl Jaspers, *Philosophy* (Vol.1), trans., by E. B. Ashton, Chicago: The University of Chicago Press, 1969–1971, p.78.

上提出了他认为的真正的"人"即"生存"。一定意义上，如果没有超越性方法，雅氏的生存这一观念就无从提出，我们也无从理解，进而无法将其与传统哲学中的"人"区分开。

二 主客分裂意义上的超越

正如前文分析，雅氏认为主客分裂思维是哲学活动必然面对的，对他来说，"没有主体，任何对象都不可能存在，没有对象，亦不可能存在任何主体"[①]。主客分裂意识即面对对象之意识，同时又需超越主客分裂，实现内在而统一，因此，主客分裂意识，或者面对对象之意识，是"通向超越的可能的跳板"。我们通过雅氏所说的面对大全所分裂的诸多样态来理解主客分裂意义上的超越。大全所分裂的样态有实存、意识一般、精神、世界、生存、超越等。就具体的每一样态来说，实存与世界相对，在这一对关系中，实存是认识的主体，世界是其认识的客观环境；意识一般与对象相对，意识把出现在自己眼前的事物统统转化为自己的对象；而精神总是与观念相关，精神是认识事物的主体，它把一切都纳为自己的观念存在；生存把超越作为自己永恒的信仰。如此对雅氏来说，大全的每一种存在样态都处在主客分裂的状况中，都需要通过并超越对方来实现自己。那么，每一样态又如何实现超越？雅氏通过两个方面进行阐释：一是对对象的超越，二是自身的超越。就其第一个方面，指的是每一存在样态对自己的对象的认识，是对主客分裂中的"客"的把握。在对"客"的把握过程中，出现在人面前的总是属于人的认识对象，总是对人而言的现象，而非存在自身，因此，在主客分裂中，要把握存在自身，就必须不断地超越人面前的对象。就其第二个方面，指的是从实存、意识一般与精神到生存

---

① Karl Jaspers, *The Perennial Scope of Philosophy*, trans., by Ralph Manheim, New York: Philosophical Library, 1949, p. 25.

的超越，是自我的不同存在方式的超越，或者说自我从非本真状态到本真状态的超越。不难看出，即使是主客分裂意义上的超越，仍然离不开人自身行为的超越，雅氏正是将超越性方法运用于生存所活动的主客分裂中。

雅氏的主客分裂思维主要针对的是西方传统哲学。传统哲学要么固执于认识的对象，要么固执于认识的主体，雅氏以主客分裂避免把具体的对象当作存在，或者避免以主观存在为一切事物的根源与基础，从而实现对传统哲学的超越。具体来说，其一，西方传统哲学往往把世界中具体存在的对象当作存在自身，例如希腊早期的哲学家把火、水等"对象"当作万物之根源，如此便得出"存在即对象"[1]。其二，传统哲学中由于主体是认识者，主观性就成为认识一切事物的基础，主体成为万物之主宰，由其创造万物，例如笛卡尔哲学，由"我思"推演出整个世界的存在，如此，"存在是我的一个产物"[2]。其三，由于哲学探讨中对逻辑形式、思维范畴的运用，因而会把这些客观形式当作存在自身，例如认为存在是因果、是实体，在此意义上，"存在是逻各斯"[3]。总之，传统存在论认为存在或者属于客观的，或者属于主观的，或者是逻辑范畴。对于雅氏来说，虽然传统存在论自身也有不足，但对于真正的存在的认识的确做出了巨大贡献，他的哲学任务就是把传统存在论中有关存在的讨论纳入自己的体系，使其成为自己理解存在自身的一种方式，并在此基础上超越传统存在论，得出自己的"大全"存在论，正如他说："真实的存在，既不是对象亦不是主体，

---

[1] Karl Jaspers, *The Perennial Scope of Philosophy*, trans., by Ralph Manheim, New York: Philosophical Library, 1949, p. 26.

[2] Karl Jaspers, *The Perennial Scope of Philosophy*, trans., by Ralph Manheim, New York: Philosophical Library, 1949, p. 26.

[3] Karl Jaspers, *The Perennial Scope of Philosophy*, trans., by Ralph Manheim, New York: Philosophical Library, 1949, p. 27.

而是在主客分裂之整体中显现的、必定满足范畴以便赋予其以目标与意义、我们已称作大全的东西。"① 这段话体现了雅氏对待西方传统哲学的态度：既统摄又超越，此态度与其一贯坚持的超越性方法一致。

所以说，主客分裂并不是雅氏思想的最终目的，而是他进行大全阐明、进行哲学信仰阐明的方法，他的目的是在主客分裂中认识并超越对象，最终超越主客分裂，超越一切对象，而在主客分裂和对象的消失中，使大全存在对人们显现，并成为真实的，使人们"意识到存在的大全本性，从而进入信仰领域"②。

主客分裂意义上的超越，最终追求的是超越了任何主客分裂的存在自身。雅氏的担忧在于：在主客分裂的认识活动中有一种倾向，使出现在人们眼前的一切对象化、具体化，从而存在自身也难以避免的对象化、具体化，这样一种使存在对象化的思维正是人的思维无法避免的。同时，这也是一种将存在固定化、有限化的思维过程，甚至对已经被对象化的存在产生固执的信念，由此，信仰的另一种变态形式，即迷信便出现了，迷信的产生与人的思维特点有关，也与人对于自己的存在状况的认识有关，正如我们将在对人的不同存在方式的分析中所看到的。雅斯贝尔斯的担忧也是西方哲学对象性思维难以避免的。

三　对客观性的超越

由此，超越性的方法还体现在雅氏对待客观性的态度。在阐明哲学信仰中，雅氏往往以超越性方法避免确定性与客观性，他指出，人们总是在主客关系中进行思维，当人谈到某一现象时，此现象就同时成为与

---

① Karl Jaspers, *The Perennial Scope of Philosophy*, trans., by Ralph Manheim, New York: Philosophical Library, 1949, p. 28.
② Karl Jaspers, *The Perennial Scope of Philosophy*, trans., by Ralph Manheim, New York: Philosophical Library, 1949, p. 30.

人相对应的对象，对象的存在是客观事实。一方面，无论人们如何讨论事物，都会使事物成为人的对象，否则人就根本无法把握事物；另一方面，对象世界并不是人所要把握的一切，对象化也并不是人们理解事物的唯一的方式。雅氏认为，人的思维远远超出了向他显现的客观的对象世界，人必须超越此客观世界而体验非客观的世界，也就是说，为了能够把握非客观的存在，就必须超越一切客观性。为了避免传统哲学存在自身的对象性，雅氏在他的哲学信仰中表达了这样一种企图：超越的思维使对象消失，当对象及其客观性淡出人的视野时，当进入非客观的状态时，存在自身才得以显现。正是在这层意义上，雅氏说，真正的超越意味着超越客观性而进入非客观性的状态。因此，哲学活动中的超越必须超越一切客观性——不仅包括经验世界中的客观性，也包括密码世界中密码的绝对客观性，因为只有在绝对客观性消失的地方，生存才能够得到澄明，并逼近存在自身。

　　雅氏指出，康德已经阐明了从客观性到非客观性的超越。康德意识到现象背后所具有的非客观性存在，而对此超越的、非客观的存在，要进行客观认知是不可能的，只能进行超越性的思维。按照雅氏的思维，康德首先区分了超越及其超越活动中的现象存在，也就是说，对超越性存在进行思维时，必须超越一切客观性的存在，而一切被超越的存在即成为人们视野中的现象。不过，雅斯贝尔斯却在康德这里发现了困境：当康德试图把握超越中的非客观性时，无可避免地又陷入客观性中，因为非客观性在观念中总是会被客观化。康德试图解决这个困境，但并未成功，"它们根本就不可能被客观地解决；对它们的解决仅仅在于超越自身的行为中"[①]，也即在于生存的超越行为中，康德无法突破自身的思维困境，只能困于无限的循环。康德的困境使雅氏

---

① Karl Jaspers, *Philosophy* (Vol. 1), trans., by E. B. Ashton, Chicago: The University of Chicago Press, 1969–1971, p. 80.

意识到经验存在与世界的界限：当人们自以为已经获得了对超出边界的对象的把握时，或者似乎认为已经实现了超越时，其实并不是真正的超越，因为"真正的超越只出现在客观与非客观的边缘处"①。雅氏以超越性思维方式试图克服康德的困境，在他这里，对于真正的存在的把握不同于传统存在论。不过，雅氏这里所说的"客观与非客观的边缘处"究竟指的是什么？又如何达到？雅斯贝尔斯似乎抛给人们一种怀疑与无望：超越性的方法似乎始终都在奔向"无效"，因为它要把握那无可把握、无可想象的，要与非客观的进行交往，对于西方传统哲学来说，似乎不可能。即便如此，对雅斯贝尔斯来说，作为生存性的超越行为却给人自身带来不断的改变。

如果说主客分裂的思维方法主要关系到雅斯贝尔斯对哲学与科学的区分，那么超越性的思维方法就主要关涉他对哲学与宗教的区分。宗教思想中也涉及超越性，那么哲学的超越与宗教的超越又有什么不同？在雅氏看来，宗教中的超越始终无法改变人们的被束缚状态，因为宗教的超越并不是人自身的超越，而是一个外在的对象的要求，正如我们此前谈到海德格尔关于信仰的实质，雅氏这一观点与海德格尔相同。在哲学中，超越性作为生存自身的品性，为生存提供了可能性与自由。如果生存丧失了超越性，它就不再是生存，就无法从实存、意识一般、精神与世界的束缚中解放出来，也无法实现从内在存在到超越的飞跃。也是在这一层意义上，雅斯贝尔斯一直主张，哲学最终要超越宗教。

值得一提的是，在保罗·利科尔看来，如果一味强调雅斯贝尔斯这样的超越性方法，势必会造成以下结果：为了超越而超越，即超越从一种方法而变成具有"上帝"意味的"隐匿的超越"，使一种隐匿

---

① Karl Jaspers, *Philosophy* (Vol.1), trans., by E. B. Ashton, Chicago: The University of Chicago Press, 1969–1971, p. 80.

的神成为哲学的目的,而最终使哲学成为一种信仰。① 利科尔的担心有一定道理,雅斯贝尔斯一方面为了规避传统哲学思维的弊端;另一方面又为了区别于宗教,会不会走向另一个方向?尚需我们做进一步思考。但应当清楚的是:在雅氏这里,并不是说超越从一种方法变成隐匿的神,而是说只有在超越性方法、超越行为中才能确信存在。在雅斯贝尔斯哲学中,既有作为方法的"超越",又有具有存在性质的"超越",就作为方法的超越来说,主要体现在个体的行为中,其目的并不在于行动上的一味超越,而在于个体在超越这一行为中实现与存在的内在统一,同时,个体只有在超越行为中才能确信存在。作为方法的超越与作为存在的超越之间存在必然的发展逻辑,两者最终实现的是哲学信仰。雅斯贝尔斯承认自己的哲学就是哲学信仰,却否定他的哲学中有任何目的,也就是说,在他的哲学中并不存在一个使一切终结的、最后的绝对存在。

除了上述几种主要方法,体现在雅斯贝尔斯哲学信仰中的还有其他方法,诸如现象学、密码解读、心理学等。

1. 现象学

雅斯贝尔斯本人并不像其他思想家,如海德格尔、萨特、梅洛·庞蒂那样更多地关注现象学的方法,甚至在哲学思想中他还排斥这种方法。徐崇温认为,雅斯贝尔斯的现象学方法是自发的,正如雅氏本人的传记作者及其遗稿整理者汉斯·萨内尔所认同的那样,雅斯贝尔斯在现象学还没有形成气候的时候已经在运用现象学方法了。当然,这种运用主要是在雅氏早年的心理学和精神病理学研究中。胡塞尔及其现象学对雅斯贝尔斯在哲学上的影响,也似乎并没有像对其他思想家那样大。雅氏在早年进行精神病理学临床试验时,曾经通过听演讲认识了胡塞尔,他曾

---

① 转引自 Paul Arthur Schilpp, *The Philosophy of Karl Jaspers*, New York: Tudor Pub. Co., 1957, p.611。

就现象学问题请教过胡塞尔,当他问及"什么是现象学"时,胡塞尔回答说,他在试验中所运用的正是现象学的方法。然而,雅斯贝尔斯在转向哲学研究后,说过这样的话:"我觉得,从哲学的本质来看,以现象学为哲学是不可接受的。"① 这一看法与他对待科学的一贯态度是一脉相承的,当他认为现象学更多地具有科学的性质时,他与现象学保持了一定距离。虽然雅氏一再强调,科学及科学的方法对于人们更好地从事哲学有着重要的意义,也是必需的手段,但他也强调,哲学更应该保持自己的纯粹性。有一点是明确的,雅斯贝尔斯的哲学思想中确实有现象学方法的运用,一方面,"探求事情本身"是雅氏所承认的现象学对他的影响;另一方面,就雅氏对"生存""超越""大全"等的阐明来看,从他对存在的生存意识的阐明,以及从他所阐述的在边缘处境中超越对生存的当下显现来看,都有现象学方法的运用。

2. 密码解读

针对传统存在论,尤其针对传统存在论中存在的对象性特点,以及对存在的认知方式,雅斯贝尔斯以密码解读的方法阐释其哲学思想及其哲学观念。相较于非客观性、主客分裂和超越性方法,密码解读这一方法在雅氏的思想中表现得并不是那么明显、直接,但后者与前者一脉相承,是前者思维的必然和深入发展,换言之,既然雅氏极力避免客观性、确定性,避免理智认知方式,那么他对存在自身的阐明就需借助密码,对他来说,密码具有不确定性,可以阐述具有隐匿性的存在。从宽泛的意义上讲,以雅氏一贯的包容精神和开放态度来看,哲学史上存在的一切观念、方法,包括科学思维与宗教思想,都成为他构建哲学信仰思想的密码;从具体处来说,雅氏更多的是将密码解读的方法运用于阐明其思想中的"超越"这一存在,而对于这一点,他又是以生存解读密码语

---

① 徐崇温主编:《存在主义哲学》,中国社会科学出版社1986年版,第150页。

言来说的,我们需从生存对超越的把握中体会雅氏对密码解读方法的运用,对他来说,生存把握超越的方式就是生存对密码的解读。雅氏思想中的"密码"是超越的语言,超越于密码中显现自身,密码解读即生存在阅读、解读密码中理解、把握超越。雅斯贝尔斯认为,超越是隐匿的,它并不直接显现自身,也不是通过人们的意识一般来认知,或者通过精神来想象,而是通过向密码传达信息,也就是说,超越通过自身在密码中的言说,使生存获得它的信息。密码构成了生存与超越之间永恒的关涉。密码的存在避免了使生存堕落为纯粹的主观化,也避免了使超越走向纯粹客观化的倾向,这一点突出地表现了雅斯贝尔斯在对存在自身进行阐明时,与传统存在论所做的本质区别。超越只在密码中向生存显现,因此,密码只是生存性的密码,也只有生存性自我才能够读懂密码语言。生存解读密码的过程,其实就是生存对超越及其自我存在进行确信的过程,是生存性哲学信仰的确立过程。实际上,雅氏的密码思想就是他在密码中对超越进行阐明时确立哲学信仰的方法,换言之,密码解读既是雅氏阐明哲学信仰的方法,又是他的哲学思想。我们将在后面的章节进行讨论:生存如何进行密码解读,密码解读与传统存在论的本质区别又是什么等问题。

至于心理学方法在哲学信仰中的运用,如,对人在边缘处境中各种情状的分析,雅氏主要是沿用了他早年在心理学与精神病理学研究领域中的成果,在这里就不再进行专门讨论。

第三章

哲学信仰的基石——生存

　　生存（*Existenz*）是雅斯贝尔斯思想中非常核心的一个观念，雅氏用生存表征人真正的存在方式。雅氏哲学信仰讨论的是生存的信仰问题，生存构成了雅氏哲学信仰的基石。在这一章节，我们将围绕生存展开如下讨论：雅斯贝尔斯为何以生存为最本真的自我存在方式？针对这一问题将涉及：生存如何突破自我的不同存在方式？如何突破世界的界限？如何确立真正的生存性自我存在？雅斯贝尔斯的生存有什么特点？针对这一问题将涉及：生存如何在交往、历史性与自由中进行自我显现？雅斯贝尔斯是如何处理人与存在的关系的？针对这一问题将涉及：生存在边缘处境与绝对意识之本性中如何体验自我？又如何与超越发生源初性的关涉？

第一节　生存阐明

　　雅斯贝尔斯为了规避传统哲学将人抽象化、客观化的做法，采取阐明或澄明的方式解释生存，试图以这种方式将"人"的存在展现出来，这一方式就是他所说的"生存阐明"。生存阐明也可以说是人在自我阐明中显现它的本真存在即生存，生存阐明即生存的自我显现，换言之，如果要实现自身，并成为与超越相关涉的真正的生存性自我，生存就必须突破经验实存与世界，超越自身的一切界限，在整个哲学活动中，生存实现自我的突破也是生存自我显现的过程,雅斯贝尔斯把这一过程称为"生存阐明"。之所以用"阐明",是因为"生存阐明不是对生存的认知,而是向其可能性诉求"①。在雅氏这里,生存不是对象,不能被客观认知,它就是行动本身、就是体验,它也不确定,它就是自由,具有无限的可能性。生存只能在自我显现中得到理解。雅氏的生存阐明其实就是阐明生存性自我存在如何确立自身、如何源初性地关涉超越性存在的。生存阐明基于"生存"这一灵魂,又与超越紧密相关,本质上,生存阐明就是对哲学信仰的生存性本性所进行的阐明。雅氏把生存阐明放在整个哲学活动的核心位置,足见生存阐明在哲学信仰中的重要意义,毋庸置疑,生存阐明也是雅斯贝尔斯确立哲学信仰的核心。

一 生存阐明的实质与目的

雅斯贝尔斯之所以以"生存"这一观念说明人的真正存在,其中一个目的是解决存在自身的问题,最终解决哲学信仰问题。根据本书第一章的分析,传统哲学由于自身的弊端,一方面,使人成为对象,导致人的生存性丧失;另一方面,传统哲学把存在自身当成逻辑论证的确定对象,人们对之可以进行客观认知,作为客体对象的存在又与人的存在无关。为了克服这一弊端,雅氏开始重新思考人与存在自身的关系问题,在哲学信仰中,他将人与存在的关系阐述为生存与超越的关系。关于生存,雅氏有个基本的态度:生存不能被当作知识的对象,否则,它就不属于真正的自我存在。雅氏将生存自身的阐明活动与传统哲学的客观认知区分开来,对他来说,生存自身意义的获得,不在于人们对它进行客观研究后所得出的某一证明,而在于生存通过经验实存、意识一般及精神这三种方式在世界中的自我显现。所以,雅氏生存阐明的实质与目的

---

① Karl Jaspers, *Reason and Existenz: Five Lectures*, trans., by William Earle, Routledge & Kegan Paul London, 1956, p. 72.

在于：一方面，生存在世界中进行哲学活动，它的哲学活动就是它的自我阐明，生存超越实存、意识一般、精神，并超越自身，它就实现了从内在存在向超越的突破，从而逼近存在自身；另一方面，一旦生存实现了自身，与超越相关涉，那么，超越的意义就对人们变得清晰、透明，它也不再是与人无关的对象，而是个体之信仰，是真正的存在，是具有生存性意义的存在。对雅氏来说，在哲学活动中，如果要解决存在自身的问题，其前提就必须阐明生存，使生存在自我阐明中显现自身。其实，生存阐明也表明了雅氏有关存在思想的特点，在他这里，对存在的把握不是论证，不是客观认知，而是属于活生生的个体的活动过程。

生存阐明是关于个体性自我如何实现自身的问题。既然生存不具有对象性，不可能像经验世界中的其他东西那样被客观地认知，那么，它自身的实现只能通过它的自我显现，通过它在哲学活动中的自我澄明。在哲学阐明活动中，生存突破一切界限，与存在建立生存性的关系。也就是说，个体性自我实现自身的问题，同时也是它如何源初性地与超越发生关联的问题。个体性自我在这一阐明活动中真正意识到自身所是的，意识到它的自由、它的无限可能性，意识到它与其他生存之间的交往，意识到它只有与超越关涉，它才可以确信自我、确信存在。而一旦与超越关涉，生存就进入了形而上学领域。

二 生存阐明的环节与方法

雅斯贝尔斯分三个环节阐明生存：第一，阐明生存的自由。雅氏认为，自由并不是抽象的，而是生存在历史性中所意识到的自己的本性，自由是在生存与生存之间的交往中体现出来的。第二，阐明绝对意识中生存与超越的内在统一。生存阐明即生存确信存在的过程，在对存在的绝对意识中，生存确信存在，也可以说，生存在绝对意识中意识到存在存在着，从而实现自我与超越的永恒关涉。第三，在主客分裂中阐明生

第三章 哲学信仰的基石——生存

存。根据前文提到的,真正的生存总是在主客之间的张力中实现自身,雅氏在生存阐明中亦采用了主客分裂的方法。

雅氏以阐明的方式探讨人、探讨生存,虽然和传统哲学下定义、逻辑论证的方式不同,但他在生存阐明中并未完全拒绝客观化、普遍性的运用,在方法上,雅氏保持了一种张力。一方面,雅氏认为心理学方法、哲学中的逻辑概念、形而上客体等,这些表征着客观化与普遍性的方法对于阐明生存具有一定的意义,生存需要借助心理学中的理解方法,借助逻辑概念与形而上客体确定自己,如,心理学中的理解能够为生存的自我理解提供有意义的阐述,逻辑定义、范畴,甚至悖论(例如:历史中的短暂与永恒概念)是生存可能获得有效表达的途径,至于形而上客体,在传统哲学中,形而上客体是表征绝对客观性的、神秘的形象或者"太一",在生存阐明中,形而上客体为生存提供了可以超越的期望,只有当生存阐明作为基础进行形而上思维时,形而上客体才具有意义。心理学方法、哲学中的逻辑概念、形而上客体,这些客观化、普遍性的方法共同构成了雅氏生存阐明中具有普遍性的、相对确定的"一翼",生存要实现自身就必须借助这些客观化的方法。另一方面,雅氏又强调生存的生存性特点,对他来说,生存就是生存,生存就是自我存在的当下显现,是不能被绝对地、客观地认知的,他认为,虽然生存可以借助普遍性、客观性实现自身,但它自己并不具有普遍性与客观性,生存最终需要通过超越行为摆脱普遍性与客观性,达到不再具有任何客观化的边界,生存的这一方面构成了雅氏阐明生存的另外"一翼"。这两方面被雅氏称为哲学活动中的"两翼",在生存性哲学阐明的过程中贯穿始终、保持一致。另外,由于世界中并没有具体的"对象"相应地表达"生存",诸如生存的自由、历史性、交往、超越性等,并不是可以通过一个有形的实际存在就能说得清楚,因此,雅氏通过密码来阐明生存的这些本性,他认为,唯有通过密码,生存才可意识到对自己而言什么才是它自身，什么才是真正的存在，在生存阐明中，生存性的密码成为表征具有普遍性的东西。密码是雅斯贝尔斯在《哲学》中重点提出来的一个观念，也是他为了避免把生存与超越绝对化、客观化而做的努力。虽然在生存阐明中，雅斯贝尔斯用到各种概念、范畴等有关普遍性、一般化、客观性的表达，但对雅氏来说，这并不意味着它们就会成为一切，他的"生存"不会因为这些客观化的表达丧失自己的个体性、可能性与超越性。雅氏始终强调，这些客观化的表达最终要被生存超越，在这些表达中，生存不会成为普遍有效的概念，当人们谈及生存时，并不是指一般的自我，而仅仅也始终是指属于"我"自己的、作为个体性的自我。雅斯贝尔斯尽力协调哲学活动中的"两翼"在生存阐明中作用的正常发挥，认为只有保持生存自身的纯粹性，限制并超越这些客观表达的范围，才能达到阐明生存的目的。

一方面是客观化、普遍性、概念范畴的运用；另一方面是生存自身的可能性、个体性、超越性，如何用前者阐明后者，如何在生存阐明中协调两者，对雅斯贝尔斯来说的确是个问题。当雅氏以密码阐明生存时，是否如他所愿地以客观化有效表达了非客观的，以普遍性成功说明了个体性，尚需讨论。当然，雅斯贝尔斯试图运用语言上的、思维表达中的客观性与客观形式，作为他阐明生存的保障，这也是他在哲学活动中对科学方法的重视。问题在于，雅氏既承认根本无法避免对这些客观表达的使用，又极力避免生存领域中任何绝对的、确定的客观性，那么雅斯贝尔斯如何保持这种张力？他会不会面对生存阐明中出现的客观性的循环、表达意义上的模棱两可与矛盾？

第二节　生存性自我存在的基础

从雅斯贝尔斯《哲学》三卷本的内容世界探源、生存阐明、形而上学可以看出，对世界的探源是生存阐明的出发点，成为生存性自我存在的基础。生存要突破世界之界限，超越非生存性自我，离不开它在世界中的活动，世界是生存赖以存在的现实空间。

一 世界探源：生存性自我存在的基础

所谓的世界探源，主要是指自我以意识一般的方式在世界中活动，按照雅斯贝尔斯的意思，就是"我们对存在着的对象的知识"[①]。也就是说，意识一般以客观认知的方式把握世界中的现象。由于具体内容与意义的不同，世界探源又分为科学的世界探源与哲学的世界探源。科学的世界探源是指经验之"我"对世界的客观认知，它仅仅局限于对经验世界的事实性研究。哲学的世界探源是对科学的世界探源提出质疑，并证明它的意义，证明它对世界绝对把握的不可能性，等等。科学的世界探源为哲学的世界探源提供物质来源，哲学的世界探源将发现科学的世界探源的界限，并使人不再局限于这个客观的、封闭的世界，把人从对象的世界解放出来，回到他自身，进而向更高的领域超越。哲学的世界探源有自己特殊的使命，也是在这层意义上，雅氏主要讨论了哲学的世界探源，他指出，在这一探源中，生存将寻求边界并超越它们，寻求哲学究竟如何可能，生存探寻它的起源、它的意义，生存意识到边界，突破界限，在边界意识中生存反思自己在对象世界中的存在，生存意识到它是以超越的思维而非理智认知的方式理解世界之整体的。与自我在世界中的不同存在方式相关，世界中的哲学探源仍然包含三个方面的内容："我"作为实存，如何经验着这个世界；"我"作为意识一般，如何认知世界的普遍性；"我"作为可能性生存，如何在世界中与超越关涉。这些内容表明，在世界中进行探源是生存性自我存在进行哲学活动的基础

[①] Karl Jaspers, *Philosophy* (Vol. 1), trans., by E. B. Ashton, Chicago: The University of Chicago Press, 1969–1971, p. 68.

与起点。

二 世界之为世界

世界探源的核心是世界。对于"世界",不同的学派有不同的认识。实证主义往往将世界绝对化,它把存在自身等同于客观存在,在此基础上认为世界可以通过自然科学加以客观地认知,雅斯贝尔斯否定实证主义把"全体"或"整体"当作经验对象、使世界绝对化的做法。同样,雅氏也不认同唯心主义将世界观念化的做法,在他看来,唯心主义把"精神",或者把"我"当作存在自身,把观念的存在当作绝对的存在。不同于实证主义与唯心主义,在雅氏的哲学中,世界并不是纯粹的主观存在,也不是纯粹的客观存在,他认为,世界之所以是生存性自我存在的基础,在于世界本身所具有的丰富内涵。

雅斯贝尔斯对世界做出了不同的理解。首先,雅氏指出世界自身不可被最终把握,只能对它进行阐明。人们讨论世界,总是从"我"的世界与"非我"的世界开始。作为主体的"我"和作为与"我"相对的其他任何存在即"非我",总是不可分地联系在一起。"我"生活的处境是"我"的世界,当然,"非我"也有自己的世界,世界由"我"的世界与"非我"的世界共同构成,"我"的世界属于主观存在的领域,"非我"的世界属于客观存在的世界,不过,即便是"我"的世界也不是纯粹主观存在的世界,而是主客分裂中的世界,同样,"非我"的世界也不是纯粹客观的世界,仍然是由主观存在与客观存在构成的。雅斯贝尔斯以主客分裂的思维探讨世界,在他这里,世界分裂为作为存在自身的样态的世界与作为现象的世界。作为存在自身的样态的世界是纯粹的客观化,它是从主观认知中抽象出来的,而作为现象的世界,因为它与生存、与超越的关联,使其不具有纯粹意义上的客观性,而具有了一定的主观性。当人们把世界作为"全体"把握时,世界就是作为它自身的世界,或者说，对于世界的"普遍性"的理解即是对世界自身的把握，在这层意义上讲，世界就是作为存在自身（雅氏的"大全"）的样态，它表征着全体、普遍性，但却属于内在存在。主观世界的存在表明世界是现象，它不是自足的，也不是独立存在的，而是与生存和超越相关的现象，它的存在有赖于存在自身在其中的显现。雅氏认为世界自身不可被绝对把握，世界处于客观与主观的张力中。如果将世界把握为纯粹的对象，就会使世界绝对化，如果将世界理解为纯粹的"我"的世界，就会陷入主观化的泥淖，前者是实证主义的做法，后者是唯心主义的做法，都是雅氏拒绝的。雅斯贝尔斯以主客分裂思维阐明世界，使世界在主客分裂中显现。

其次，有关世界的有限与无限的问题，"世界不是有限事物的叠加，也不是无限；它是从无限到有限并返回的过程"[1]。对雅氏来说，世界无所谓无限或有限，讨论世界的有限或无限，只是他进行界限阐述的需要，他试图让人们意识到世界的界限，并超越这些界限。雅氏指出，人们在世界中的活动往往带着一定的目的，而这些目的又受世界自身的限制，例如，技术的、精神的、政治的世界到处受客观环境的限制。技术的世界充满了生硬的、客观化的东西，人的精神也有被变成"客体"、被客观化的危险，政治的世界充满了变幻。一切看来都不是那么确定，人们生活在"无望"中，没有结果，只是历史中的一个变数而已，乌托邦的世界更是虚无的世界。在这些状况中，根本不可能有真正确定的存在，有的只是人们对这些状况的认识，并把这些认识作为世界的界限。也就是说，世界的有限使人们有超越它的可能。雅氏又强调世界的无限性，他却是在这样的意义上说的：不能把世界有限化为一个封闭的知识体系，或有限化为一定的空间理论，换言之，雅氏是在反对世界的封闭性的意义上强调世界的无限性的，在他自己的哲学领域，世界是一个充满创造

---

[1] Karl Jaspers, *Philosophy* (Vol. 1), trans., by E. B. Ashton, Chicago: The University of Chicago Press, 1969 – 1971, p. 134.

的、开放的又具有无限可能性的世界。

最后，世界既是确定的又是非确定的。说世界确定，是说世界中存在相对确定的事物、原则、范畴等。说世界不确定，并不是说它没有确定性，而是说，由于世界的多样性与复杂性，人们无法最终认识它的确定性。在雅斯贝尔斯的哲学活动中，任何使世界在整体上确定的企图，都是错误的；把任何特殊的认知确定化、普遍化为整体之世界的做法，同样也是错误的。

雅斯贝尔斯以主客分裂和非客观性的思维解决世界之存在问题，他关于世界的学说主要是为了阐明人的存在，对他来说，世界是生存的基础，又是它必须超越的界限。只有站在世界之外，生存才可能理解世界，但它又不可能完全摆脱世界而存在。生存和世界紧密不可分，既不存在没有生存的世界，也不存在没有世界的生存。作为世界中的可能性生存，必须意识到对世界绝对认知的不可能，并在世界探源的哲学活动中，努力把握世界的可能性，意识到世界的界限，从而超越世界。

第三节　生存性自我与非生存性自我

雅斯贝尔斯的生存阐明是对真正的自我存在的探讨，在生存阐明中，雅氏澄清了自我的不同存在方式，对自我存在之意识进行了不同于传统哲学的理解。哲学史上对自我曾经有不同的认识，在雅氏看来，"我思，故我在"中的"我"是"我"之一般，"我"和他人一样，以意识一般的方式认知对象世界，追求认知结果的普遍有效性是"我"和他人共同的目的；还有那些具体的、其本质是物质性的"我"，其中，"我"只是身体；社会学意义上的"我"是"我"之一切，"我"和他人共同构成没有区别的"我"。雅氏把这些不同认识中的"我"称为自我的客观样态，或者说是"我"的自我客观化，它们的存在并不是"我"自己，不是真正的生存性自我存在,因为"自我远比我能知道的一切还多"①。不过雅斯贝尔斯并不是完全否定这些"自我"的存在意义,他认为通过这些自我的客观样态,人们能够意识到,"我"是作为非客观的可能性而存在的。真正的自我绝不可能是一个可以确定的对象,自我必须从客观化中摆脱出来,走向具有可能性的、自由的自我。雅斯贝尔斯也是在这层意义上确立生存性自我存在之地基的,他以哲学史上"我"的客观化方式为他的"生存"观念做准备。

雅氏坚持一贯的开放精神,他把哲学史上曾经出现的自我的不同存在方式一一纳入自己的哲学视域。在他这里,被包容了的自我具体又有以下几种不同的存在方式:实存性自我、意识一般之自我、精神自我、生存性自我。相对于生存性自我,前三种属于自我的非生存性存在,是对上文提到的自我的客观化存在的具体分类。生存性自我与非生存性自我共同构成了自我在世界中的存在;实存性自我、意识一般之自我与精神自我以对象的方式存在于世界中;生存性自我通过它们在世界中显现自身,它是非客观的,具有无限的可能性。

一 实存性自我

所谓实存,雅斯贝尔斯以德文 *Dasein* 来表示,海德格尔的 *Dasein*(中译"此在""亲在")具有生存性,海氏以此词表达真正的自我存在;不同于海德格尔,雅斯贝尔斯的 *Dasein* 即实存是指有限时间中的经验个体。实存在世界中以经验的方式存在,与实存相对应的意识是经验意识,自我在世界中以经验意识把握对象,其中自我的存在方式即雅氏的实存性自我。实存表征自我存在的感性与事实性,它创造自己,创造观念、语言,也创造对象。雅氏认为,实存性自我属于对象范畴,人们可以通

---

① Karl Jaspers, *Philosophy* (Vol. 2), trans., by E. B. Ashton, Chicago: The University of Chicago Press, 1969 – 1971, p. 33.

过物质、生命、心灵等经验的表现方式，分别从物理的、生物的、心理的角度理解它。由于实存总是局限于经验世界有限的事物，经验世界的对象性使自我也成为对象性的存在，因此，实存状况中的自我本质上不可能超越自身、超越有限的世界，更不可能有自我反思的能力，它只是满足于有限的经验事物，受限于自身的物质属性，沉溺于自己的感官享乐中。如果从实存性的存在角度把握自我，就会把人的本性局限于经验存在，如果从实存性自我出发认识所谓的"存在"，那么就会把高尚的、有尊严的东西转变为有限世界的对象，把超越性的东西世俗化、物质化。本质上而言，在实存性自我的视域中根本不存在具有超越性的东西。虽然实存性自我也是活生生的、有血有肉的个体，却是经验性的，人的本性不能归结为实存，真正的自我不是实存性自我。雅氏对实存状况中的自我持否定态度，但他同时又认为，如果要实现真正的自我，又离不开实存性自我，因为实存性自我是自我必需的存在方式，它表征自我存在的物质特性。

二 意识一般之自我

不同于实存的经验性，雅氏的"意识一般"具有概念、范畴层次上的内涵，他指出，意识一般是每个人都具有的认知对象的能力，在意识一般的作用下，我和他人共同存在于相对的普遍性中，没有区别。自我在世界中以意识一般之意识把握对象世界，其中，自我的存在方式就是意识一般之自我。作为意识一般，自我指向客观的对象，通过理智认识事物的一般性，并对事物做出规定，因此，意识一般把握的是对象的一般和本质。

意识一般表征自我存在的一般性与普遍性，它使自我以理智的态度客观地认知或证明对象世界的有效性，而不是自我活泼地、主动地参与并体验世界。由于意识一般往往通过逻辑的或者其他客观形式形成具有普遍有效性的知识，因此，在意识一般中的自我存在不可能具有个体差异性，也不可能有自我差异中的自由选择能力。如果以意识一般的方式把握自我存在，只会把自我的本性局限在空洞的抽象形式中；如果从意识一般之自我的角度理解超越性的存在，就会使存在自身成为自我认知的客观对象，使存在局限于固定的范畴与体系中，从而也就丧失了自我对存在的自由的信念。意识一般使存在以客观知识的形式得到证明的方式，其实是抹杀了自我与存在之间的真正的生存性关系。从根本上讲，在意识一般之自我的视域中，并不存在自由的信仰。

意识一般试图表征自我存在的全部，它试图承担自我的一切本性。在意识一般中，我和他人没有不相同的，在对世界的绝对客观性与普遍有效性的认知中，并不存在真正意义上的个体性自我。所以，人的本性也不能简单地归结为意识一般。同样，虽然雅氏对意识一般状况中的自我持否定的态度，但他同时亦认为，意识一般之自我是自我认识世界的基本方式，它表征自我存在对世界的规定。我们也就不难理解，雅斯贝尔斯之所以说"我思，故我在"中的"我"是一般意义上的"我"，原因就在于，"我思"是"我在"的全部可能性，自我的存在被局限在"我思"中，虽然笛卡尔在这一命题中试图确立人的理性本质，却在另一种可能中使人成为理智的，使自我属于"一般"存在的范畴，而非活生生的、有个体差异的每一个自我存在。

三 精神性自我

雅斯贝尔斯认为，自我如果以观念的方式把握对象世界，那么，自我存在的方式就属于精神性自我。作为精神，人们在世界中创造整体的观念。精神以观念的形式显现自身，通过观念，精神将一切事物变得清楚明白，使一切事物都处于相互关联中。精神表征自我存在所具有的观念性与整体性原则。在雅斯贝尔斯这里，精神仍然属于理智的范畴。由于精神是通过观念的形式对世界形成整体性的知识，在精神中的自我存在，仍然像在意识一般中的自我存在那样，并没有个体性的自由与决断能力。在精神这一观念领域中，每个人都普遍适用一套固定的法则，个人被抛弃在虚假的精神观念中，成为隶属于某个空洞、抽象整体中的木偶。雅氏以精神的这一特点批评技术与机器统治时代大众秩序的本质。在他看来，如果以精神性自我之观念的方式把握存在，就会使存在封闭在抽象的具有普遍性的整体中，从而束缚自我对存在的追问，也就从本质上割断了自我与存在自身的自由关联。所以雅氏指出，在精神性自我的存在方式中，也不可能存在真正的信仰自由。虽然人们通过精神获得外在现实的客观确定性，获得对对象的整体认识，但精神中的自我并不是真正的个体性自我，它只是整体中的一部分，或者自我只是表征了普遍中的统一，真正的个体性自我被迷失在普遍中。不过，即使精神是自我意识发展的较高阶段，但雅氏仍然认为，真正的自我的获得必需超越它在精神中的存在方式。

实存、意识一般与精神中的存在构成了自我的非生存性状态，非生存性自我的不同存在方式也体现在它们与世界的不同关系中。由于实存的经验性与有限性特点，世界成为限定实存之自我的彼，意识一般、精神在意识中的对象性特点，亦使它们从根本上离不开对象世界，它们在世界中以客观有效性的知识形态向人们显现。非生存性自我由于自身的界限，它们永远无法实现对自身与世界的超越。生存性自我虽然也在世界中，但世界只是它的显现。生存性自我把非生存性自我当作超越显现的密码进行阅读，最终超越自我的非生存性存在，实现真正的自我存在。

四 生存性自我

雅斯贝尔斯以生存（Existenz）表征真正的自我存在，他强调，自

第三章 哲学信仰的基石——生存

我的根基与源初性并不在经验世界，也不在绝对客观的保障之下，而在个体性生存中。雅氏认为，"生存"首先在克尔凯戈尔与尼采那里获得了存在意义，对于他来说，个体性生存是克尔凯戈尔与尼采共同的本质，尤其是在克尔凯戈尔那里，正如他所说："'生存'通过克尔凯戈尔获得了意义，经由此，我们得以无限深刻地窥见对确定知识的公然反抗。这个词不能在其陈旧意义上被当作'存在'的诸多同义词中的一个；它要么什么都不指，要么就指称克尔凯戈尔哲学所宣称的意义。"① 在雅氏的思想中，"生存"是一个核心的观念，生存性自我属于人最本真的存在方式。雅氏也总是把生存放在与超越的关系中讨论，他认为，只有生存才能够与真正的存在相关联，也由此，只有在生存与超越的关系中，自我才是真正的生存性个体，才能实现自身。

的确，早在克尔凯戈尔的思想中，克氏已经阐明了个体自我永远高于普遍性自我的真理，在他那里，也已经建立了个体自我与超越性存在即上帝的生存性关系。雅斯贝尔斯在这方面承继克尔凯戈尔的生存论思想，把个体自我的根源与它自己的信念关涉起来，而不是把自我局限于经验世界，或者束缚在意识一般与精神构筑起来的封闭框架中。同时一反传统哲学，雅斯贝尔斯将生存纳入形而上的信仰领域，确立真正属于它自身的哲学信仰，在雅氏的思想中，自我既与自身相关涉，又与存在自身相关涉。

雅斯贝尔斯对自我的不同存在方式的阐明，无疑向我们指出，非生存性自我往往属于物理学、生物学、心理学、社会学、人类学等研究领域的研究对象，在这些研究领域中，人的本性成为科学能够进行客观认知的对象；生存性自我不属于任何科学研究领域，也不属于任何确定的

---

① Karl Jaspers, *Reason and Existenz: Five Lectures*, trans., by William Earle, Routledge & Kegan Paul London, 1956, p. 49.

研究对象，它只是在哲学活动中阐明自身。在这个区分的基础上，雅氏指出，生存性自我的实现过程，就是它在历史性、自由与交往的哲学活动中，与他人、与自己、与超越建构生存性关系的过程。对雅氏来说，只有理解了自我的不同存在方式，才能理解不同的自我存在方式对存在的不同把握方式。换言之，如果从非生存性自我的角度把握存在，那么，存在永远属于与个体无关的对象，这一点正是传统哲学之弊端；如果从生存性自我的角度把握存在，那么，存在正是生存确立哲学信仰的保障与指向。雅斯贝尔斯对自我的不同存在方式的讨论，实质上是在传统哲学与他的哲学信仰之间做出了区分。

自我有不同的存在方式，与之相应地，在雅氏的思想中，真理具有不同的样态。自我从什么样的角度思维存在，对存在就会有什么样的理解；自我基于什么样的存在方式，就会确定什么样的信念，不同的存在方式表达不同的真理，不同的真理表达不同的信仰。雅氏认为在所有的存在方式中，生存是真正的自我存在，它所追求的真理才可能是真正的信仰，这也是雅氏将生存作为他的哲学信仰之基石的原因。不过，虽然生存性自我才是自我的真正存在方式，但雅氏并不否认非生存性自我的存在，他认为，生存性自我的实现离不开经验实存的物质性基础，离不开对世界进行确定有效性认识的意识一般的方式，也离不开能够以观念的形式把握对象世界之整体的精神，生存性自我必须基于并最终超越非生存性自我的存在方式。

在雅斯贝尔斯的著作中，随处可见他对实证主义和唯心主义的批评，实际上，雅氏对待自我不同存在方式的态度与他对待实证主义和唯心主义的态度一致。尽管实证主义和唯心主义都把生存当作客观知识中的对象，忽视或者拒绝承认生存作为可能性个体所具有的痛苦、绝望、死亡、罪等诸种内在情绪，但在雅斯贝尔斯看来："如果没有实证主义，对可能性生存的客观的、本质的认识就缺乏实质，没有唯心主义，它就缺乏视野，生存采取世界探源中实证的、唯心的动力，并且为了自己的目的而运用他们。"[1] 在某种程度上，实证主义为生存的实现提供了确定性，唯心主义则为生存提供了整体性与想象的视域。雅氏并不是一味地否定实证主义与唯心主义，而是对它们进行吸收并超越，对他来说，对待实证主义与唯心主义的态度，本身也属于哲学活动中自我阐明的过程，在此过程中，直到突破两者的界限，才能"从实证性到观念，从观念到生存，从生存到超越"[2]。

第四节 生存性自我在交往、历史性与自由中阐明自身

雅斯贝尔斯对自我的不同存在方式以及对自我存在之基础的澄明，意在说明，自我以生存性与非生存性的方式在世界中进行哲学活动，生存一方面要超越非生存性自我，另一方面要突破世界之界限。雅氏的生存性自我是一个具有丰富内涵的存在，它不是在孤立中，而是在交往中实现自身；它不是在科学认知中，而是在历史的过去、现在、将来的有限与永恒中体验存在；它也拒绝作为非生存性自我的局限，它是自由的。概言之，雅氏将人放在交往、历史性与自由中理解，对他来说，生存性自我的实现，有赖于自身在交往、历史性与自由中的自我显现。

一 交往

不同于克尔凯戈尔与尼采，甚至萨特，雅斯贝尔斯非常重视人与

---

[1] Karl Jaspers, *Philosophy* (Vol. 1), trans., by E. B. Ashton, Chicago: The University of Chicago Press, 1969 – 1971, p. 246.
[2] Karl Jaspers, *Philosophy* (Vol. 1), trans., by E. B. Ashton, Chicago: The University of Chicago Press, 1969 – 1971, p. 246.

人之间的交往，他一直主张，"交往是生存的源泉"①。由于自我具有不同的存在方式，相应地自我也存在着不同的交往方式，雅氏将其区分为实存性的交往与生存性的交往。在实存性的交往方式中，"我"要么是作为经验存在，要么是作为一般之"我"，或者作为整体之一部分而进行交往，但总不是作为"我"自己。在这样的交往中，"我"和其他意识之间进行对象性的交往，并以外在的客体为中介认识自己、认识他人，"我"和他人之间没有本质区别，"我们"之间往往也是为了功利、欲望等各种需求而进行浅层次的交往。实存性交往，即非生存性交往是不真实的交往。值得一提的是，雅氏是把非生存性的交往作为一种界限提出来的，他认为，虽然非生存性交往是人们之间虚假的、表面的关系的体现，但非生存性交往却是实现真正的、生存性交往的界限，如果要实现更深层次的、本质的生存性交往，生存就必须意识到并突破这些界限。

雅氏更强调人与人之间的生存性交往，他认为，只有在生存性自我之间进行的交往，才是真正的交往。生存性交往的特点具体体现在：

首先，在生存性交往中，"我"处于与他人的交往中，同时，"我"又是作为独立的自我而存在的，"我"保持着自己的独立性。一方面，"我"和他人共同处于交往中，个体存在与普遍存在形成了与"我"的自我相关的张力；为了证明"我"自己，意识到自己的存在只能在与他人的交往中发生，"我"就必须进入能够实现自我的交往中。另一方面，"我"又是作为一个绝对孤独的个体进入交往的，只有这样，"我"才能在交往中保持"我"的生存性，因为"不进入交往，我就无法实现自

---

① Karl Jaspers, *Philosophy* (Vol. 2), trans., by E. B. Ashton, Chicago: The University of Chicago Press, 1969–1971, p. 55.

我，不成为孤独的，我就无法进入交往"①。

其次，在交往中，个体必须为了自己的生存，同时也是为了他人的生存，而进行共同确定，互相问答，进行无限的斗争。在这种意义上，可能性生存之间进行的交往，雅氏称为"爱的斗争"。这里的"斗争"并不是人们日常谈及的、人与人之间紧张关系的体现，而是"为了生存之真理，而非为了普遍有效性进行的斗争"②。之所以"斗争"，是因为生存彼此之间的爱，爱真理，爱存在自身。爱是交往中自我存在的根源。在生存彼此之间的交往中，爱使生存性自我存在能够意识到真正的自我与超越之间的关系，由于爱，生存与生存在超越面前实现"一"。生存与生存之间"爱的斗争"，也使雅斯贝尔斯超越了克尔凯戈尔。众所周知，"个体的人"是伴随克尔凯戈尔一生的主题，他对上帝的绝对信念忽视了个体与个体之间的关系，在对上帝的信仰中，生存成为绝对孤独的个体。雅氏虽然也强调生存的个体性，但他更强调交往中的个体，他认为，在超越面前，生存与生存之间也互相关联，生存对超越的绝对信念并不消解生存与生存之间的交往。雅氏以"斗争"强调生存在交往中的自我意识，突出了人的生存性，对他来说，自我意识实现的过程，也是自我的存在性凸显的过程，这一点只有在交往中才能发生。

再次，生存性交往并不是抽象的。交往的发生需要时间、空间，需要世界中各种各样的客观条件，没有现实世界中的诸种内容，交往就不可能发生，同样，如果不是可能性生存之间的交往，这些现实世界中的内容也毫无意义。

最后，因为生存性交往没有任何客观的标准，没有任何固定可知的

---

① Karl Jaspers, *Philosophy* (Vol. 2), trans., by E. B. Ashton, Chicago: The University of Chicago Press, 1969 – 1971, p. 56.
② Karl Jaspers, *Philosophy* (Vol. 2), trans., by E. B. Ashton, Chicago: The University of Chicago Press, 1969 – 1971, p. 61.

目标，所以，交往是一个无限的过程。人们不可能终止交往的自由的、无限的进程。当然，对于生存性交往中难以避免的消极因素，雅氏并不否认，他认为，生存性交往中可能存在一些问题，诸如由沉默、经验中的不确定性、侮辱、孤独等引起的交往的欠缺，或者，虽然生存之间由于"爱的斗争"而互相关联，但并不排斥生存之间由于交往中的恐惧、彼此的抵抗而引起的交往关系的破裂，等等，这些消极因素不利于人与人之间的正常交往，也不可能实现真正的自我，雅氏指出，真正的生存必须清楚地认识并超越交往中的消极因素，从而实现自己与他人之间真正的生存性交往。

二 历史性

在雅斯贝尔斯这里，历史性不同于人们通常所理解的历史。所谓历史只是人们对时间中已经发生的事件、问题等的认识，历史就是历史事件的记录，或由此而形成的关于历史的客观知识，在这种"历史"中，"我"是作为意识一般对原来的客体进行认知的，"我"与历史在本质上是相分离的。历史性是有关个体性生存的历史意识，它不是一种主体对客体事件进行分析与认知的过程，而是生存对自我进行意识，并阐明自我的过程，任何对象性的描述、任何表征有效性的字眼，都会消解生存的历史性。雅氏认为，生存的历史性体现了作为个体性的生存在历史中的行为，他强调，生存与历史性不是简单的、对象式的外在关系，而是一体的，生存扎根于历史的某一具体处境中。同时，雅氏指出，历史性是生存的现实，生存在历史性中不仅获得对自我的实现，而且，在历史性中的生存不是绝对孤立的，它的历史性使它意识到个体性自我与历史中其他自我存在之间的关联。

生存在有限的时间与无限的永恒中实现自身。所谓的在时间中，即自我作为时间中的现象，以实存的方式构成生存在世界中把握自身的一个环节。实存是无限的自我存在的现象,在时间中,生存与实存实现统一是生存实现自身的要求。如果没有时间中的实存现象,生存就是虚空的。生存在时间中对自己的意识这种状况,被雅斯贝尔斯称为生存的历史意识,而"有关生存的历史意识在本源上应该是个体性的"①。也就是说,对生存而言,因其属于真正的个体,生存的历史意识是最明晰、最具现实性的。于历史意识中生存显现自己的历史性。所谓的在永恒中,即在自身的历史处境中,生存意识到超越之绝对,并在无限的历史性中体验永恒。雅氏的历史性构成了生存通达超越的存在方式,自我存在的超越性也只在自己的历史性中通过解读密码来实现。生存在有限的时间与无限的永恒中实现自身,表明历史性是时间与永恒的统一。同样,历史性是实存与生存、决定与自由的统一,持续的历史发展是人们认识自我存在的条件,并避免自我的绝对化与神明化,生存的这些历史性特点使生存在这些范畴所体现的张力中进行永恒的活动,在过去、现在、将来这一切时间中追寻存在的深度。因此,在历史性的哲学活动中,根本不可能存在一个绝对的、对一切人都有效的最终的目的,在历史性的视域中,生存也不可能是世界中一个确定的、静止的点。

在历史性中,对于自身超越本性的意识与对超越的追问,使生存体会到,自己在现象世界的实存方式只是非存在,而要实现对非存在的超越,生存就必须在世界中把握真实的自己。由此,历史性构成了生存在现象世界与超越领域之间永恒的关涉。

三 自由

雅斯贝尔斯说:"自由就是生存自身。"② 在雅氏思想中,作为真正

---

① Karl Jaspers, *Philosophy* (Vol. 2), trans., by E. B. Ashton, Chicago: The University of Chicago Press, 1969 – 1971, p. 105.

② Karl Jaspers, *Philosophy* (Vol. 2), trans., by E. B. Ashton, Chicago: The University of Chicago Press, 1969 – 1971, p. 147.

的自我存在，生存的本性就是自由，真正的自由只属于生存，而自由即生存的自我选择、自我决断。也就是说，自由是生存对自身的决断，而非对外在对象的决断。对自身进行决断的自由关乎对存在的确信：一方面，是生存在决断中对自我存在进行的确信；另一方面，生存对存在自身的确信来自生存自身的自由根基。在雅氏看来，人们经常讨论的心理学意义上的，或社会学意义上的自由，并不是真正的自由，毋宁说是对自由的客观化，他认为，真正的自由本身起源于历史中的自我确信，在这样的自由中，也仅仅是当生存自由地进行决断时，才可能体验超越。当然，雅氏也是在这层意义上讨论哲学信仰的自由的。

一些研究者往往对雅斯贝尔斯思想中的自由有所误解，认为他的自由很宽泛，不受任何限制。当然，雅氏只是在"生存阐明"这一领域对自由进行了讨论。也就是说，在他这里，自由既不属于"世界探源"，也不属于形而上学中"超越"的领域，雅氏本人也明确地说过："自由是生存阐明的开端与结尾。它就在那里，——也只是在那里得到言说。既不在世界探源中，也不在超越中。"① 一方面，"世界探源"的哲学活动，其基本的特点是对象性，而自由并不关涉任何对象，不具有认知性；另一方面，既然自由只关涉生存自身，是生存的一个可能存在，那么自由就不具有超越性，也不能被绝对化为超越。不过，虽然自由与超越无关，但自由对生存与超越之间是否能够发生关涉，却有着重要的意义，"自由是一个杠杆，通过它，超越才对生存起作用，但仅仅如此，生存才成为独立自身的"②。因其自由本性，生存才可能与超越相关涉，才可能在超越面前有所决断，超越对自由的生存才是可显现的。所以，雅氏认

---

① Karl Jaspers, *Philosophy* (Vol. 2), trans., by E. B. Ashton, Chicago: The University of Chicago Press, 1969–1971, p. 155.
② Karl Jaspers, *Philosophy* (Vol. 2), trans., by E. B. Ashton, Chicago: The University of Chicago Press, 1969–1971, p. 155.

第三章 哲学信仰的基石——生存

为，自由在超越领域又是无效的，或者说，超越领域无所谓自由，却可以说，超越使生存具有自由的、无限的可能性，因为生存在哲学活动中的信仰行为，即对超越的永恒的确信，其实是生存不断地进行决断与选择的过程。用雅斯贝尔斯的话说，就是"在实存中，我可能会丧失我的自由，丧失自我，但是，自由只有在超越中才会变得无效。超越使我成为可能性生存，换言之，是超越使我在当下实存中成为自由的"①。

哲学史上很多思想家都曾涉及自由问题，雅斯贝尔斯更多地注意到康德与黑格尔有关自由的讨论。在康德哲学中，灵魂、上帝与自由问题是理论理性不可知的，属于道德领域，雅斯贝尔斯认同康德对自由的限制，在哲学信仰中，雅氏只是把自由限制在生存领域，因为对他的哲学信仰来说，一方面，自由不能被客观化，它是生存的行为与意志，是生存面对抉择的表现，这一点正体现了雅斯贝尔斯对康德的认同；另一方面，自由并不是神秘不可知的，雅氏只是基于生存言及自由，认为自由只能在生存中被阐明，也正是这一点拉近了他与康德的距离，因为康德在道德领域重新确立了自由的地位。两人明显不同的是，在雅斯贝尔斯这里，生存之自由的实现有赖于自身在世界中的哲学活动，自由不属于形而上学领域，而康德的自由仅仅在道德领域具有合法性。至于黑格尔有关自由的讨论，在雅氏看来，黑格尔意义上的自由属于绝对自由，绝对自由是抽象的，不可能真正存在，在绝对自由中，生存也会被一般化、绝对化，不会有真正的自由，甚至，"绝对自由不但会摧毁主体与客体，也会摧毁生存本身"②。

雅斯贝尔斯十分注重人类的交往、历史性与自由，他把这些内涵赋予真正的自我存在即生存，认为交往、历史性与自由属于生存的本性，

---

① Karl Jaspers, *Philosophy* (Vol. 2), trans., by E. B. Ashton, Chicago: The University of Chicago Press, 1969 – 1971, p. 174.
② Karl Jaspers, *Philosophy* (Vol. 2), trans., by E. B. Ashton, Chicago: The University of Chicago Press, 1969 – 1971, p. 169.

进而，他不是通过论证，而是进行哲学阐明，在阐明中试图让生存在交往、历史性与自由决断中显现自身。

第五节 生存遭遇边缘处境

"边缘处境"是雅斯贝尔斯非常有意义、有价值的思想。雅斯贝尔斯提出"边缘处境"意在说明人如何确立真正的自我存在，又是如何确信超越之存在的。在雅氏思想中，边缘处境是生存在体验中的自我实现，是生存形而上诉求的准备，面对边缘处境，生存实现从认知性的自我到可能性自我，从可能性自我到现实性自我的飞跃。在边缘处境中，生存并不是有意识地与超越发生直接的关涉，而是在自我切身的体验中源初性地关涉超越。

一 边缘处境

与自我的不同存在方式相应，雅斯贝尔斯区分了一般的处境与边缘处境，在他看来，日常生活中，每个人都生活在一定的物理的、心理的等具体的现实处境中，这是一般的处境，一般的处境对于每个人具有相同或不同的意义，当然，每个人在同一处境中的感受也不同于其他人的。他认为，实存面对的就是这样的处境，实存总是在具体的处境中活动。但生存不同，当生存陷入某种处境时，它感到震惊，甚至感到了威胁，似乎这种处境就是它注定的生存命运。面对它，生存意识到自己就是个体性的存在，而且意识到个体性自我无法逃离的现实，但生存又渴望对这种处境的体验，因为"没有斗争，没有痛苦，我就无法生存；我无法避免罪；我必须死"[①]。对生存来说，这样的处境具有边缘性，它是那种

---

① Karl Jaspers, *Philosophy* (Vol. 2), trans., by E. B. Ashton, Chicago: The University of Chicago Press, 1969–1971, p. 178.

使生存意识到自身,并成为真正的个体性存在的处境,雅氏称之为生存的"边缘处境"。

对实存来说,当它面对某种处境,遭遇各种情绪时,总是"闭上眼睛",或逃避,或遗忘,它认为,那些始终是与自己无关的外在的东西。所以雅氏指出,边缘处境属于而且也仅仅属于生存的存在境况,他认为只有生存才无可避免地总是处在斗争、痛苦、罪等种种状况中,也只有生存才会深刻地体验诸种情绪。一定意义上,生存就是痛苦,就是死。当生存遭遇边缘处境时,它不逃避,哪怕那是"一堵墙"。生存成就自我的过程其实就是与边缘处境遭遇,并体验它的过程,"因此面对边缘处境,我们最有意义的反应不是通过计划或算计克服它,而是通过不同的行为成为我们潜在的所是的生存;我们睁开双眼,进入边缘处境,成为我们自己"[1]。边缘处境是生存不得不存在于其中的,它也根本无法逃避这种处境。对生存来说,作为生活于其中的边缘处境是一种限定,限定它的自由、其自身的可能性。被边缘处境限定的生存成为一种有限的、相对稳定的存在。但正是边缘处境的这种限定意义,使生存具有了深度,作为生存的源初的历史性开始显现自身,生存会把这些处境作为自己进入其他领域的准备。

二 自我面对边缘处境的三重飞跃

相对于实存,雅氏认为,只有生存才能够清醒地意识到自己所处的状况,意识到自我与存在之存在,也只有生存才能成就自身。在一般处境与边缘处境中,自我的不同存在状态恰恰表现了生存性自我实现的过程,这是生存有意识的内在行为。既然边缘处境是生存性的,那么,自我又是如何面对边缘处境、面对自身,从而实现真正的自我、朝向超越

---

[1] Karl Jaspers, *Philosophy* (Vol. 2), trans., by E. B. Ashton, Chicago: The University of Chicago Press, 1969–1971, p. 179.

的？雅氏指出，面对边缘处境，如果要突破自身，自我就必须实现三重飞越。

首先，面对世界中的万物，自我意识到自己与它物同处于世界中。世界中的一切对它都是不确定的、可疑的。当自我在某个制高点以普遍认知的方式把握世界时，世界与它是异在的，它意识到自己正处于绝对孤独的状态。这种绝对孤独的状态，正是自我面对边缘处境、突破自身，为走向生存而实现的第一重飞跃。其次，当自我在必然的世界中遭受失败时，同时意识到自己总是处于某一特定的处境时，它沉思它的现实处境，并把它当作对象，也沉思与它相对的事物，沉思自己。当自我反躬自身，在有限的、特殊的处境中意识到还有无限的、可能的自我时，它试图把握可能性生存。面对可能性生存，自我便实现了第二重飞越。最后，当自我意识到实存的界限，意识到特殊处境只是有限个体的历史现实时，意识到生存还局限在具体的有限处境中，而边缘处境正是达到真正自我不可少的条件时，它便试图实现最终的也是关键的一次飞跃，即实现纯粹的、现实的生存性自我。在这一次飞跃中，自我实现了从可能性生存向现实性生存的飞跃。

雅氏的"边缘处境"是自我由实存飞跃到生存，逼近超越的阵地。按照雅氏的看法，这三重飞跃，从认知性的自我到可能性的自我，最后到现实性自我，互相关涉，体现了自我面对边缘处境时生存状态的改变。在第一重飞跃中，如果没有使自我成为绝对孤独的个体的飞跃，自我也就丧失了对生存实现的积极准备；如果没有第二重飞跃，没有哲学性的生存阐明，自我就是含糊不定的，也不会获得自我的生存性确信；如果没有第三重飞跃，生存就永远地停留在可能的阶段，无法实现现实的生存。雅氏进一步分析了边缘处境的飞跃，他指出，飞跃中的自我总是处于双重性中：一方面，自我不满足自己的实存状态，有超越世界、走向神秘存在的彼岸世界的冲动；另一方面，自我又必须在世界中，并面对自我的客观世界。对雅氏来说，自我的双重性根本不能也无须消除，原因在于，如果放弃双重性中的任何一方，自我都会丧失自己的边缘处境，自我如果固执地认为，它只是属于彼岸世界，那么自我就会陷入对神秘主义的绝对空想中，或者，自我如果否弃超越性，而将自身束缚在世界中，例如以实证主义的态度对待它在边缘处境中的行为，那么自我就会成为纯粹的对象，也许只会满足于世俗生活而无所前进。自我的双重性表明，它必须在双重的张力运动中实现自身的统一，即实存与生存的统一，所以雅斯贝尔斯强调，自我既要在世界中存在，又要不断地超越世界。

雅斯贝尔斯的"边缘处境"学说向我们表明：边缘处境总是意味着什么的界限（自我的存在界限），意味着边缘之外还存在些什么（他者）。因此，面对边缘处境，自我的双重性显得更有意义。一方面，自我体验各种能够达到本真之我的情绪，诸如恐惧、焦虑、罪等，从而使它回到自身，意识到自己的有限性，并体验到它的生存性深度；另一方面，边缘处境使自我意识到世界中对象的幻灭、有限与不确定，从而促使它突破边缘处境，与边缘处境之外的超越相关涉。这两个方面共同体现了哲学活动中生存的主要行为，即，生存在体验中的自我显现与生存的形而上诉求。雅氏之所以强调边缘处境，是因为对他来说，只有在边缘处境中，人才可能成为真正的自己，才可能把握真正的存在。

三 几种特定的边缘处境

雅斯贝尔斯赋予边缘处境以生存性，认为边缘处境体现了生存在特定处境中的切身行为，对他来说，人们并不能对边缘处境进行客观的论证，只能对它进行其他方式的阐明。如雅氏有时运用具有神话色彩的表达对边缘处境进行形而上的生存性阐明，或者用有关幸运、运命之类不可客观把握又表征无限寓意的东西比喻边缘处境，再或者，为了理解生存不得不承担的"运命",以特定的边缘处境,例如死亡、痛苦、斗争、罪阐明之。

1. 死亡

雅氏认为死亡首先是生存现象。如果把死亡当作人的一个客观事实,或者不敢谈论它、逃避它,或者又渴望它、趋向它,那么,这样的死亡,在雅斯贝尔斯的意义上,并不是一种边缘处境。虽然每个人不知道自己或他人的生命在何时以什么方式终结,但死亡就在那儿,它出现了,它是人们不得不面对又不得不经历的现象。作为生命现象,死亡就像其他生物的死一样,终结了,消失了;但作为生存现象,它也消失、逝去,而生存却深深地扎根于消失这一现象中。正如雅氏探讨的生存的历史性,人的存在是一种现象,在历史过程中,人显现自身,他存在着,他死亡。没有消失就没有生存。对于生存而言,死亡——无论是面对他人的死亡,还是面对自己的死亡,都是必要的存在。面对他人的死亡,比如与我们有亲近关系的、被爱的人的死亡,当他真真切切地不再在我们的身边,我们可以感受到消失这一现象在我们的周围形成的空白。我们痛苦、悲伤,我们在他人消失后体验到生命的或生或灭现象。经历着他人的死亡,也使我们认识到生存——死亡现象的历史性。面对他人的死亡,我们的生存意识被唤醒,雅氏指出,这样的对死的深度的体验,其实是生存与生存之间真正的交往。死亡并没有使存在自身也消亡,"死亡所破坏的只是现象,而非存在自身"[①]。面对我们自己的死亡,我们根本无法也不可能体验自己的死亡。我们只是拥有面对自己的死亡时的诸种情绪、态度,我们只是对这些情绪进行体验。作为生存,我们面对死亡即面对非存在,我们对即将消逝、不再重现的生命的惋惜、战栗,接下来对虚无的恐惧、痛苦,我们从内心深处感受到生命的深刻。面对死亡,我们即面对生。

---

① Karl Jaspers, *Philosophy* (Vol. 2), trans., by E. B. Ashton, Chicago: The University of Chicago Press, 1969–1971, p.195.

对生存的自我确信在死亡面前得以保证。无论是他人的死亡，还是我们自己的死亡，雅氏认为，当死亡作为一种边缘处境与我们不期而遇时，我们不是逃避，也不是埋怨，而是把死亡当作我们内在的生存现象，使之成为我们的生存。

雅斯贝尔斯把死亡作为生存一个必然的边缘处境，试图凸显人的存在性，对他来说，死亡是存在的一个深刻的因素，是生存之可能性的必然的界限。生存的深刻就体现在：勇于面对死亡而非逃避，用雅氏话说就是，人生存在死亡的庇护下。雅氏认为死亡的形式会随着生存而改变，它就是"我"作为生存所是的，即便如此，他指出，死亡又是相同的，因为它使人们意识到自己的内在存在，意识到对存在的确信。无论是面对他人的死亡，还是面对自己的死亡，必死是人的永恒的生存现象，也是人最深刻的、最终的、无以避免的生存处境。在死面前，人经历着生的煎熬，感受到生的焦虑，感受到即将陷入永恒之虚无的恐惧，但同时，他也感受到作为人的勇气与尊严。

根据自我的不同存在状态，雅氏把死亡区分为两种：一种是实存性的死亡，此时，死亡作为客观的、经验的生命现象，仅是一个事件；另一种是生存性的死亡，这种情况下的死亡是人们意识到的真正自我的边缘处境。实存面对的死亡就是死，生存面对的死亡是不死。就第一种死亡而言，面对它，人们知道自己作为自然界中的一员会消失，在这个意义上，人人都一样，每个人都面对同样的生命终结现象。就第二种死亡而言，面对它，人们根本无法把它当成一个与自己无关的、自我之外的对象，自我把它融进自己的生存中，它就是自我的生存现象。在死亡的生存性体验中，作为个体性意识到自我在世界中的有限性，意识到自我正处于非同一般的境况中，而且，每个个体性自我在这一境况中的感受又不同，面对生存性死亡产生不同的处境意识，在边缘处境中有不同的死亡意识。

雅斯贝尔斯只是把死亡作为一种边缘处境的生存现象，他并未讨论死亡之后是何状况，或者，人死后是否会有其他世界的问题。因此，雅氏的死亡观并不在前提上设定另一个世界作为人的生命的保障，而毋宁是，他更关注人在生存中的意义，关注人面对死亡时的自我超越性。雅氏强调，在死亡的边缘处境，是生存意识到超越，而非超越作为某种客观力量呼唤生存、拯救生存。依此，雅氏将他的哲学信仰与教会之上帝信仰区别开来。

2. 痛苦

雅斯贝尔斯也区分出实存性的痛苦与生存性的痛苦，认为只有在后者那里，痛苦才是一种边缘处境。对雅氏来说，日常生活中总是有各种各样的痛苦，诸如生理上的、心理上的等，而且，不同的人有不同的痛苦，即使对同一种痛苦现象也会有不同的反应。如果痛苦是可以避免的，人们或许会采取各种各样的方式消除痛苦，在雅氏看来，这样的痛苦只是实存所面对的，而不是一种边缘处境。痛苦在医学上、心理学上的可消除性，限定了痛苦的深度，也只是说明痛苦是一个与人们无关的事实，正如雅斯贝尔斯所说的，这种痛苦的有限性"似乎是拯救了我们，但却无法使我们获取自由"[1]。对雅氏来说，真正的痛苦属于生存。生存面对痛苦，虽然也尝试着消除它、抵抗它、克服它，但无论它怎样做，痛苦都属于自己。这样的痛苦属于生存性的痛苦。生存性的痛苦是生存的一种生存现象，是它不得不遭遇的边缘处境。生存性的痛苦属于深刻的内在体验，人们可以在生存性的痛苦中意识到自我。相对于生存性痛苦，实存性的痛苦只是一种破坏现象、一种客观事实。雅氏之所以说真正的痛苦可以带来真正的快乐，就在于真正的快乐也是发自内在体验，要想成为一个快乐的人，就必须在遭遇痛苦中体验痛苦。

---

[1] Karl Jaspers, *Philosophy* (Vol. 2), trans., by E. B. Ashton, Chicago: The University of Chicago Press, 1969 – 1971, p. 202.

3. 斗争

如前文所述，斗争也属于雅斯贝尔斯思想中有关交往的基本内容，他把斗争当作一种特殊的边缘处境，有深刻的意义。

同样，根据自我的不同存在方式，雅氏认为存在两种斗争：一种是实存性的斗争，这种斗争具有暴力性，其中，人可能受到胁迫、限制，他可能会屈服、丧失自己，也可能会反抗；另一种斗争与前一种相对，是非暴力的，它关涉生存，在其中，人也会遭受失败、反抗，但对失败与反抗的态度不同，雅氏称这种斗争为爱的斗争。具言之，在雅氏看来，如果斗争仅仅为了个人利益，仅仅局限于对象的、手段的算计中，人的关系就会陷于实存性的交往中。实存性的斗争是人与人之间经常的也是属于经验领域中的交往方式。人们总是假借于对象、手段、技巧等，甚至把他人直接当作手段，为了胜利、为了个人利益而斗来争去。在实存性的交往中，人们往往忘记了对自我的审查。生存性斗争属于生存与生存之间真正的交往。生存性斗争的前提在于，作为个体性的生存为实现真正的自我，同时也是为了实现他人的自我，基于自身源初的、真正的爱而和他人进行交往。生存性的斗争是爱的交往。雅氏之所以用"斗争"来表达爱的交往，主要是想表明真正自我的实现并非易事。在爱的交往中，生存或许通过自己意识到自己的有限性，或者通过另一个生存发现自己的缺陷，或者为了确信真正的存在，交往双方互相质问、怀疑、争辩，或者可能充分暴露人格的力量、人性的优缺点，或者在否定、对抗中逐渐形成统一的趋势……这些都有利于实现真正的自我，也是雅斯贝尔斯一贯主张的人与人之间的真正的交往方式，他认为，生存就是在爱的斗争中实现自我。

在雅氏思想中，生存并不是一个绝对孤立、自私利己、冷血的个体。它有交往的需求，它有爱，它爱它自己，也爱别人。而且，生存渴望交往中的斗争，爱的斗争是实现自我、寻找彼此共同根源的前提。雅氏强调斗争的非暴力性，是映射当时真实的社会现实，他的哲学斗争首先是基于爱的斗争，而爱又是植根于内心的、无条件的、由人们的内在存在引起的一种深刻的情感。爱别人就像爱自己，以什么样的方式爱自己，就以什么样的方式爱别人。爱也是互相的。生存与生存之间并不是单方面的要求对方，或者一方对另一方的或胜利或失败，而是共同要求、共同成长、共同为了实现双方真正的自我而进行斗争。个体需要爱的斗争，渴望从对方那里获取对自己的意识，也希望从自己的反应中为对方提供认识他自己的可能性。在这层意义上雅氏强调，只有同时既为了自己又为了别人时，斗争才是可能性生存之间的真正的交往，生存是无限可能的，爱的斗争也是永无止境的。

雅斯贝尔斯把爱的斗争作为生存的一种边缘处境，就是想表明，在斗争显现的边缘处境中，进行自我存在之根源的探究是生存避免绝对孤立、生发深刻的自我意识的条件，"当我不去爱，也不在爱中斗争，由此也不成为显现的生存时，孤独的幽灵——作为生存性的非存在的显现——就隐隐浮现了。我的意识，——可能性生存的现象，将面临深渊之边界"[1]。生存必须为了自我之存在的显现而斗争。当然，在哲学信仰中，除了实现自我以外，生存性的交往也会为了追求统一、追求真理、追求存在自身而进行无限的斗争。

4. 罪

罪通过生存与"一"之间的关照显现出来。雅斯贝尔斯把罪作为一种边缘处境，其实是为了表达生存对于完满的"一"的追寻，因为在他看来，"一"的绝对完满性使生存具有无限的可能。雅氏认为，一方面，"一"是生存存在的真实基础与根源，正是因为"一"的存在、因为生存对"一"的意识，才使它可能成为真正的自我；但另一方面，"一"

---

[1] Karl Jaspers, *Philosophy* (Vol. 2), trans., by E. B. Ashton, Chicago: The University of Chicago Press, 1969–1971, p. 215.

的绝对完满性也使生存意识到自身的欠缺,雅氏称这种不完满的意识为生存的"罪"的意识,对他来说,没有"一"就没有"罪"。

人们在世界中行为,在世界中和他人打交道,也不可避免地承担着欠缺、遗憾、责任等带来的罪感,按照雅氏的说法,人们在世界中遭受着灵魂的污染。既然不完满是人在世界中的行为结果,那么人能否不行为,或者不进入世界,从而静守灵魂的纯净呢?实际上,无论人行为或不行为,不管他愿意或不愿意进入世界,他都无法逃避属于自己的罪感,因为"不行为本身也是一种行为"[1]。如果你不去做你可以做到的事情,也是一种罪。雅氏还列出了一种消极的想法,即只要人不进入边缘处境,他就可以不承担罪、不负责任,也可以忽视灵魂的不纯净,这样,罪就只是一个与他无关痛痒的事实,甚或为了避免罪,他可以消除边缘处境,然而,雅氏说:"我就是自我,而且是负罪的。"[2] 否弃边缘处境就是否弃罪,否弃人存在的根基。罪是无以逃避的,它同爱一样,植根于人的内心。既然罪作为一种边缘处境,是内在于人的,那么,人就应该承担。在这里,对罪的承担,即雅氏所谓的责任,也就是说,真正的生存会意识到边缘处境中深刻的罪,并且勇于承担罪责。

至此,我们分别讨论了死亡、痛苦、斗争、罪,它们作为雅斯贝尔斯哲学信仰特定的边缘处境,体现了生存源初性的命运。这些边缘处境对雅氏来说具体又有别,死亡与痛苦显现的边缘处境与生存直接的行动无关,它们只是生存面对的自在现象;而斗争与罪却属于生存自己的行动,是生存内在参与的。但无论哪种处境,对雅氏来说都是生存实现真正的自我不得不遭遇的。

---

[1] Karl Jaspers, *Philosophy* (Vol. 2), trans., by E. B. Ashton, Chicago: The University of Chicago Press, 1969–1971, p. 216.

[2] Karl Jaspers, *Philosophy* (Vol. 2), trans., by E. B. Ashton, Chicago: The University of Chicago Press, 1969–1971, p. 217.

四 边缘处境的哲学意义

雅斯贝尔斯认为，死亡、痛苦、斗争、罪等边缘处境属于人的生存现象，体现了人的有限性、人的存在的意义与尊严。面对边缘处境，生存意识到，生存之为生存必须遭遇诸种情绪，同时，生存也意识到自己具有无限的可能性，它意识到真正的自我的同时意识到超越。生存面对边缘处境，内在生发边缘意识，生存性边缘意识使生存超越边缘处境。

依雅氏的意思，罪、死亡、痛苦、斗争等，并不是关于"什么"的知识，它们本身也不具有知识的特性，雅氏在讨论这些观念时，也极少使用逻辑证明。所以也就明白，虽然这些观念也出现在宗教中，但在雅氏看来，宗教中的这些情绪及其宗教对它们的解决方式却是有问题的，宗教往往是以一定的教义、知识、原则、规范的方式解决，他认为，在一定程度上，这些方式限制了个体性生存自由选择的能力，否定了生存具有的自为性。雅氏之所以把它们当作生存的边缘处境在哲学活动中进行阐明，正是为了避免对这些情绪进行客观解决，在他看来，这些情绪属于生存源初性的体验，只有绝对地遭遇边缘处境，才能体现生存的意义与价值，也只有在阐明中，方能显现其本真。

那么，面对边缘处境，究竟有几个世界？我们往往简单地以为只有经验世界与超越世界，正如很多人认为的，实际上，雅斯贝尔斯阐述了三个世界：一是经验的实存性的世界，二是生存性的世界，三是超越的世界。在雅氏这里，生存首先是一切，如同我们在克尔凯戈尔那里看到的，无论是哪个世界，都是以生存为基础的。当然，边缘处境虽然属于生存，但也不是无缘无故的，也就是说，在这三个世界中，具体状况又有别，实存在各种实存性处境，即经验世界中的显现，使生存可能意识到边缘处境对生存进行自我存在之确信的意义，生存在自身处境中的边缘意识，也使它自己意识到超越世界存在的可能与无限。没有经验世界就没有边缘处境，没有边缘处境就没有生存性存在，生存也就无法意识到超越性的存在。所以，生存只有否弃经验实存的有限性、对象性，才可能在对超越的永恒关涉中获取自己的无限可能性。虽然边缘处境显现出三个世界，但是，生存的遭遇却是核心。超越虽然体现了生存对存在的关系，但超越并不具有前提性，并不是雅斯贝尔斯哲学中预设的神。换言之，面对边缘处境，生存并不是一味地将目光投放在彼岸世界，也并不仅仅是为了超越（作为存在的超越）而超越（作为行为的超越）。生存就是生存。它自身具有可能性，具有超越性，它就在边缘处境中生存性地存在着。正如在死亡处境中，雅氏更关注生存面对死亡时的具体境况，而不讨论死后如何，或者是否有另一个世界一样，他关注的是生而非死，他更关注现实。

边缘处境学说也是雅斯贝尔斯确立哲学信仰不可或缺的，按照他的思想，生存的自由与信仰在边缘处境中表现出来。面对人类最深刻、最根本的内在处境，生存不得不做出选择、做出决断，而做出选择与决断的行为正是源于生存的自由本性。面对死亡，生存意识到生的永恒，意识到世界的有限性；在爱中，生存意识到自身所担负的使命，它必须把握超越，这是它的精神归宿。雅氏强调的是，在边缘处境，生存通过源初性地体验确信超越之存在。也就是说，边缘处境对生存通过无条件的行为确信真正的自我、确信存在自身，实现生存的自由具有重要的意义。

第六节　生存在绝对意识中确信自我存在与超越性存在

在哲学信仰中，雅斯贝尔斯并未给生存预设一个确定的、外在的对象，以使生存获得某种保障。问题是，既然超越不是生存进行自我确信的预设前提，那么，生存又是如何获得对自我及其存在自身的确信的？雅氏思想中，除了边缘处境的源初性体验外，生存还通过"绝对意识"确信自我存在与超越，一定意义上，他的"生存"是以绝对意识的方式存在的。绝对意识也是雅氏讨论的哲学活动中一个重要的内容，正如他所说的："如果生存阐明是我们进行哲学活动的轴心，那么绝对意识就是生存自身的内核。"①

雅氏首先将绝对意识与经验意识和一般意识相区别。他所谓的"经验意识"其实就是实存意识，实存意识是关乎个体性生活经验的意识，时常表现为情感、欲望、冲动等非理性的心理体验，是一种心理事实，可以作为心理学研究的对象。绝对意识并不是心理学的对象，它是自足的，它植根于自身之中，"它是它自己的源泉"②。绝对意识当然也包括一切经验意识，但并不受制于经验意识，它属于关乎自由的内在行为的体验。雅氏所谓的"一般意识"是基于主客分裂、对一切客观对象普遍认知的前提的意识，人们可以对一般意识进行客观的、逻辑的分析。雅氏认为绝对意识也不同于一般意识，绝对意识超越了主客分裂，它既不是有关任何绝对事物的知识，也不是什么精神状态的产物，更不具有超越了一切个体性的普遍有效性，它只是人自己的内在行为与体验对自我的确信。一般意识可以通过超越一切客观性而获得，而绝对意识只在时间中获取自己的无条件性。雅氏亦强调绝对意识的生存性，认为绝对意识是生存性的存在现象。如果说经验意识是关乎经验实存的意识，一般意识是关乎客观对象的意识，那么绝对意识就是关乎生存的意识，是生存的自我确信，正如雅氏所言："就像意识不是对象而是有关对象的知识

---

① Karl Jaspers, *Philosophy* (Vol. 2), trans., by E. B. Ashton, Chicago: The University of Chicago Press, 1969–1971, p. 227.

② Karl Jaspers, *Philosophy* (Vol. 2), trans., by E. B. Ashton, Chicago: The University of Chicago Press, 1969–1971, p. 223.

第三章 哲学信仰的基石——生存

一样,绝对意识并不是生存之存在,而是生存的自我确信——不是其特有的实在,而是它的反思。"① 绝对意识标示着生存性的状态,它在历史的显现过程中确信它自己所是的,或者说,生存以绝对意识的方式在历史中显现自身。绝对意识作为生存的核心,给它以安宁,有助于它做决定,生存从它那里获取支撑。

绝对意识不仅是生存获取自我存在的确信的源泉,而且也是生存对存在自身确信的源泉。"就像一般意识是世界中一切客观性的先决条件一样,绝对意识反映了在其非客观的历史深度中对任何经验存在的把握的源泉,生存的无条件行为的源泉,超越得以显现的源泉。它是有关我的本质的意识。"② 对绝对意识的这一理解,使雅氏将他的绝对意识与传统的"存在论意识"区别开来。雅氏认为,包括"存在论意识"在内的一切哲学活动都是在寻求对存在的确信,但在他看来,"存在论意识"对存在的确信基于某种客观知识,"存在论意识"是关于特定的存在的知识,而非对真正的存在自身的关注,它要么是把存在当作绝对存在,要么是把存在当成一般意识中研究的对象。在"存在论意识"对存在的认识中,"我"仅仅是作为一个旁观者,并不是作为一个我所是的历史现实参与对存在的把握。而且,"存在论意识"所客观认知的绝对存在与经验存在,并不是也不可能对真正的存在自身进行源初的、生存性的确信。因此,雅氏认为,"存在论意识"本质上"并不是哲学的终结,而是使哲学从一开始就被僵化了"。③ 真正的哲学活动如果要确信存在,就必须把"存在论意识"中所把握的"绝对存在"当作可能的密码语言,把其中的实存对象当作一切确定

---

① Karl Jaspers, *Philosophy* (Vol. 2), trans., by E. B. Ashton, Chicago: The University of Chicago Press, 1969–1971, p. 225.
② Karl Jaspers, *Philosophy* (Vol. 2), trans., by E. B. Ashton, Chicago: The University of Chicago Press, 1969–1971, p. 227.
③ Karl Jaspers, *Philosophy* (Vol. 2), trans., by E. B. Ashton, Chicago: The University of Chicago Press, 1969–1971, p. 227.

的经验性存在,并结合历史中的自我存在,换言之,可能性生存必须参与其中,进行源初的哲学行为。雅氏指出,这正是生存性绝对意识的源初的行为,也是在这层意义上,他认为绝对意识超越了"存在论意识",成为哲学活动对超越性存在确信的根源。

雅斯贝尔斯在哲学信仰中强调绝对意识,认为绝对意识植根于生存,是生存的本源意识,一方面它是自我存在确信自身的根源;另一方面它又指向存在自身,是生存确信存在的根源。雅氏对绝对意识不是客观论证,因为在他看来,绝对意识是不可被具体把握的,"我不能把绝对意识想象成一个客体;我不能把它当作实存来研究;我无法想象我可以经验它。它什么也不是"[①]。绝对意识只在历史中自我显现。既然不能把绝对意识当作什么客体,或者通过什么知识来把握,那么人们又如何理解它?根据雅氏的思想,我们可以从三个方向理解绝对意识:一是以无知、眩晕与战栗、恐惧、良知来理解绝对意识之本源运动;二是以爱、信仰、想象来理解绝对意识之实现;三是以反讽、游戏、羞耻、安静来理解绝对意识在实存中的确保。

一 绝对意识之本源运动

1. 无知

雅斯贝尔斯将无知阐明为生存性的本源运动。按照一贯的思维,雅氏认为无知并不是对外在对象的不确定的认知,而是生存自身的自我体验。一方面,生存在无知中返回自身;另一方面,在无知中,生存又具有渴望知的意志,它愈是意识到自己的无知,愈是渴望获取知。对雅氏来说这便是无知的生存性运动。当然,在他这里,无知并不是一种缺陷的表现,也不是一种阻碍、停顿;相反,无知是绝对意识运动的转折点,

---

[①] Karl Jaspers. trans. by E. B. Ashton. *Philosophy* (vol. 2) [M]. Chicago: The University of Chicago Press, 1969–1971, p. 227.

它使此运动朝向知、朝向确定性。在无知中,绝对意识也获取了确定性,因为生存在无知中意识到自己不知。在无知中,生存确信自我存在生存的意义,确定生存为何信仰,如何在边缘处境中,又为何与超越相关涉。总之,无知就是生存存在状态的转折点,它使生存开始意识到它必须去知,必须探寻与超越相关的真正的自我存在,也必须去信仰本真的存在,从而使生存在无知的绝对意识之本源运动中实现无知与知的生存性体验。

2. 眩晕与战栗

眩晕与战栗是雅斯贝尔斯所阐述的绝对意识运动的另外两种状态。在绝对意识的运动中,生存遭遇眩晕与战栗,这两种状态表达了生存对生命的深刻体验。眩晕使一切陷入一片混乱,对它的遭遇意味着生存准备进入存在之深度中;生存遭遇战栗,在悬崖边缘处一切似乎面临毁灭,生存意识到自我及其最根本的可能性。因此雅氏将绝对意识中的这两种状态:眩晕与战栗,设定为生存在自我运动中开始进行选择的前沿。

3. 恐惧

雅斯贝尔斯认为:"只有通过恐惧并在其中克服它,我们才可获得绝对意识的活力。"[1] 雅氏这里所谓的恐惧并不是实存面临死亡时的害怕,而是有关虚无的生存性恐惧。他认为,生存可能会面临自我的丧失,也可能会面临存在自身的消失,没有任何外在的、客观的手段、技能可以防范,或者可以消除生存的这种恐惧。生存必须面对它,因为绝对意识之确定与恐惧相关涉,恐惧使生存回到生命本源中,对于恐惧的克服,是生存意识到真正的自我与存在自身的先决条件。而且,"绝对意识中对恐惧的克服是哲学生命的准绳"[2]。因此雅氏强调,必须意识到恐惧也是

---

[1] Karl Jaspers, *Philosophy* (Vol. 2), trans., by E. B. Ashton, Chicago: The University of Chicago Press, 1969 – 1971, p. 232.

[2] Karl Jaspers, *Philosophy* (Vol. 2), trans., by E. B. Ashton, Chicago: The University of Chicago Press, 1969 – 1971, p. 234.

生存在生命体验中遭遇的,这样,生存才能在信仰与良知中勇于面对恐惧,克服恐惧。

4. 良知

海德格尔与雅斯贝尔斯在各自的哲学中都提出了"良知"这一观念,两人对良知做出了同样的理解,不过,雅氏是将良知与绝对意识联系起来,在雅氏这里,良知在绝对意识之本源运动中向生存呼唤,要求生存做出决定、做出选择,生存听到良知呼唤的声音。雅氏指出,良知并不是生存之外的某个客观的力量,或者那种被一般化了的秩序,他以良知表明,只有生存自己才可以从根源处呼唤它、要求它,对他来说,良知就是生存自身。

根据前文,自我具有不同的存在方式,一般情况下,自我的经验存在与自我的生存性存在往往处于分裂状态,也就是说,"我"不在"我"自身中。良知是自我回到自身的基础,良知引导自我成为自己。在经验存在中,当自我丧失了生存性时,良知唤醒自我,以免继续堕落;而当自我回到自身时,良知又使自我清醒地意识到自身的存在。良知也要求自我做出善恶之区分,但雅氏认为,对善恶的区分以及对良知的本真把握,只有在绝对意识的完成中、在爱和信仰中、在历史性行为中才可实现。良知要求自我做出善恶区分的同时,也是要求自我做出决断。在决断中,自我成为自己想成为的。所谓决断并不是生存对特定问题所做出的解决的态度,而是"有关绝对意识的生存性决定"[①]。在生存性决断中,自我存在回应它的良知。

雅斯贝尔斯将哲学信仰中的良知呼唤与宗教中的上帝呼唤区分开来,他认为良知的呼唤是从自我内心生发的,不同于上帝的呼唤,人们也不能把良知的呼唤与上帝的呼唤相提并论,因为"把上帝的呼唤与良知的

[①] Karl Jaspers, *Philosophy* (Vol. 2), trans., by E. B. Ashton, Chicago: The University of Chicago Press, 1969-1971, p. 235.

呼唤等同起来将意味着既丧失良知，又丧失神性。在良知中，神性就好像被局限在狭小的空间，良知也不再是运动着的自我发现，不再具有源初性，不再自由"①。对雅氏来说，上帝具有普适性，如果自我与上帝交往的话，自我就会丧失与其他生存交往的可能性，也会丧失自我作为生存的自由。所以雅氏认为良知的呼唤并不是上帝的呼唤，而是关乎自我存在之根源，在这样的呼唤中，自我与他人进行历史性的交往。当然，按照雅氏的思想，在良知中对上帝的追问，其实就是对上帝的反抗与拒绝，良知中的自我交往并非像与上帝交往那样是一种客观形式，良知是个体性的，在自我的良知中，自我拥有自己，自我可以发现自己的无条件意志的根源。虽然在良知的呼唤中，自我也追寻超越之存在，但这是一个并不放弃自我、自由独立的、无限的运动。很明显，雅斯贝尔斯主要针对的是教会宗教中的上帝之呼唤，他将上帝之呼唤与良知之呼唤区分开，借以强调哲学信仰中良知呼唤的生存性与自我存在的根源性。

从以上分析可以看出，生存在无知、眩晕与战栗、恐惧、良知中体验到自身绝对意识之本源的运动。无知是绝对意识之本源运动的转折点，在眩晕与战栗中，生存面临丧失自我的可能，它们也让生存感到恐惧，但恐惧可能成为生存进行选择的动力，良知的呼唤让生存在运动中有所决断。在雅斯贝尔斯这里，绝对意识之本源运动也正是作为个体性生存意识到自我的源初性的运动。不过，雅氏指出，绝对意识之本源运动可能存在危险，它可能会使生存迷失自己，也可能会使生存重获新生，从而意识到自身，所以生存只有在绝对意识的这种消极运动中积极地进行可能性的寻求。

二 绝对意识之实现

在绝对意识之本源运动中，良知处于最高阶段，在雅斯贝尔斯看来，

---

① Karl Jaspers, *Philosophy* (Vol. 2), trans., by E. B. Ashton, Chicago: The University of Chicago Press, 1969 – 1971, p. 238.

如果良知未实现自身，绝对意识之本源运动也将终结，而良知最终的实现则有赖于绝对意识最终的实现。绝对意识在爱、信仰与想象中实现自己。

1. 爱

在绝对意识之本源运动中，良知虽然是其发展的最高阶段，但如果没有爱，良知也不会实现。作为绝对意识之实现，爱协调着绝对意识之各种本源运动的关系，"爱的提升使无知成为完成了的现实；爱维持着无知，正如被持有的无知是爱的表达。在眩晕与战栗中，爱使我们恢复对存在的确信"①。在雅斯贝尔斯这里，爱是植根于生存的无条件的情感，具有生存性，它不确定，也没有原因。一方面，生存性之爱让自我确信存在自身的存在；另一方面，真正的爱就是自我的存在，爱就是自我实现。雅氏认为虽然爱在绝对意识中是最不可理解的现象，但"它是一切本质的根源"②。尤其在生存与生存之间的交往中，爱体现出其深度，如前文所讨论的生存性交往中存在的"爱的斗争"，爱的实现即绝对意识的实现。

2. 信仰

雅斯贝尔斯说："信仰是爱的明晰的、有意识的存在之确定性。"③信仰在他这里有以下几个内涵：其一，信仰表达了自我对存在的确信，在存在之确信中，自我发现了生存的可能性，在对存在的确信中，自我敢于面对一切；其二，在信仰中，生存确信自己的存在、自己的根源、自己的目标，并进行无条件的行为；其三，信仰是源初的，自我"不能证明它"，也"不能意欲它"；其四，信仰并非一种客观力量，与之相关

---

① Karl Jaspers, *Philosophy* (Vol. 2), trans., by E. B. Ashton, Chicago: The University of Chicago Press, 1969–1971, p. 242.

② Karl Jaspers, *Philosophy* (Vol. 2), trans., by E. B. Ashton, Chicago: The University of Chicago Press, 1969–1971, p. 241.

③ Karl Jaspers, *Philosophy* (Vol. 2), trans., by E. B. Ashton, Chicago: The University of Chicago Press, 1969–1971, p. 243.

的超越也并非外在的权威,它亦不可证明。所以,雅氏所主张的真正的信仰并不是对某个客观对象的信仰,而是在生存中获取力量,在超越中确定自我存在。

3. 想象

"想象作为绝对意识是一种在对事物的洞察中,在幻想与思想中阐明存在之确定性的爱。"[1] 雅斯贝尔斯一贯坚持存在自身不可被客观认知,在他看来,正是由于存在的深不可测、不可被对象性把握的特点,在哲学活动中,自我往往借助于想象,把世界中的一切对象想象成存在之密码来解读。也就是说,自我借助想象使存在成为为自身显现的。想象是生存实现自身的前提,如果没有想象,生存就会目光短浅,没有超越性,生存可能会陷于实存中。正是"想象打开了洞察存在的眼界"[2]。尤其在边缘处境中,当自我遭遇痛苦、毁灭、不可能性时,是想象使自我从对完满存在之渴望中获取力量。作为想象的绝对意识,使自我确信生存性存在之真实,确信存在自身之完善。

至于想象与绝对意识实现的其他方式之间的关系,表现在:"在信仰和想象之间,我们没有选择。如果没有想象,信仰将无法显现;如果没有信仰,想象将是不真实的。但如果没有爱,两者都是不真实的。"[3] 作为绝对意识之实现的爱、信仰与想象,彼此联系,在生存性的本源运动中共同使绝对意识得以实现。

三 绝对意识之确保

在经验存在领域,一方面,存在着的事物幻灭不定、易消失;另一

---

[1] Karl Jaspers, *Philosophy* (Vol. 2), trans., by E. B. Ashton, Chicago: The University of Chicago Press, 1969–1971, p. 246.

[2] Karl Jaspers, *Philosophy* (Vol. 2), trans., by E. B. Ashton, Chicago: The University of Chicago Press, 1969–1971, p. 246.

[3] Karl Jaspers, *Philosophy* (Vol. 2), trans., by E. B. Ashton, Chicago: The University of Chicago Press, 1969–1971, p. 247.

方面，经验存在又具有对象性，具有相对稳定的一面，也因此人们往往会将其对象性的一面绝对化、客观化、普遍有效化。雅斯贝尔斯认为，当生存在实存中被阐明、绝对意识之实现在经验存在中被表达时，它们就容易陷落于经验存在中，容易被误认为经验存在中的事物。这样，人们也就容易把生存、把绝对意识客观化。为了避免这一客观化，雅氏引入反讽、游戏、羞耻、安静，换言之，反讽、游戏、羞耻、安静是避免绝对意识被客观化、绝对化的要素，它们也成为绝对意识在经验存在中的确保。

雅斯贝尔斯将反讽界定为生存的一种精神状态，认为反讽使绝对意识自身、使绝对意识中生存的阐明避免误入客观性中，以免使它们丧失自己。在他看来，经验存在的易消失性与其客观性恰恰体现了反讽的特点。同反讽一样，由于自身的非严肃性，游戏也为哲学活动提供了诸多的可能。雅氏所谓的羞耻源自内在自我的生存性，区别于心理学上经验个体的羞耻，生存性羞耻只存在于作为可能的个体性自我中，如果把生存一般化为大众，把生存性个体也客观化，同时生存与生存之间的真正个体性交往也变得不再纯粹时，羞耻感就产生了；反过来，作为绝对意识之羞耻保护着生存，以免使其丧失个体性自我的纯粹性。由于经验存在的有限性、易消失性，自我可能会在由此带来的不安中丧失自己，雅氏在这里引出"安静"，所谓安静就是指使自我获得确保的那个东西，同时，安静也是一种基于对绝对意识之可能性确信的、对存在自身确信的准备，如雅氏认为的，安静就是准备。安静作为绝对意识的最后一个要素，与边缘处境也相关，因为在边缘处境中，"当存在变得暗淡，当自我变得疏怠时，它会成为一个港口"[①]。

生存以绝对意识的方式存在，为了说明生存的这一"内核"，雅斯

[①] Karl Jaspers, *Philosophy* (Vol. 2), trans., by E. B. Ashton, Chicago: The University of Chicago Press, 1969-1971, p. 254.

第三章 哲学信仰的基石——生存

贝尔斯进一步将绝对意识阐明为生存之无条件行为，在他看来，作为生存之本源意识，绝对意识必然要求自我存在的无条件行为。雅氏指出，生存的无条件行为表现在：一方面，在无条件的内在行为中，生存进行内在的自我反思，使自我返回到自身，从而确定自我存在，在生存的内在行为中，"无条件性就是绝对意识"[①]。另一方面，在无条件的外部世界活动中，生存又确定实存之界限，并超越经验世界的有限性与相对性，实现对自我存在与超越的把握。所以雅氏强调，生存必须超越有限的经验现实，以自我的无条件性来完善生存的行为，完成绝对意识最终的要求。按照雅斯贝尔斯，生存之所以能够在林林总总的世界中澄清自我并实现超越，就在于生存的无条件行为。雅氏为了进一步说明生存的无条件性，将其置于存在的深层次进行讨论，他认为，"一"是生存无条件的生命本源，也就是说，生存的这一无条件性植根于"一"的本源中，对"一"的把握使生存进入了自我的无条件行为中。任何客观认知的方式都无法把握"一"，生存在"一"的显现中获得自我存在之确信，如此，雅氏指出，生存的无条件行为就把自己对有限事物的弃绝与对"一"的绝对把握相统一起来，这恰恰体现了绝对意识对自我存在与对超越之确信的要求。换言之，雅氏的哲学信仰以生存之无条件行为实现了内在而统一，哲学信仰的逻辑运动即在于：生存在绝对意识之本源运动中，在良知的呼唤中展开无条件行为，从而在生存之爱与信仰中实现对生命之本源的、终极的意义的把握。

综上分析可以明确，对雅斯贝尔斯思想中"生存"的理解并不同于对传统哲学中任何观念的理解。雅氏以阐明的方式将生存置于自身的逻辑运动中，也可以说，对于生存的理解，在于生存自身的澄明，在生存行为逐渐深入发展中生存自身向人们显现出来。生存自身的逻辑运动体

[①] Karl Jaspers, *Philosophy* (Vol. 2), trans., by E. B. Ashton, Chicago: The University of Chicago Press, 1969 – 1971, p. 279.

现在生存在边缘处境的超越性与绝对意识中的无条件行为，边缘处境是生存获得超越自身的条件，在自身源初性的体验中，生存逼近超越，而在绝对意识中，生存通过自我的无条件行为确信自我存在与存在自身。

小　结

雅斯贝尔斯的哲学信仰思想和生存紧密相关，生存是他的哲学信仰的"阿基米德点"，雅氏的整个学说以及哲学信仰思想就建立在生存的基础上，在某种意义上我们可以说，了解了生存的内涵与性质，就把握了雅斯贝尔斯的哲学信仰思想。雅氏的哲学信仰是个体性生存对存在自身的一种确信行为，他的哲学信仰具有强烈的生存性与个体性，在个体性生存的意义上，甚至完全可以把雅氏的哲学信仰称为生存信仰。哲学信仰与生存密不可分，生存的内涵和性质保障了哲学信仰的成立，而哲学信仰反过来又体现了生存的内涵和性质。

值得注意的是，"生存"这一提法并不是雅斯贝尔斯的原创，在克尔凯戈尔思想中首度出现并赋予其重要性，雅斯贝尔斯不仅从克尔凯戈尔的思想中吸取并阐发了"生存"，而且他把克氏本人当作一个活生生的"生存"进行解读，正如他承认的，"生存"这一观念首先来源于尼采与克尔凯戈尔真实的生存体验，并且，雅氏在他们二人那里开始了对这一观念的现代解释。雅斯贝尔斯对"生存"在现当代的重视与深刻分析直接引领了西方的生存哲学，并对现当代思想产生了深刻的影响。鉴于"生存"的重要性以及在雅斯贝尔斯思想中的重要地位，我们有必要对它的内涵与性质进行一番梳理，进而分析生存对哲学信仰的重要性。

1. 何谓生存？

所谓"生存"，就是与自己的本真意义联系在一起的、活生生的、可能的个体性存在。在克尔凯戈尔的思想中，生存本质上体现了投入当下并实现各种可能性的、具有选择能力的人的存在方式，生存具有主观性，并非既定形成，而是具有无限的可能性的存在。雅斯贝尔斯继承了克尔凯戈尔思想中对生存的这些界定，在自己的著作《哲学》三卷本中的第二卷，他专门对这一观念进行了详细的、进一步的阐发。在雅氏看来，"生存"是尼采与克尔凯戈尔共同的本质，他们二人赋予了其不同于传统的意义与价值，使得生存不仅具有生命性，而且具有存在性，从而属于真正的个体性存在，雅氏充分发展了尼采与克尔凯戈尔意义上的生存观念，在《哲学》中，他细致入微地阐明了生存的诸多特点，指出生存具有历史性、交往性与自由性，他对生存之边缘处境所做的现象学分析，揭示了生存所具有的无限可能性与永恒超越性，使其具备了超越性追问的可能。因此，雅氏把"生存"作为自己哲学中的一个核心观念，一再强调，只有生存才能体现人的真正的存在。当然不可忽视的是，雅斯贝尔斯对生存的理解，还基于他对传统哲学对人所做的界定的批判。在他看来，传统哲学往往把人作为特殊的、独立的研究对象，使自我最终成为某一确定的客体，其结果是把活生生的人当作知识的对象，抹杀了人的最本真的存在。雅氏把传统哲学中对人的界定分别称为"实存"（经验个体）、"意识一般"（一般意义上的自我）与"精神"（抽象的整体之自我）[1]，以此与自己对人的界定区分开来，并且规定，只有生存性的自我才属于人最本真的存在方式。

雅氏把生存与"实存""意识一般""精神"等区分开来，就是为其哲学信仰服务的，换言之，生存的提出，一方面是为了解决人的根本存在方式的问题，即以何种方式存在的人才拥有真正的信仰，这一点体现了哲学信仰的生存性内涵；另一方面是为了解决存在自身的问题，即信仰者何以能够存在，或说，生存必须与存在自身永恒关涉，存在自身只有在生存对它的无限追问中才是可能的。

---

[1] Karl Jaspers, *Philosophy* (Vol. 1), trans., by E. B. Ashton, Chicago: The University of Chicago Press, 1969 – 1971, pp. 54 – 58.

雅斯贝尔斯以上有关"生存"的理解基于其一定的认识，他认为存在两种"人"，即"作为研究对象的人"与"作为自由的人"，与此也就相应地存在对人的两种不同态度，即把人当作研究对象与把人当作自由之存在。雅氏对此进行了详细区分，认为前者属于知识的内容，主要体现在人种理论、精神分析或马克思主义中科学研究的对象，而后者才体现了信仰的基本特点。前者属于科学领域，所研究的也是有关人的"物质"方面的内容，科学基于有限的观察、特定的方法把人当作对象，而其目的也是指向确定的僵化了的对象，在科学研究中，人成为确定的对象，而不是活生生的自身。实际上，人总是比科学所能观察、所能研究的多得多，所以雅斯贝尔斯说："一切经验的因果关系和生物学的发展过程似乎都适用于人的物质根基，而不是他自身。"[①]

总之，雅氏的生存不是对象，它就是行动本身，具有无限的可能性。传统哲学由于自身的弊端，使生存成为对象，导致生存被遗忘，或者把存在自身当成人们可以进行客观认知的对象，使之成为与人无关的客体，致使生存与存在自身分离。针对这一弊端，雅斯贝尔斯重新思考人与存在自身的关系，他认为，生存不能被当作知识的对象，不能像经验世界中的其他东西那样被客观地认知，否则，它就不属于真正的自我存在；生存自身意义的获得，不在于人们对它进行客观研究后所得出的某一证明，而在于生存通过经验实存、意识一般及精神这三种方式在世界中的超越行为。由此，生存自身的超越活动就与传统哲学对它的客观认知区分开来，它自身的实现只能通过它在哲学信仰中的活动与行为。

2. 生存的特点与性质

在雅斯贝尔斯的思想中，生存的内涵与性质及其与哲学信仰的相应关系主要体现在以下几点：

[①] Karl Jaspers, *The Perennial Scope of Philosophy*, trans., by Ralph Manheim, New York: Philosophical Library, 1949, p. 59.

第一，生存具有历史性与沟通性。在雅斯贝尔斯看来，历史性是有关个体性生存的历史意识，它不是一种主体对客观事件进行记录与认知的过程，而是生存在自我阐明中的自我意识。只有在历史性中，人才是真正的人，才可称得上是生存，因此对雅氏来说，对历史性与历史能否做出正确的区分直接影响着对真正的个体的体认，他认为，历史中的人并不是真正的存在，只是客观认知历史的"意识一般"，而在历史性中，生存与历史性不是简单的、对象式的外在关系，而是融为一体的，生存的历史性就是作为个体性的生存在历史中的行为。同时，雅斯贝尔斯强调，历史性是时间与永恒的统一，所谓时间指的是生存无法克服的有限性，是它作为"实存"在具体的时间中的行为，所谓永恒是指生存意识到超越的绝对存在，是它作为真正的自我在无限的历史性中对超越的体验。由此可见，历史性构成了生存通达超越的存在处境，这一处境进而表明生存对超越的哲学信仰并不是虚无的，而是在历史性中的信仰。

历史性不仅是生存实现自我的处境，而且在历史性中，生存意识到其他生存的存在，于是一种普遍的、真正的交往或沟通便产生了，即在历史性中生存与生存之间的沟通。雅斯贝尔斯非常重视交往对生存的意义，他认为"沟通是生存的源泉"[①]，但沟通也有生存性与非生存性之区分。在雅氏看来，非生存性沟通是人们之间虚假的、对象性的沟通，在非生存性沟通中，人并不是把他人当作真正的人、当作生存，而只是把人当作为了实现某一客观目的或者某种功利的手段。与非生存性沟通不同，生存性沟通建立在双方共同承认彼此为生存、为独立的真正的个体存在的基础上，是自由的、无限的沟通。所以雅斯贝尔斯指出，生存性沟通才是真正的沟通，雅氏进一步以"爱的斗争"阐述生存性沟通，认为"爱"是沟通中自我存在的根源，由于爱，生存意识到他人的存在，

[①] Karl Jaspers, *Philosophy* (Vol. 2), trans., by E. B. Ashton, Chicago: The University of Chicago Press, 1969–1971, p. 55.

同时意识到超越的存在，如此一来，生存是在沟通中与他人发生关系的，并在沟通中实现对超越的体验的，在沟通中，生存无限地逼近超越，并与他人在超越面前实现内在的统一。生存的沟通性体现了雅斯贝尔斯哲学信仰的特点，说明哲学信仰并不是抽象的，也不是宗教意义上的纯粹对神之确信，现实中人与人之间的沟通是哲学信仰的一个鲜活内容与特点，当然，生存的沟通性也决定了雅氏哲学信仰的目标，即引导人们在沟通中实现真正的自我，实现对存在自身的信仰。

第二，生存具有绝对性与无限性。科学研究体现了人的有限性与相对性，人在有限中并不能真正地实现自己，对于他的有限性和相对性，人是无法否定也不可能取消的，但通过有限和相对，人可以意识到无限与绝对的存在，从而意识到自身的无限性与绝对性，并努力突破有限和相对以实现自己的无限和绝对。

第三，生存具有超越性和自由性。生存的超越性，诚如前文所分析，表现在生存对超越的无限逼近，生存对非生存性自我的超越，生存在边缘处境中的超越，等等。对于生存的自由性，雅斯贝尔斯认为："自由就是生存自身。"① 一定意义上，在雅氏思想中，自由和生存可以说是两个具有同等意义的观念。生存的绝对个体性使自己能够独立地采取行动，始终能够完全出于内心的决断而行动。任何的科学研究总会使人丧失自由，在科学研究中，人被当作确定的对象、当作客体，无任何的决断与自由而言，"只要我们使自己成为科学探究的对象，除了实在性、有限性、形式、关系、因果必然性而外，我们看不到任何自由"②。而在哲学信仰中，才能体现人的主观确信，人才具有真正的自由的行为。当然，

---

① Karl Jaspers, *Philosophy* (Vol. 2), trans., by E. B. Ashton, Chicago: The University of Chicago Press, 1969 – 1971, p. 147.

② Karl Jaspers, *The Perennial Scope of Philosophy*, trans., by Ralph Manheim, New York: Philosophical Library, 1949, p. 60.

第三章　哲学信仰的基石——生存

自由亦不是客观的对象，而是内在于人的本性，自由是通过每个人的行为来体验的，而不是通过确定的知识获得的。生存的自由性对雅斯贝尔斯的哲学信仰有重要的意义，一方面，任何的科学研究将人局限在某一特定的领域，使人无法完全认识自己，科学研究试图完全把握的人并不是人自己，而只是人的某一特性或某一方面，人永远比科学对自己的研究要深刻得多，在这层意义上雅氏说："正是通过我们的自由，我们才意识到我们的人性。"① 自由使人能够发现并体验到自己的无限可能性。另一方面，在自由中，生存性个体并不需要任何的组织或外在机构来帮助自己实现目标，而是完全出于内心的自我决断与主观确信，作为独立的行为个体，它所追求的也不再是某个与己无关的客观对象，而是与自己切身相关涉的存在自身，只有这样，生存才能实现自己的信仰，正如雅氏指出的："唯有通过自由，我才能变得深信超越。"② 生存的存在方式是主观确信的自由方式而非客观确定性之存在，是亲身体验而非客观认知，如此，哲学信仰是自由的信仰，是生存在自由中的主观行为，而非外在力量的强迫行为。最后，哲学信仰关注的是人最本真的存在，关注的是作为生存的人，只有在自由中，人才成为真正的人，才能实现它的可能性，在自由中，信仰的是人而不是物。因此，自由成为哲学信仰关注人的一个基本的因素，按照雅斯贝尔斯的话即："既然我们行为的最初根源与我们的存在意识存在于自由中，那么，人所是的就不仅仅是知识的对象，而且是信仰的对象。人对他的人性的确信是哲学信仰的基本要素之一。"③ 而且在哲学信仰中，人才可能实现自己的自由，生存成为雅

---

① Karl Jaspers, *The Perennial Scope of Philosophy*, trans., by Ralph Manheim, New York: Philosophical Library, 1949, p. 60.
② Karl Jaspers, *The Perennial Scope of Philosophy*, trans., by Ralph Manheim, New York: Philosophical Library, 1949, p. 65.
③ Karl Jaspers, *The Perennial Scope of Philosophy*, trans., by Ralph Manheim, New York: Philosophical Library, 1949, p. 62.

斯贝尔斯哲学信仰关注的重点，雅氏把实现人的真正存在状态放在自由的信仰这一领域，的确突破了西方传统哲学对人研究的模式。自由、生存的体验、信仰在哲学信仰中关系密切，"信仰坚持自由之路，既不是绝对也不是空洞的自由，而是对被给予和未被给予自己的存在的可能性的体验。唯有通过自由，我才能变得深信超越"①。离开一个，其他两个都不可能实现，它们之间的关联成为我们理解雅斯贝尔斯哲学信仰的一个重要方面。

第四，生存的信仰是对超越的信仰。在实现自己的无限可能性中，生存不断地突破自己非本真的存在方式，追求属于自己的真正状态，在雅斯贝尔斯这里，生存真正的存在方式就是在超越面前的完全显现，与超越形成生存性关涉就成为生存的一个奋斗目标。在超越面前，生存才能成为真正的自己，"人作为人之特权"② 才能凸现出来，要成为真正的个体，生存就必须发自内心地确信超越的存在，对超越绝对信仰。对雅斯贝尔斯来说，生存的信仰不再是克尔凯戈尔意义上的对上帝的宗教行为，而是一种哲学行为，是哲学的信仰。在哲学信仰中，一方面，个体性生存对超越的确信使自己可以无限地接近存在；另一方面在确信中生存使自己得以不断地实现自我，所以说，哲学信仰就是一个使存在自身和人自身得到确信的过程。生存与超越这一生存性的关涉直接体现了雅氏哲学信仰的本质。

总之，强调人的个体性，强调个体存在的绝对性与行为的主动性，是现代西方哲学的一个主要特点，对雅斯贝尔斯的哲学信仰也不例外，雅氏把个体性的人作为其讨论的核心，对他来说，哲学信仰仅仅属于每

---

① K Karl Jaspers, *The Perennial Scope of Philosophy*, trans., by Ralph Manheim, New York: Philosophical Library, 1949, p. 65.
② Karl Jaspers, *The Perennial Scope of Philosophy*, trans., by Ralph Manheim, New York: Philosophical Library, 1949, p. 24.

一个体的独立思考与独立行为,确立哲学信仰的灵魂在于对个体性的人的理解,雅氏把个体性的人称为"生存",哲学就是要努力探求它最初的根源,即生存是何以可能的,或者用雅氏的话说即"人作为人之特权"[①],哲学的这一根源也正是信仰的根源。在这种意义上,我们把生存作为雅斯贝尔斯哲学信仰的基石。

---

① Karl Jaspers, *The Perennial Scope of Philosophy*, trans., by Ralph Manheim, New York: Philosophical Library, 1949, p. 24.

第四章

哲学信仰的"对象"——超越

雅斯贝尔斯哲学信仰中具有形上性的存在即超越，是生存为之的信仰。标题处之所以说"哲学信仰的对象"，是为了更好地理解雅氏的哲学信仰思想；之所以给"对象"加双引号，与雅氏一贯的哲学方法和思想有关，他反对将任何存在对象化、客体化，反对对存在进行客观认知的方式。雅氏哲学信仰中的"超越"既非"人格神"亦非"客体"，正如他所说，"形而上学思想并不是对有关超越的认知"[1]，超越"并不像经验客体那样存在"[2]，所以对超越之存在的阐述，雅氏往往借助于生存并将其置于与生存的关系中进行阐明，或者以非客观性和主客分裂等独特方法使其显现。相应地，在对超越之存在的理解和把握中，我们应当避免对象性思维、避免将其客观化。

通过前一章对雅斯贝尔斯思想中生存性自我之存在的讨论，我们清楚，雅氏在生存阐明领域确立了真正的自我存在：生存。对他来说，作为真正的个体性自我，生存超越一切界限，实现生存性自我；它在边缘处境中，在历史性中，在交往中，在绝对意识中显现自身；生存的自由本性来源于它对超越的体验，生存在阐明自身中无限地逼近超越，始终

---

[1] Karl Jaspers, *Philosophy* (Vol.1), trans., by E. B. Ashton, Chicago: The University of Chicago Press, 1969–1971, p.94.

[2] Karl Jaspers, *Philosophy* (Vol.3), trans., by E. B. Ashton, Chicago: The University of Chicago Press, 1969–1971, p.12.

第四章 哲学信仰的"对象"——超越

为确立自己的信仰而努力。但正如雅氏所认为的,在生存阐明领域,生存只是与超越发生源初性地关联,也就是说,生存仅仅是出于对自身的体验与反思才意识到超越,只有当哲学活动进入形而上学领域——在这一领域,超越显现自身——生存才能有意识地追问存在自身,才能积极地与超越发生关联;也只有在形而上学领域,通过超越的密码,生存才能确立生存性自我存在与超越性存在之永恒关涉的哲学信仰。雅氏之所以把生存与超越的互相关涉置于形而上学领域讨论,是因为在他看来,超越是有关形而上学的问题,哲学活动正是在这个领域完成自己的使命、实现哲学信仰的确立的。在生存阐明领域,雅氏讨论的主题是生存性自我存在如何确立的问题,而在形而上学领域,雅氏则力图考察超越的显现如何可能的问题,亦即人与存在的沟通如何可能的问题。两者的关系在于:生存阐明构成了形而上学的基础,也就是说,超越的显现在前提上离不开生存的确立,因为只有生存才可能追问超越,超越只有对生存才是可理解的,而且,超越的显现只有在生存与超越的绝对的、永恒的关涉中才可能实现,因此,生存阐明就在逻辑前提上解决了超越得以显现的可能。这样对雅氏来说,形而上学领域所讨论的问题正是超越如何在生存与超越的永恒关涉中显现自身的。

很明显,在这里,雅斯贝尔斯也力图使自己的形而上学与传统形而上学在本质上区分开来。一方面,传统形而上学最终遗忘了个体性生存,而雅斯贝尔斯的形而上学则首先立足于生存的确立,他的这一做法使形而上学重新回到人自身,并赋予了形而上学鲜明的生存性特征;另一方面,"形而上学思想并不是对有关超越的认知"[①],而是超越的生存性显现——这也是我们在标题中对"对象"加引号的原因,雅氏改变了传统哲学对存在追问的方式,在他这里,存在不再是与人无关的认知对象,

---

① Karl Jaspers, *Philosophy* (Vol. 1), trans., by E. B. Ashton, Chicago: The University of Chicago Press, 1969 – 1971, p. 94.

而是与人永恒关涉的存在自身。如果说生存阐明体现了雅斯贝尔斯的形而上学根基于生存的特点，那么在形而上学领域，雅氏则主要阐明超越如何在生存的一系列哲学活动中显现自身，即涉及生存对超越的把握如何可能的问题。在《哲学》中，雅斯贝尔斯阐述了三种途径来表达形而上学领域超越的显现，或者生存对超越的把握："在逻辑超越的纯粹范畴中，生存创造自己的空间；生存用与超越之间的生存性关涉运动来填充这个空间；在解读密码中，它确信显现的同时又消失的客观性的语言。"① 概言之，雅氏形而上学思想的主要内容体现在：生存在逻辑超越中，在生存性关涉中，在解读密码中体验与理解超越，生存在形而上这一领域进行哲学活动的过程即超越显现的过程，因此，超越的显现也主要体现在这三个方面。

第一节　超越在形而上运动中显现自身

虽然形而上学在雅斯贝尔斯这里有自己的特点，他也做出了区分，但是，他仍然认为，任何时候人们都不能创造一种新的超越，也不能创造一种新的形而上学，超越的现实并不仅仅存在于生存性个体中，它还存在于几千年来的形而上传统中。雅氏的意思很明确，不能抛弃以往形而上学传统，对他来说，几千年来形而上学史的发展在本质上是生存在不断的超越中寻求存在自身的过程。在这一过程中，对生存来说，它始终确信存在自身的存在，在超越中思维不可思维的；对超越来说，它是如何显现自身的，而不是被物化、被幻想。雅氏认为这些内容体现了生存在形而上思维中的逻辑超越，换言之，形而上思维的逻辑超越表明：为什么总是存在着什么，而不是虚无，为什么非客观的总是超越了一切

---

① Karl Jaspers, *Philosophy* (Vol. 1), trans., by E. B. Ashton, Chicago: The University of Chicago Press, 1969–1971, p. 94.

客观的，进而他指出，从人类最初的思想开始直到今天，形而上思维的逻辑超越始终贯穿并体现在人类思想的发展中。

既然超越的现实存在于形而上传统中，那么，生存又是如何在形而上传统中把握超越的？也就是说，超越是如何在形而上传统中显现自身的？对于这一问题，雅氏认为，超越在形而上传统中的显现问题，首要是超越对形而上逻辑范畴的超越问题，至于对形而上逻辑范畴的超越，他的思想主要集中在以下几个方面：其一，超越的现实只有在形而上的客观性中才能得到阐明；其二，超越性存在必须超越一系列的范畴；其三，超越在生存的思维失败中显现自身。

一　在形而上的客观性中阐明超越的现实

雅斯贝尔斯首先对"超越的现实"做出了澄清，他将超越的现实与经验现实和自我存在之现实区分开，认为超越的现实不同于经验现实，经验现实需要依赖一定的条件，它的对象性与变化性亦使它具有诸多的可能性，所谓可能性是指在自身之外还有其他什么。同样，雅氏认为超越的现实亦不同于自我存在的现实，自我存在由于自身所具有的选择、意志能力与自由品性使其现实也具有诸多可能性。概言之，经验现实与自我存在的现实并不是唯一的，在它们之外还存在其他选择。而超越是生存将要面对的唯一的现实，在它之外再没有任何其他可能性，它是绝对的、无条件的，在超越面前，生存只能"保持沉默"，因此，超越的现实并不具有可能性。对雅氏来说，既然超越的现实不同于经验现实与自我存在的现实，那么，超越自身的显现也就不同于其他两者，也就是说，生存对超越的理解不同于对其他两者的认识。对于经验现实，生存可以借助意识一般对其进行客观认知，或者在范畴形式中对其进行界定；对于自我存在，生存可以对其进行随意的、主观的想象与阐明，但是，"超越不能在范畴中被界定；也不像经验现实那样存在；也不在我的自由的显现中如此存在"①。可见,对于超越,生存既不能像意识一般对经验对象的认知那样,把超越当作对象来认知,也不能像自己在哲学活动中进行的自我阐明那样,对超越进行想当然的表达。

  作为生存无条件的现实,超越只有立足于形而上传统,在形而上客观的历史语言中显现自身,也就是说,超越的现实有赖于形而上的客观性,用雅斯贝尔斯的话说就是:"超越的现实只在客观性的语言中内在地显现,但它并不像经验客体那样存在。"② 形而上的客观性具有历史语言的功能,雅氏所谓的历史语言是指超越在形而上的历史中诉说并显现于其中的密码,而任何具有客观性的东西,只要它能够成为超越得以显现的形式,那么它就可以成为密码,成为诉说超越的历史语言,如巴门尼德的存在,柏拉图的至善,中世纪经院哲学中的上帝,康德的物自体和黑格尔的绝对精神,等等,都是超越得以显现的密码,这些"存在"共同构成了形而上传统的历史语言。雅氏广泛吸收古今东西方哲学之智慧,将这些当作形而上客观的历史语言,他认为,正是通过这些客观性的历史语言,生存才能够把握超越,超越则通过这些客观性的历史语言对生存显现自身,客观性的历史语言成为生存与超越沟通的纽带。

  前文在方法章节中提到雅氏哲学信仰的方法,分析了非客观如何在客观性中实现自身的问题,雅氏哲学信仰中,作为非客观的超越,亦是通过形而上传统中客观性的历史语言实现自己的。对雅氏来说,历史语言就是一种超越性的语言,也是一种客观的语言,但他指出这种语言的客观性并不像经验世界中的客观性那样对每个人都具有普遍有效性,历史语言的客观性只是针对个体性生存而言的,它只有在个体性生存中才

---

  ① Karl Jaspers, *Philosophy* (Vol. 3), trans., by E. B. Ashton, Chicago: The University of Chicago Press, 1969–1971, p. 7.
  ② Karl Jaspers, *Philosophy* (Vol. 3), trans., by E. B. Ashton, Chicago: The University of Chicago Press, 1969–1971, p. 12.

显现出绝对性与真实性，它使超越的生存性显现成为可能，换言之，历史语言使超越对生存成为可理解的，生存在形而上传统中倾听历史的语言，并通过客观性的历史语言确信超越这一绝对的现实。

雅斯贝尔斯指出，在形而上的历史传统中，神话学、神学、哲学共同构成了形而上客观性的三个领域，它们是人类具体的历史语言，超越在这三个领域显现自身。按照雅氏的意思，在神话学、神学、哲学所形成的形而上传统中，生存聆听超越显现的密码语言，并确信超越。在神话学领域，超越显现为诸神，通过对诸神的解读，生存把握超越的根源；在神学领域，超越显现为上帝，通过对上帝的信仰，生存体验超越的绝对性；在哲学领域，生存在自身的不断超越中理解超越之存在的超越性。虽然这三个领域所包含的具体内容和表达方式不同，但对雅斯贝尔斯来说，它们都确信超越性存在之存在，从而共同构成人类形而上历史语言的传统。

超越的现实需要借助形而上客观性的历史语言来实现，然而雅氏又认为，作为历史语言的客观性却不是永恒的，它们毕竟是绝对的现实借以显现自身的方式，换言之，它们是超越的现象。这一点也正体现了形而上客观性的非永恒性。雅斯贝尔斯之所以强调形而上客观性的非永恒，只是试图说明超越在形而上传统中实现逻辑超越的可能，神话学、神学和哲学这三种形式本身并不是超越，而毋宁是超越得以显现自身的暂时状况，它们都是具体客观的，只是超越的语言，它们并不能表达超越的非客观性。超越只能在历史的、永无止境的运动中实现自身。但是，神话学、神学和哲学这些历史语言，即使是暂时的客观状态，亦使非客观的，如作为存在的超越的显现成为可能。在这三种形式中，雅斯贝尔斯对前两种形式持批判态度，因为他认为生存对超越进行确信的过程中，神话学可能会使生存陷入迷茫，神学可能导致生存丧失自由，唯有哲学，雅氏强调，才能真正揭示超越的现实。

二 超越在客观范畴的超越中显现自身

雅斯贝尔斯对超越之存在的态度和理解与他对待西方传统哲学的态度一致，对待传统哲学把握存在之方式，雅氏依然保持了批评态度。在哲学思考中，当人们试图最终把握超越时，总是要么把超越的现象当作它自身，要么想当然地赋予超越以一定的形式，或者在一定的客观形式中认识超越，在雅氏看来，对超越的这些态度都不合理。原因在于：一方面，人们自以为把握了的超越，其实只是它的某一表现形式，而超越自身远比它在现象中显现的要多得多；另一方面，虽然超越通过一定的客观范畴显现，但客观范畴自身并不是超越，例如，以范畴的方式对存在所做的或质或量的规定，雅氏认为任何可认知的，或任何范畴，都无法真正地解决超越自身的问题，超越远比范畴形式表达的要多得多，超越之存在超越了一切客观范畴；再者，超越本身不能被僵化，在一定形式中确定了的超越，只是已经形成了的对象，而非超越自身，超越绝不能"通过任何断言被限定"，绝不能"在任何观念中被客观化"，绝不能"通过任何推论被想象"。[①] 所以雅氏指出，生存要把握超越，就必须超越这些表征客观性的形式与范畴，而要超越这些客观性，就必须穷尽一切客观性的形式与范畴。

雅氏把客观性的范畴划分为三个领域：一般客观性的范畴、现实范畴和自由范畴，在每一范畴中又具体地包含多种关系与形式。一般客观性的范畴中有七种关系，分别是：存在与虚无，统一与二元，形式与质料，可能性与现实，必然性与偶然，原因与结果，普遍性与个体性。一般客观性的范畴试图阐明超越在二元关系中的问题。现实范畴包含五种形式：时间，空间，实体，生命，灵魂。现实范畴揭示世界中超越的显

---

① Karl Jaspers, *Philosophy* (Vol. 3), trans., by E. B. Ashton, Chicago: The University of Chicago Press, 1969–1971, p. 35.

现问题，即，为什么总是存在着什么，而不是虚无。至于自由范畴，其本身就是一种特殊的形式，它试图揭示有关生存自身的问题，与传统哲学"我是谁"的终极问题本质相同，在雅氏这里即"生存从何而来"。其实，这些范畴及其具体的形式与关系并不是雅斯贝尔斯的新创，他只是借助形而上传统中曾经出现的这些客观形式，以说明超越的现实是如何在客观性中实现自身的，雅氏把这些客观性形式当作超越借以显现自身的密码。不过，雅氏之所以穷尽形而上传统的这些形式，其根本目的在于，他试图超越一切的客观性，阐明超越自身。

但雅氏并不是简单地重复，在这方面他与传统哲学保持了一定距离，他基于自己独特的哲学视角，重新考察了这些范畴的意义与作用。通过一一考察范畴中具体的形式与关系，雅氏试图阐明超越如何在客观形式的超越中显现自身，例如他指出，在统一与二元的关系中，超越既不是仅仅依赖于统一，也不是陷于纯粹的二元，而是处于两者的张力中，或者说，超越之存在超越了两者的对立与统一，在其他范畴中亦如此。对雅氏来说，这些范畴与关系只是生存在超越中把握超越之存在所遭遇的客观形式，超越之存在最终要超越这些客观形式，突破范畴的限定，走向自身，这个过程也是超越显现自身的过程，按照雅氏所说，超越实现"形式的超越"（formal transcending）。这一点亦体现了雅氏对待客观性的态度，在传统哲学中，人们往往认为客观形式可以揭示存在自身，而雅氏认为，客观形式只是阐明超越的手段，它们根本无法穷尽非客观的超越自身，所以，如果要阐明超越，就必须超越形而上传统中的一切客观形式。

三　超越在生存的思维失败中显现自身

思维的失败，对雅氏来说，正是确定性与客观性必然导致的哲学方式，当然，也是雅氏在哲学信仰中坚持非客观性思维的一贯体现，他认为在哲学活动中，生存总是试图通过一系列的客观形式把握超越，但超越本身不可最终被把握，超越并不局限于一定的客观形式，它具有非客观性。当生存借助客观形式把握超越的时候，不可避免地陷入思维的困境，或者说，它在形式的超越中必然遭遇思维的失败，因为它清楚，它通过客观形式所把握的并不是超越自身。但是，如果要把握超越，生存又必须通过客观的形式。在客观形式中的思维失败使生存意识到，它必须不断地超越客观形式，逼近超越。

雅氏继而指出，在形而上学中，思维的失败是生存理解存在自身的必然方式。当柏拉图在现象世界与相世界之间进行划分的时候，事实上，柏拉图已经遭遇思维的失败：他对相的肯定，总是基于对现象的不断否定，对具体事物的不断虚无。在雅氏看来，柏拉图遭遇的思维失败具有深刻的哲学意义，在思维不可思维的存在的过程中，或者说，在超越活动中否定、虚无任何可以思维的事物的过程中，柏拉图或者其他哲学家，抑或雅氏的"生存"，获得某种确信：在思维中总是存在着某些不可思维的事物，而不是可认知的；在超越中总是存在着某种具有神性的存在，而不是虚无。思维的失败使生存意识到：一方面，它必须在历史中解读超越的密码，必须超越一切客观形式；另一方面，生存只能在超越行为中获得对超越之存在的确信。

总之对雅氏来说，无论是形而上的历史语言，还是范畴关系，抑或是生存所遭遇的思维的失败，都属于超越显现自身的客观性，生存也将超越这些客观性，并把它们当作超越的密码。

第二节　超越在生存性的关涉中显现自身

在雅氏的边缘处境学说中，虽然生存对超越的关涉并不是有意识的，但通过源于自身的诸种情绪，生存可以体验超越；在雅氏的绝对意识学

第四章 哲学信仰的"对象"——超越

说中,当生存在自身绝对意识的活动中确信自我存在,并确信超越时,它或许会有意识地与超越关涉。实际上,无论是面对边缘处境,还是在绝对意识中,生存都努力实现真正的自我,并与超越发生或深或浅的关涉。不过,雅氏认为这种关涉在形而上学领域表现得更积极,更突出。生存与超越的关涉属于生存性的。雅氏之所以把两者的生存性关涉放在形而上领域,是为了表明,生存实现自我的过程,即生存对超越的把握过程,生存对超越的把握过程,即超越显现自身的过程。生存对自我的实现与超越的自我显现是同一过程。

如果说在边缘处境中,生存之绝对意识的实现仍然是生存把握超越的方式,那么,生存把握超越的第二种方式,对雅氏来说,就是通过生存与超越之间的生存性关涉,这一方式源自超越自身的本性与对生存的吸引力。与生存在边缘处境中的活动一样,生存与超越的生存性关涉并不是固定不变的,也不是预先假定好的,而是在生存不断地超越活动中产生的过程,而且,"生存性现实的最终本质,绝不是通过生存在世界中的有效与成功就可以得到充足把握的,或者通过生存持续的成就就可获得的。它只能在与它的超越的关涉中得到理解"[1]。

雅斯贝尔斯主要从四个方面、两对关联中阐述了生存与超越的生存性关涉,即,反抗与服从,上升与下沉。这四种生存性的关涉凸显出生存自身的不确定性与自相矛盾,按照雅氏的说法,其中表现出生存在有关法则之理性的一面与迷狂的黑暗之非理性一面之间的冲突。在生存的这种不确定性中,超越也表现得暧昧、含混、令人可疑。雅氏认为,在生存对超越的无限逼近中,一方面,反抗、服从、上升、下沉不断交替、变化,使生存处于永远的运动中;另一方面,四种关涉之间的张力又构成了生存与超越之间的生存性现实。

---

[1] Karl Jaspers, *Philosophy* (Vol. 2), trans., by E. B. Ashton, Chicago: The University of Chicago Press, 1969–1971, p. 306.

一 反抗与服从

反抗与服从在哲学信仰中主要表达了生存对超越的或否定或肯定的态度。

1. 反抗

对于反抗，雅氏从两个方面做出了解释：一是在边缘处境中生存对实存的反抗，在反抗中，生存试图超越边缘处境；二是生存对超越的反抗。

反抗体现在生存从世界探源到生存阐明，再到形而上学诸领域的逻辑运动中，雅氏认为，在世界探源活动中，实存是生存在世界中赖以存在的基础，但实存自身所具有的种种消极性、易逝性、经验性等特点，使生存对自己的这个基础产生了深深的厌恶与反抗情绪。它对现实不满，渴望真理。在生存阐明领域，虽然边缘处境使生存有诸多可能性，但边缘处境亦充满了不稳定，甚至存在破坏的危险，边缘处境使一切都可能处于毁灭中，一切都可能被变成虚无，生存甚至有可能把虚无当作真正的存在。雅氏指出，生存如果仅仅停留于对实存与世界的界限的反思中，仅仅沉溺于自我意识的内在世界，躲避在边缘处境中，那么，它永远不可能把握超越，永远不可能实现真正的自我存在，生存甚或会堕落为实存，因为超越不可能与一个总是处于消极状态中的生存发生关涉。所以雅氏强调，如果生存要把握超越，它就必须反抗实存，反抗边缘处境，并实现对它们的超越。为了说明生存对超越的反抗，雅氏将反抗与生存的自由本性联系起来，认为生存对超越的反抗源自生存的自由，按照他的意思，生存对神性，或者对存在自身的反抗，体现了自我的生存性自由与对超越的逼近。反抗是人类的自由所在，是"人类的价值与伟大之所在"[①]。亚当走出伊甸园的行为，实际上反映了人类对抗神性与对自

---

① Karl Jaspers, *Philosophy* (Vol. 3), trans., by E. B. Ashton, Chicago: The University of Chicago Press, 1969–1971, p. 65.

第四章 哲学信仰的"对象"——超越

由、对知识的渴望。人类总是试图通过对真理的追求而成为神性世界的一部分。雅氏的自由并不属于形而上的超越领域,在形而上领域,自由是无效的,自由只在生存阐明领域、只对生存有效,雅氏在这里,也就是在探讨形而上领域之超越时又谈起自由,其思想前后是否存在矛盾?我们认为,哲学信仰之生存阐明领域与形而上学领域并不是截然二分的,理论上的阐述并不会消解生存实际活动中行为的连贯性,雅氏在此对自由的言说依然不会改变其思想实质,即,超越无关乎自由,自由乃生存之本性。总之,无论是生存对实存的反抗,还是对超越的反抗,其实都体现了生存对超越的无限逼近,对真正自我的追求,两方面的反抗互相渗透、互相作用。

反抗意味着持续行为中的断裂,正如雅氏指出的,反抗是生存自我运动中的断裂,在此断裂中,生存有可能获取对存在把握的机会,或者可以说,生存的反抗情绪体现了生存性自我意识的根源,"在断裂中,反抗是生存的根源:是它的潜在的无条件性"①。但是,断裂并不意味着生存就会停止反抗,或者不再反抗,雅氏认为,生存既不能没有反抗,也不能以它自身的反抗一味地否定神性,否定存在。如果不反抗,生存就无法摆脱实存对自己的束缚,就会丧失与超越的生存性关涉;如果一味地反抗,反抗也就不再是生存所具有的可能性,也不再是它逼近超越所具有的能力,而毋宁是陷入虚无与绝望中,一味否定中的反抗正是生存盲目性的体现。

在生存与超越的生存性关涉中,雅氏列举了反抗的两方面意义:一方面,反抗是对超越的或否定或拒绝,雅氏认为这一点虽然是生存对超越的生存性关涉中的消极表现,但无论如何,反抗却表达了生存对超越的渴求,"在反抗中,无论是否定还是诅咒神,我都被超越所吸引……责

---

① Karl Jaspers, *Philosophy* (Vol. 3), trans., by E. B. Ashton, Chicago: The University of Chicago Press, 1969 – 1971, p. 66.

怪神就是寻求神。我的每一个'不'都是一个'是'的诉求，一个真正真诚的'是'"①。另一方面，反抗是服从的根源，也就是说，服从始于对反抗的克服。

2. 服从

作为反抗的对立面，雅氏认为服从也总是与反抗相随，反抗使生存真正地服从。服从是自我存在对反抗的反抗。反抗体现了生存自身的自由，服从也是生存的自由行为。反抗体现了生存对神性的渴望，而反抗的被克服正是生存在神性的指引下完成的，神性不但赋予生存成为自我存在的自由，而且只有神性才让生存通过自我存在克服反抗。生存既服从于世界，又服从于神性，当然，在服从中，生存并不是消极地等待，或者只是听命于某个外在的权威，它仍然积极地成就自我，一定意义上，服从就是做准备。在服从中，生存忽然间变得对什么都不知，也就是说，生存不是通过知识的手段判断存在何以可能，它只是把自己的信念建立在对存在确信的基础上。在服从中，超越向生存隐隐显现。

在反抗与服从的生存性关涉中，生存时而反思，时而斗争，时而彷徨，甚至自相矛盾，虽然如此，但对雅斯贝尔斯来说，这些恰恰体现了生存自身所具有的自由与无限的可能性。在雅氏思想中，反抗与服从紧密相连，互相渗透，在生存与超越的生存性关涉中，两者既保持各自的独立性，又共同起作用。无论是反抗还是服从，都表达了生存对自我以及对存在自身的确信。反抗与服从的关系映射出生存对自我的确信与对存在自身确信的关系，正如雅氏所说："我对于存在的确信基于对我自己的确信——也就是说，我通过反抗的方式意识到服从。但同等地，我开始相信我自己是基于对存在的确信——也就是说，我在服从中发现我的

---

① Karl Jaspers, *Philosophy* (Vol. 3), trans., by E. B. Ashton, Chicago: The University of Chicago Press, 1969–1971, p. 71.

反抗的独立性。"①

在雅斯贝尔斯的思想中，超越有时被表述为"隐匿的神"，这并不奇怪，但并不能就此认为雅氏哲学信仰具有神秘主义色彩或者宗教倾向。实际上，雅氏之所以说超越"隐匿"，是说明生存的自由行为，正是由于超越的隐匿性，生存才有可能产生或者反抗或者服从的行为。具体而言，如果超越是非隐匿的，一切都处在表面现象中，那么生存就可能无所行为，自身也就没有自由可言，它只是一味地盲从，听命于超越的命令；反之，如果超越是隐匿的，那么生存就会有所作为，就可以自由的决断。因此，对于生存来说，"神性并不想让他盲目地服从；它想让他自由地反抗它，从反抗中意识到真正的服从"②。在这里，雅斯贝尔斯以生存在隐匿性中的张力力图批评隶属于教会机构的宗教权威对人的束缚，他一直认为，在这样的宗教信仰中的人并不是真正的自己，而是上帝意志的木偶，他的哲学信仰则试图保证人的自由，也就是说，人可以反抗也可以服从自己的信仰，这完全取决于人自身的自由。在这层意义上讲，雅氏思想中的反抗与服从构成了人在信仰面前的命运，面对超越的隐匿性，人总是处在一定的张力中，而"他的命运就是这样一种张力，即必须敢于面对他将赖以生存的；在他对真理的寻求中，他又无法找到他赖以生存的"③。

二 上升与下沉

雅斯贝尔斯以上升与下沉表达生存与超越相关涉的另一种方式，生

---

① Karl Jaspers, *Philosophy* (Vol. 3), trans., by E. B. Ashton, Chicago: The University of Chicago Press, 1969–1971, p. 70.
② Karl Jaspers, *Philosophy* (Vol. 3), trans., by E. B. Ashton, Chicago: The University of Chicago Press, 1969–1971, p. 70.
③ Karl Jaspers, *Philosophy* (Vol. 3), trans., by E. B. Ashton, Chicago: The University of Chicago Press, 1969–1971, p. 21.

存的上升与下沉运动也是贯通雅氏世界探源、生存阐明、形而上学诸领域的元素。雅氏认为，在对超越的确信中，生存总是处于对自我的不稳定状态中，它要么清醒地意识到自己，要么在混乱中迷失自己。当生存意识到自我时，它会为了实现自己而积极地向超越逼近，此时，生存自身所表现出来的行为就是上升；当生存迷失自我，无法把握自我时，生存便处于下沉运动中，它随之堕落而远离超越。雅氏之所以以上升与下沉的运动表达生存与超越的关涉，依然是其哲学信仰方法的要求，他试图表明人对存在的把握方式，即生存不再是通过认知的方式论证超越，而是通过自身的生存性运动与超越无限地关涉。上升与下沉属于两种相反的运动，在上升中，生存不断地朝向并逼近超越；在下沉中，生存疏远超越。在或者是逼近或者是疏远的运动中，生存与超越之间保持着一种永恒的、运动性的张力。如同反抗与服从，上升与下沉也是紧密相连，生存只有通过上升，才能体验到下沉，上升有赖于下沉；反之亦然，两者在生存对超越的生存性关涉中缺一不可。同时，与反抗与服从一样，上升与下沉运动也是基于生存之可能性与自由。除此之外，对雅氏来说，上升与下沉是生存源自自身之绝对意识的行为，在自身之绝对意识的根源运动中，生存的下沉表现得更加突出。绝对意识作为生存在边缘处境的源初的运动力量，在对真正的存在确定的过程中，绝对意识自身表现出积极的、无条件的决断力，表现出真正的自我创造能力；当生存丧失了绝对意识时，它便处于下沉阶段，表现为被动的、消极的运动，也表现出反常、虚幻与无休止的重复。

针对上升与下沉的生存性运动，雅斯贝尔斯具体阐述了其得以显现的几个方面：

1. 上升与下沉在自我的发展中显现

诚如前文所述，自我不是一个既定的事实，而是不断形成的，属于历史发展中的一个过程，同时，自我的形成过程并不是直线式的，而是在冲突与悖论中不断发展的。按照雅氏的思想，在生存性的运动中，自我也总是在矛盾中成就自身，自我首先表现为自身的分裂，它是天使与恶魔的双重化身。当天使成为它自身的主要品性时，它更多地表现的是确定、明晰，表现出对存在的绝对信仰；当恶魔统治了自我时，它便下沉于昏暗不明与混乱中，这时，它便对存在保持着一种怀疑的、不确定的态度。在天使与恶魔之间的生存性运动中，自我时而上升，时而堕落，时而表现出对存在的确信与忠诚，时而表现出对虚无的趋近。因此对雅氏来说，当自我意识到存在时，它自身便处于不断上升的运动中，当它滑入虚无时，它便不断地下沉。在上升与下沉的运动中，自我成就自身的同时并体验超越。

2. 上升与下沉体现在生存的评价行为中

雅斯贝尔斯赋予评价以生存性，他所谓生存性的评价，并不是一般意义上的自我评价，而是一种沟通的表现，是自我积极地、主动地参与评价中，使自身与所评价的人和事相沟通，雅氏认为这种评价才是真正的评价，是交往中"爱的斗争"的体现。对他来说，生存性的自我成就离不开它自身的评价行为，自我总是处在一定的评价活动中，无论是对它自身还是对他人、对世界，自我时刻保持着判断与评价的态度。进而雅氏将这种生存性评价活动与存在自身勾连，将其与生存对超越的上升和下沉运动相关联，认为如果自我时刻与它的评价紧密相关，它就保持着上升的趋势；一旦自我丧失了评价能力，它也就堕落了，自我只有在生存性的评价中，才能深刻地体会到自身的上升运动。雅氏指出，评价对生存很重要，以至于自我的形成过程，正是自我所做出的判断的方式，也可以说，自我做出评价的方式正是自我所是的。

3. 生存之于超越的上升与下沉运动在世界中显现出来

正如在雅氏世界探源内容中分析的，生存自身并不是一个孤立的个体，它离不开实存，离不开世界，生存也只有在世界中才是可理解的，世界是生存一切行为和活动显现的条件和处境。之于超越的关涉，生存通过上升与下沉的运动在世界中显现。生存积极地参与到世界的进程中，并在上升与下沉的运动中意识到世界之整体的上升与下沉，一方面是生存参与世界的上升与下沉运动；另一方面是生存自身的上升与下沉运动，无论是哪种运动都使生存意识到超越的存在。在这两种运动中，生存超越了实存，超越了世界，最终与超越相关涉。

4. 上升与下沉运动体现在生存的历史活动中

因为生存的历史性特点，雅氏认为生存的上升与下沉行为还体现在历史的前进与倒退中，在历史中，生存的存在方式就是自身的上升与下沉。生存总是有意识地参与历史的前进与倒退，它了解过去，展望未来，并在当下上升与下沉的生存性运动中显现出自己的真实性。在历史中，生存对历史进行哲学性地思考，并把历史当作超越的密码来解读；生存与历史一同沉浮，在参与历史的活动中，生存从超越那里获取自己的深度。

雅斯贝尔斯说："因此，在暂时的实存中，我绝不可能直接地面对超越；只有当我上升时我才能接近它，而当我下沉时我便失去它。"[①] 作为实存，不可能直接面对超越，唯有生存才可能与超越关涉，上升时，自我为生存，下沉时自我堕入实存；通过上升与下沉的运动，生存体会到它自身与超越的关系，并试图把握超越，同时，在生存的上升与下沉过程中，超越得以显现自身。由于超越的非客观性，它是不可最终被把握的，生存不可能总是处于上升中；又由于超越作为哲学信仰之确定的保证，生存又不可能总是下沉而远离超越。按照雅氏的思维特点，生存永远处于上升与下沉的张力运动中，超越的显现，即生存对超越的生存性关涉，只有在生存不断的运动中，在上升与下沉的张力中才是可能的。

---

① Karl Jaspers, *Philosophy* (Vol. 3), trans., by E. B. Ashton, Chicago: The University of Chicago Press, 1969 – 1971, p. 90.

第四章 哲学信仰的"对象"——超越

根据上文，反抗与服从、上升与下沉的运动及其之间的张力，构成了雅氏哲学信仰中生存对超越的生存性关涉。在这两对运动中，生存自身体现出互相矛盾、互相冲突的特点，它时而有规则地活动，时而陷入混乱中。在服从与上升中，生存自身保持着明晰、确定与理性的一面，生存意识到它与超越的关联；在反抗与下沉中，生存堕入混乱、迷狂与虚无中，自身具有破坏性的一面。这两对运动表明：在生存与超越的生存性关涉中，总是存在着互相对抗的消极、否定的因素与积极、肯定的因素。此种运动即雅氏所说的张力，也就是说，生存与超越的关涉也总是存在一定的张力，而非偏执于一隅，在张力中，生存与超越永恒地关涉，只有在永恒的关涉中，生存才能意识到自己真正所是的，意识到不朽、自由，意识到存在之存在，在关涉中，自我存在得以确信自己的信仰，超越得以生存性地显现。

可以看出，与传统哲学不同，雅斯贝尔斯的哲学不是在客观认知中把握超越，也不是把超越固定在有限的形式中，而是把生存对超越的追问建立在生存性的张力运动中，从而突出了超越对生存的绝对隐匿性与绝对存在性。而且，雅斯贝尔斯之所以强调生存性的张力运动，一方面与他在哲学信仰中坚持的方法有关，因为在哲学活动中，超越不是固定不变的认知对象，不是外在的客观权威，生存也不属于精神或意识一般的范畴，不是既成的事实，生存与超越都具有超越性，哲学信仰是活生生的个体之生存性渴望；另一方面，也是雅斯贝尔斯对时代的精神状况进行反思的结果，他希望人们能够在生存性哲学活动的体验中生存，避免再度陷入可怕的精神困境中，因为只有在反抗与服从、上升与下沉的张力运动中，超越才不至于引起生存性的危险，换言之，生存只有在张力运动中，才可能避免要么对超越的绝对怀疑而陷入虚无中，要么对超越的绝对依赖而陷入迷信中。这样，通过生存性的张力运动，雅斯贝尔斯就保障了哲学信仰的自由。

至此，生存与超越之间的生存性关涉得以确立，这一关涉的确立同时意味着哲学信仰最终得以形成。生存与超越的关涉突出了雅氏哲学信仰的生存性特点与自由本性，在哲学信仰中，超越对生存既不意味着什么虚无主义，它自身也不属于迷信范畴，而是确保了生存的自由的行为。对于生存来说，在反抗与服从、上升与下沉的运动中，它最终能够面对自己的现实，在面对超越这一现实时，生存自己也达到了绝对的现实，虽然雅氏认为生存自身并不具有无条件性，但正如前文所述，他又认为生存的行为具有无条件性，超越也是无条件的，生存与超越的关涉，使生存在哲学活动中的信仰行为也具有了无条件性，或者说，生存的无条件行为就在于自我存在与超越的同一，但不是直接的同一，而是通过密码。

为了与传统哲学相区别，雅氏赋超越以隐匿性特点，超越的隐匿性，使得在哲学信仰中，生存对超越的把握，除了生存自身的生存性运动外，生存还要在运动的过程中阅读超越的密码。

第三节 超越在密码中显现自身

在《哲学》中，雅斯贝尔斯把生存与超越分开来讨论，他认为生存与超越属于两个不同的领域：生存在生存阐明领域阐明自己，超越属于形而上领域，但这只是就逻辑关系而言。在真正的哲学活动中，生存与超越并不是截然分离的，两者总是处在彼此确信的运动中，也就是说，生存通过超越获得真正的自我，超越通过生存获得自己的现实性。在这个基础上，雅氏又强调超越的隐匿性，认为超越并不是生存能够直接面对的，而是通过密码对生存显现。

"密码"（*Chiffre*）是雅斯贝尔斯在《哲学》第三卷中详细讨论的一个观念，在整个哲学信仰中，有关密码的思想对信仰的确立具有重要的意义。其实，雅氏之所以提出密码学说，目的在于：一方面，表达超越的神性与绝对无条件性，密码在这里起着加强超越之隐匿性的作用，从而保证生存能够自由地信仰；另一方面，避免传统哲学对存在自身进行对象性规定的特点，雅氏认为超越是不可最终被把握的，它似乎在遥远的地平线，又似乎距离生存很近，超越的这一特点只有借助密码才能具体表达出来。在密码思想中，生存与超越为听者与言者的关系，生存通过倾听超越的声音理解超越，超越通过在密码中的诉说来显现自身。解读密码就是生存实现自身的超越的方式，也是生存实现对超越的沟通的方式，通过解读密码，生存最终实现对超越的信仰。

一 密码的内涵与种类

雅氏的密码其实质最终是为了言说存在自身，他既从密码处言说存在，就需说明密码之为密码何以可能。雅氏所谓的"密码"，是超越得以表达自己的语言，如此，也是雅氏在生存与超越之间设定的中介，使两者实现可能的沟通。在超越的诉说与生存的倾听过程中，密码语言使双方互相表达，互相显现。雅氏认为密码具有三个基本的内涵：第一，密码只是超越的语言，而不是超越自身，它只是使超越得以显现的东西，并不对超越做任何的解释与说明，超越只在密码中对生存显现，当然，超越也不是密码本身。第二，密码语言只是针对可能性生存而言的，也只有生存才能解读密码语言，既然密码专属于生存，那么，生存的使命与存在的意义就在于解读密码，"如果不解读密码，生存就是盲目的"[1]。生存对超越的信仰，只能通过阅读超越的语言来实现。第三，密码只是密码，既没有任何其他东西能够说明它，它自身亦没有任何其他权利，它只是"把超越带到面前，但并不迫使超越成为一个客观存在的东西，

---

[1] Karl Jaspers, *Philosophy* (Vol. 3), trans., by E. B. Ashton, Chicago: The University of Chicago Press, 1969–1971, p. 136.

也并不迫使生存成为主观存在的东西"①。一旦使超越成为客观对象，使生存成为纯粹主观的存在，密码就不再是密码，不再是超越的语言，也不再是体现生存对超越的信仰途径，而只是成为意识一般对对象进行把握的认知方式。

　　从密码的内涵中，我们不难看出雅氏哲学信仰的思想特点。第一个内涵表明存在以自身的非显现性保障生存的自由，密码是超越发出的声音，是超越的显现，而非超越自身。既然密码只是超越的显现，那么，人们自以为把握了密码就能够把握超越自身的想法就是错误的；既然超越不是直接在世界中显现的，那么，它作为生存的信念，就给生存进行哲学活动留下了足够的空间，从而保证生存自身所具有的无限可能性，也就保证生存对信仰的自由追求。在第二个内涵中，雅氏强调，只有生存才能够解读密码语言，也就是说，密码对非生存性自我，即对实存、意识一般、精神是无效的，根据前文曾经分析的自我不同存在方式的特点，假如自我以实存的方式解读密码，那么，它只会把密码当成日常经验语言，假如以意识一般或精神的方式解读密码，自我可能会认为密码属于认识存在的一般工具，且具有普遍有效性。在雅氏这里，密码语言绝不同于日常经验语言，相对于生存而言，它具有绝对的客观性；相对于超越而言，它也不具有普遍有效性。既然只有生存才是真正的自我存在，那么，自我只能通过生存的方式解读密码，这一方式就在客观上确保了超越对生存的可理解性与绝对现实性，保障了哲学信仰的生存性特点，同时突出了雅氏哲学信仰思想的独特性。密码的第三个内涵体现了雅氏对传统哲学处理人与存在的态度的批评，他引出密码是为了避免传统哲学中的主客对立，在他眼里，传统哲学要么认为人只是具有纯粹的主观性，要么认为存在只是属于纯粹的客体。而密码思想，在一定意义

---

① Karl Jaspers, *Philosophy* (Vol. 3), trans., by E. B. Ashton, Chicago: The University of Chicago Press, 1969–1971, p. 120.

第四章 哲学信仰的"对象"——超越

上,正是雅氏对非客观性与主客分裂方法的具体运用,也就是说,有关密码的思想是生存确信超越的方法。由于密码的存在,人们既不能把隐匿的、不确定的超越当作纯粹的客体,也不能使生存完全隶属于纯粹的主观性领域,生存与超越之间的关系也不是单一的、固定的。这样,无论是生存还是超越,抑或是两者之间的关系,都在密码中保持了一定的张力。所以在雅氏这里,通过密码显现自身的超越,就避免了被客观化的危险,生存也不至于堕落为实存、意识一般或精神。

密码的这三种内涵,使密码成为雅氏形而上学一个重要的范畴,而生存对密码的阅读,亦构成了生存性哲学信仰重要的一环。

虽然雅斯贝尔斯说过,任何东西都可以成为密码,但成为密码仍需要符合一定的条件,最重要的,也是他一再强调的:"密码所是的,以及如何是的,有赖于生存,而不依赖于任何科学。"[①] 除此之外,对雅氏来说,要成为超越的密码,还必须满足以下条件:"首先,密码并不预见以后可被认知的东西……其次,它并不表达人类的心理现实……第三,密码既不具有自然形式的特点,也不是人性结构的精神……第四,密码也不是我们移入的灵魂的生命。"[②] 实际上,雅斯贝尔斯就从两个方面排除了密码的属性,也是他一贯坚持的哲学思维,密码既不是客观的,因此不能被对象式地加以认知,也不是主观的,因此不是人想象出来的,不是人的精神现象、心理现象。既然密码要成为它自己所是的,成为超越的语言要满足这些条件,那么对雅氏来说,又有哪些现象、哪些事物可以成为密码?雅氏面对的首要问题,是需要回答满足这些条件的密码究竟生发在世界探源、生存阐明还是形而上学领域?

[①] Karl Jaspers, *Philosophy* (Vol. 3), trans., by E. B. Ashton, Chicago: The University of Chicago Press, 1969-1971, p. 149.

[②] Karl Jaspers, *Philosophy* (Vol. 3), trans., by E. B. Ashton, Chicago: The University of Chicago Press, 1969-1971, p. 148.

在雅氏这里，既然密码所是的首先有赖于生存，那么，解读密码就是生存实现自身的超越的方式，然而，虽然解读密码只是属于生存的行为，但生存解读密码却离不开自己生存于其中的现实世界，正如生存性自我存在离不开世界一样，生存是在世界的客观现实中进行密码解读活动的。也就是说，密码的发生在世界中，世界的客观现实成为解读密码的条件与基础，雅氏认为在世界中，生存遭遇四种可以成为密码的事物与现象：自然、历史、意识一般、人。

生存阅读自然密码的前提是必须认识自然的三重性，雅氏将自然界定为作为他者、作为人的世界、作为人自己的三重性的统一：自然对人来说首先是独立的、自在的，相对于人而言，自然就是完全的他者；自然又是人的生存环境，人每时每刻都离不开他的自然环境；在源初的意义上，自然之存在与自我之存在是统一的，人本质上就是自然。因为自然的这三重特点，在阅读自然密码时，生存不能仅仅把自然当作外在于它的物质现象，不能把自然当作客体来认知。只有当生存亲身参与自然世界的无限中，并且把自然当作它当下的现实时，生存才可能与自然密码进行生存性的交往，自然密码才作为超越的自我显现而成为真实的。不同于自然密码，雅氏所谓的历史密码是属于生存自身的历史性的存在。雅氏将历史性置于他的密码内容中，认为只有在历史的起源与目的之间的过程中，历史密码才是真实的，对生存才是可理解的。因此，生存在阅读作为密码的历史中总是基于历史的起源与目的，虽然它永远不可能究其历史的起源与目的的本质，但历史密码却作为超越的历史现象对生存言说着。雅氏意识一般之密码，其内涵所指大抵相当于波普尔的"世界3"即客观知识之世界，但亦有不同。正如前文提到的，意识一般是生存在世界中认识任何事物的中介，是生存对事物之普遍有效性进行确定的方式，是自我存在在某种认识程度上的体现。正因如此，雅氏也将意识一般当作生存需要阅读的密码。不过对他来说，不同于自然密码与

第四章 哲学信仰的"对象"——超越

历史密码，意识一般是认识对象的一般形式，也是自我存在的一种方式，生存对它的阅读是为了寻求一定的有效性，在无序中确信存在之存在，尤其是那些作为意识一般诸多有效的形式，如秩序、法则、普遍的律令、范畴、体系等，在雅氏看来，它们对每个人都具有普遍有效性，作为超越之真理的显现，它们本身就是特殊的密码。意识一般之密码对生存具有规范意义，也即是说，在对意识一般的密码解读中，生存可以寻找到确定的立足点，可以使自身从可能性中解放出来，从而限制自身的主观随意性。人是第四种密码，雅氏认为，人对他自己来说就是一种密码，即人之密码，这一点理解起来稍有难度，大抵相当于哲学初始"认识你自己"这一说法，但又有不同之处，雅氏的人之密码，与存在关涉，且具有丰富内涵。生存阅读作为密码的自身，正如雅氏一直强调的，人，永远比他自己所认识的要多得多，人不是客观对象，不能通过任何知识来把握，也不能对人的未来进行任何科学上的预测，人类学、心理学、社会学等，对人的界定只是在一定的方式中对人的客观认知，并不是对人的本性的理解。人永远无法彻底参透自己。雅氏之所以把人自身当作一种密码，是由于密码具有无限性与超越性，它才可能言说具有无限可能性的人。不过，由于人与超越的特殊关系，生存对自身的密码的阅读就不同于对自然、历史、意识一般之密码的阅读。生存阅读作为密码的人，就是在自身中解读密码，换言之，生存自己阅读自己。无论是人的自然本性，还是人生存的世界环境，如人之社会的、历史的处境，抑或是人的自由本性，都是人成为生存的可能因素，也是人自己需要阅读的密码内容。在一定意义上，这些因素也构成了人之密码的特点。只有当生存在这些方面积极地为成就自身做准备时，当生存在阅读自身的这些符号中向超越之存在超越时，超越才可能对生存显现。

雅氏将自然、历史、意识一般与人作为超越在世界中得以显现的密码，认为它们是超越的语言，当然，从上文可知，这四种密码也都与生存自身的存在紧密相关。为了规避传统存在论之弊端，雅氏指出，密码既不具有客观性，也不具有主观性，作为密码的自然、历史、意识一般与人，不再是人们经常以为的那样，而是具有非对象性。雅氏试图通过这四种密码说明生存是如何在解读密码中实现自身的超越并逼近超越之存在的。这四种密码并不是雅氏的随意列举，而是对人类文化的一次总结，虽然我们在其他思想家那里可以发现相同的说法，例如人们常常提起的自然的、社会的、历史的或者人的，但在雅氏这里却有值得重视之处。如他所说自然之密码在源初意义上与人统一，这一看法在以工业化为主要特点的西方社会显得尤为可贵。关于人之密码中人的内容与内涵的丰富性在现代西方哲学之发展中亦有可借鉴之处。另外，雅氏将意识一般作为密码，体现出他对人类所形成的客观性内容的重视，这一点是雅氏密码思想中非常有意义的部分，也是需要我们认真思考与进一步研究的。当然，雅氏也说过，能够作为密码的，本身就必须是生存能够读得懂的，在很多地方，他也讲到科学与宗教，或者神，或者其他文化现象，是生存将要超越的密码，既然如此，能够作为超越的密码的事物与现象，就不仅仅局限在这四个种类上，世界中的任何现实都可能成为生存要阅读的密码。

二 生存解读密码的方式与行为

在世界现实中，生存遭遇作为超越之密码的自然、历史、意识一般与人，那么，生存又是如何阅读作为超越的密码的？在解读密码中，生存又是如何显现自身，如何在密码解读中与超越相关涉的？这些问题构成了生存解读密码的方式与行为，体现了生存具体的超越方式。针对生存解读密码的方式与行为，雅氏具体讨论了以下内容。

雅氏认为，密码作为超越在世界中的显现，是超越的语言，而作为语言，它又有不同的表达方式。因此，生存面对密码的行为首先就是面

第四章 哲学信仰的"对象"——超越

对超越的语言的问题，生存是在不同的语言表达中理解超越的。在雅斯贝尔斯这里，有关超越的语言的表达方式，具体有不同的三种：第一种是超越的直接的语言。雅氏所谓直接的语言，也即是说，它只能在生存之绝对意识中被历史地倾听。阅读这一种语言有赖于个体性生存自身的形而上体验，换言之，通过形而上的体验，生存直接地在历史中倾听超越的声音。不过，生存通过形而上体验理解超越的密码的方式，也正如雅氏哲学的思维方法，它并不像意识一般认知客观对象那样认知超越，也不是以纯粹的主观情感经验超越，这样一种形而上体验，并不是对每个人都有效，也不属于经验实存的领域，它只对真正的个体性生存才是真实的。雅氏指出，在这一种密码解读中，生存可能会实现从实存性自我到生存性自我的转变，可能会体验到真正的存在。与第一种语言的直接性比较起来，密码的第二种语言，可以在生存与生存之间进行交流，它是在一般化形式中表现出来的语言。这一种语言属于客观化的语言形式与形而上内容相统一的语言，具体表现在神话、启示、虚构的现实这三种形式中。按照雅氏之意，神话、启示、虚构的现实都具有各自不同的、固定的语言表达方式，虽然它们自身所涉及的具体内容不同，却都表达了对超越性存在的追问。正是通过阅读这些语言形式，生存理解超越。雅氏将第二种语言限于生存之间，试图表达生存之形上诉求。超越的第三种语言与哲学家对存在的思想有关，按雅氏的说法，属于沉思的语言，是思想家的思想本身。当思想家本人沉浸在对超越的思维中时，他不可能把超越当作一个与自己完全对立的他者，在一定意义上，其自身的思维与体验行为就是超越自身的显现。对超越的沉思是思想家绝对意识之体现，他的思想成为一种可以交流的符号，成为可能揭示存在的语言。因此，人们在思想家的思想中解读超越的符号，阅读其密码，并把握他的思想中所阐述的超越的信息。这一种语言与第一种语言有直接的关系，当人们对个体性生存直接阅读超越的语言的行为与结果进行沉思时，便体现了第三种语言的阅读方式。

另外，雅氏根据密码的内涵与密码语言的显现方式，结合自我的不同存在方式，认为自我在解读密码中既不属于实存状态，也不是意识一般，而是真正的自我存在，是自由的个体性生存。只有作为真正的自我存在，生存才能倾听超越的声音。也只有这样，自我才能积极地参与到密码的阅读活动中，它才能进行抉择，对自己负责，对密码负责。自我在自己的内在行为中经历痛苦、快乐，经历成功、失败，在上升与下沉、反抗与服从的生存性运动中，倾听自己的声音，解读密码语言，最终与超越进行生存性的关涉。在密码解读中，自我存在具有无限的可能性，而且自我存在是以自己解读密码的方式向自己显现的。

再者，由于密码只是对生存而言才是可阅读的，解读密码必须是生存性自我存在直接参与的过程，所以，解读密码的过程，也是自我存在进行生存性运动的过程，简言之，生存解读密码的方式即生存性自我的存在方式。在密码解读中，生存通过密码认识自我存在；反之，生存通过自我存在解读密码，这两者相辅相成，缺一不可。如果生存丧失了自我存在，它就失去了解读密码的可能，也就最终失去了与超越的关涉。同样，如果生存失去了与超越的关涉，不再进行密码解读，它也就失去了真正的自我存在。所以，雅氏指出，在密码解读中，生存对超越理解的深度，正是生存性自我存在可能形成的深度。

最后，在密码解读中，雅氏希望达到也是他通过哲学信仰努力实现的，即超越性存在与生存性存在得以同一。一方面，生存既然不能直接接近隐匿的超越，它就只能倾听密码的言说，在密码中回应超越，因此，超越通过自我存在对密码的阅读显现自身；另一方面，密码所言说的有赖于自我存在所听到的，自我在绝对意识的生存性运动与沉思中倾听密码的言说，就是倾听自己的声音，因此，生存性自我存在通过超越在密码中的言说显现自身。无论是超越通过自我存在对密码的阅读显现自身，还是生存性自我存在通过超越在密码中的言说显现自身,都使存在自身在密码中得到阐明,并实现某种沟通,对雅氏来说,这是一个同一的过程。

所以,人与存在的关系问题,在雅氏哲学信仰中是以生存对超越之确信解决的。根据以上内容,在哲学信仰中,生存在不同的语言表达中理解超越,在历史中倾听超越的声音,自我在密码解读中的生存性行为,使生存自身更加紧密地与超越关联起来,在密码解读中,超越通过自我存在成为当下显现的,自我存在通过超越的密码成为当下显现的,两者在显现中实现同一。

三 解读密码与传统存在论

雅氏有关密码的观点与他的哲学信仰方法紧密相关,在其密码思想中,密码既与超越有关,又与生存有关,密码存在于超越与生存之间的张力运动中,它既是客观的又是主观的,正如雅氏所言:"密码既不能被当作灵魂的产物以心理学的方式理解,也不能被当作实在以科学的方式客观地探究。作为存在的声音,它是客观的,作为自我——其根源与以密码的方式显现的存在相联系——的镜子,又是主观的。"[1] 密码的这种特性使超越与生存得到沟通,两者共同在密码中显现自身,同时,密码的这种特性使生存在阅读中永远不可能穷尽它的本质。在密码思想中,人们不能把超越与生存当作可以研究的对象;在世界这个现实中,生存阅读作为密码的自然、历史、意识一般与人,它的阅读行为并不产生任何知识、任何体系,它只是试图获得对最现实的存在的追问。显然,哲学信仰中生存解读密码的生存性行为与传统存在论有分别,也就是说在雅氏这里,生存在密码中把握存在的方式并不同于传统存在论对存在的

---

[1] Karl Jaspers, *Philosophy* (Vol. 3), trans., by E. B. Ashton, Chicago: The University of Chicago Press, 1969–1971, p. 134.

认识方式。

　　雅斯贝尔斯也把传统的存在论与他哲学信仰解读密码的方式当作两种截然不同的把握存在的方式，虽然如此，但他并没有把两者绝对对立起来，而是认为，存在论把握存在的方式应该被解读密码的方式代替，存在论的方式与存在论自身都应该成为生存对存在自身把握的一种密码。之所以如此，是因为一方面，与解读密码相比，存在论本身有缺陷；另一方面，存在论在一定意义上体现了生存把握存在的一种可能性。在对照中，雅氏对传统存在论进行了批评。首先，对雅氏来说，存在论是关于存在的学说，是对存在进行的一种知识性的把握。几千年来，人们在思维中形成的认为存在是确定的、可以被认知的看法，一直贯穿在哲学发展中，可以说，几千年来，哲学中存在的基本倾向就是存在论式的。然而，同样是几千年的哲学发展告诉人们，存在自身是绝不可能被直接把握、被客观认知的，存在自身也不是一个确定的、有待人们研究的对象。那些被固定在范畴中的，通过逻辑的形式思考出来的存在并不是存在自身，而是有关存在的知识、体系。所以，对存在的把握绝不能局限于确定的知识、局限于客观的范畴中，而是有赖于人们在解读密码中的无限沉思。其次，正如雅氏所说："存在论是把存在固定化为存在的知识的方式，而解读密码是在悬置中对存在的体验。"[①] 传统存在论除了知识性以外，最重要的一个缺陷还体现在，当人们思维存在自身时，总是遗忘了自我存在。存在论对存在的探寻，并不是基于自我存在的生存性处境，并不是在深入自我存在的内在行为中体验存在的，而解读密码离不开生存自身的参与、体验，无论生存通过哪种密码语言方式理解超越，都离不开自我的生存性运动与沉思。虽然康德在自己的哲学中强调了主体性自我的意义，但是作为自我存在的主体最终无法与存在自身沟通，

[①] Karl Jaspers, *Philosophy* (Vol. 3), trans., by E. B. Ashton, Chicago: The University of Chicago Press, 1969–1971, p. 142.

雅氏甚至认为，康德意义上的物自体也只是基于它自身的孤立存在，最终也只是认知的对象。在某种程度上，康德物自体在雅氏这里最终具有密码的意义，也只能成为人们把握存在的语言，而非存在自身。最后，传统存在论缺失生存之间的沟通，限制了生存的自由，否定了它的可能性。存在论"通过绝对化一个假定的它者的根源来迷惑我们。它使我们束缚在一个客观化的存在中，并抽离我们的自由。它使沟通瘫痪，就好像我只能通过我自己获得我的存在的意义；它使我们无视真正真实的可能性，阻止我们解读密码，并使我们丧失超越"[1]。在密码解读中，人的自由、人的可能性、人的沟通、人对存在的把握等等，都是属于人在阅读中的亲身行为，都离不开人对密码语言的沉思。

纵使如此，雅氏也不完全否弃传统存在论，而是将其作为哲学信仰的思想资源，他认为，存在论是人们无法避开的把握存在的方式，因为它限制生存的自由的同时，也表达了生存对存在把握的一种可能，体现了生存在认知上的意义，生存也将突破自身在存在论中的局限。我们也就清楚，雅氏哲学信仰对真正的存在的追问，基于生存性自我存在及其在自身的超越行为中对密码的阅读，而不是基于被客观化了的、与自我存在无关的存在论知识；对哲学信仰来说，存在论应该历史地成为密码，成为个体性生存把握存在自身、实现自我存在的密码。

四　生存、密码、超越：密码思想的意义

超越虽然是隐匿的，但隐匿并不意味着就会消失，凡是有密码的地方就会有超越的显现，密码的存在证明了超越的绝对存在，换言之，密码是超越得以显现的唯一的形式，正是在这层意义上，雅斯贝尔斯才说：

---

[1] Karl Jaspers, *Philosophy* (Vol. 3), trans., by E. B. Ashton, Chicago: The University of Chicago Press, 1969–1971, p. 141.

"一切东西都必须能够成为密码；如果没有密码，也将没有超越。"[①] 而密码的存在亦表明了超越的非确定性、非对象性，并避免了把超越知识化的倾向。因此，哲学信仰中，生存对超越的确信属于不可论证的范围，任何企图在密码解读中寻找确定的、有关超越的知识的努力，都将是徒劳的。在雅氏的密码思想中，生存是作为密码解读活动中的积极要素被强调的，也就是说，如果密码要成为现实的，就必须有赖于生存的行为，只有生存自己行动起来，密码才能成为真实的超越的声音，超越才会对生存成为可理解的。密码解读中的生存性行为，使生存性存在与超越性存在彼此实现了沟通。由于超越并不属于存在论的知识范畴，不可被逻辑地证明，本质上，超越之存在表达了生存的超越行为，正如生存在边缘处境、在其他地方所表现出来的自身的超越性一样，超越行为始终体现了生存的可能性与自由，体现了生存在自我存在之形成中的抉择能力。在解读密码中，生存也实践着自身的超越性，因为只有在超越活动中，它才可能遭遇超越。生存的超越行为体现了生存对超越之存在的确信；反之，只有通过对超越的确信，生存才可能获得对自身超越性的确信。可见，解读密码是生存对超越进行确信的活动，在这个过程中，生存实现自身的超越。

密码思想中，雅氏将生存、密码、超越统一了起来。在整个哲学活动中，生存、密码、超越，三者互相影响，互相作用，谁也离不开谁。如果没有密码就没有超越，密码使超越对生存成为可理解的；如果没有密码也就没有生存，密码是使生存成为真正的自我存在的存在；如果没有超越就没有密码，密码是超越在世界中的言说；如果没有生存也就没有密码，生存的阅读行为使密码成为现实的。在这三者之间，可以看出，密码的作用表现得更为积极，一方面，它是连接生存与超越的中介，在

---

① Karl Jaspers, *Philosophy* (Vol. 3), trans., by E. B. Ashton, Chicago: The University of Chicago Press, 1969–1971, p. 180.

密码解读中具有沟通两者的作用；另一方面，在一定意义上，密码就是生存与超越之间的张力的体现。这种张力，也是雅氏一贯主张的，是必需的。正如前文提到的，生存如果直接面对超越，它将会丧失自我存在，它或者会把自己独立为人格神，认为自己就是绝对的存在，或者认为自己是虚无，只有在张力中，超越才使生存成为真正的自我存在。因此，对雅氏来说，如果既要保持真正的自我，又不亵渎超越的神圣性，生存就只能在解读密码中与超越保持距离，保持张力，密码的张力作用，保证了生存与超越之间的无限的运动，在密码中，超越似乎远离生存，又似乎就在生存面前。

综上所述，在密码领域，生存主要通过阅读超越显现的密码与超越相关涉，而超越也在生存的阅读行为中显现自身。至于超越的密码，雅氏赋予它绝对的客观性，亦即密码在生存性意识中就是绝对的客体，这一点并不与他所认为的密码既不具有客观性，也不具有主观性的看法相冲突，密码的绝对客观性是在现实的意义上、是相对于存在之有效性而言的，它使生存能够确信真正的自我与存在自身的现实，同时，生存最终要超越密码的绝对客观性，因为当客观性消失的时候，也正是生存得以透析自己、透析存在自身的时候。

小 结

在《哲学》三卷本中，雅斯贝尔斯称超越为"存在自身"，也是他在第三卷讨论的主题，当雅氏在《理性与生存》中首次公开提出并发展了大全观念后，便称大全为存在自身，而使超越成为大全存在的样态之一。从超越到大全，其间自有雅氏思想发展的逻辑必然。仅就雅氏思想中的超越来说，目前学界相关的研究与理解有失偏颇，很多人对雅氏哲学信仰不重视，多少与不重视或者误解其超越观念有关，人们只是把超越当作大全的样态之一简单介绍，并未意识到作为存在的超越的重要性，或者，很多人把大全当作超越，误认为超越就是大全。

区别于传统哲学，在雅斯贝尔斯这里，超越既不同于经验实在，又不在与人自身无关的彼岸世界，因此，既不能把超越当作被物化了的对象，也不能把它当作不可知的力量而加以神秘化。雅氏有一段话："超越的现实既不是经验存在，就像是被物化了的超越，亦不是超越中的另一个世界，它的经验有赖于内在存在的突破，在生存与存在遭遇的历史时刻的突破。超越既不在这个世界，亦不在另一个世界。它就在边缘处境中——当我真正的是我自己我才面对超越时的处境。"[①] 此段话概括了超越在雅氏这里的具体所指，而且，超越的发生就在生存所面临的边缘处境中，这就把生存对超越的重要性提了出来。实际上，生存与超越是雅氏思想中一对重要的范畴，尤其是两者的关系，对雅氏确立哲学信仰至关重要。我们只能从超越与生存的关系中理解超越，而不是像以往一般将两者割裂开，尤其在雅氏的哲学信仰这一主题中，超越并不是一个孤立的存在，当雅氏论及超越时，总是把它和生存相关涉。如果把生存与超越相分隔，那么生存就会成为没有生命力、没有信仰的孤独个体，甚或会自我膨胀而最终沦入虚幻；而超越也会成为与人无关的纯粹对象，变得空洞贫乏而不可知。从这一点来看，超越亦不同于传统哲学的"存在"观念。在雅氏的观念中，传统哲学的"存在"总是外在于人的、与人无关的客体，而他的超越并不具有作为对象的确定性，而仅仅为个体性生存才具有真实意义。就大全视域而言，超越和生存只是大全其中的不同样态，它们共同在大全视域中活动。

对于超越，雅斯贝尔斯承认这一观念最初来源于传统哲学观念中的

---

① Karl Jaspers, *Philosophy* (Vol. 3), trans., by E. B. Ashton, Chicago: The University of Chicago Press, 1969－1971, p. 13.

"上帝"观念①,但又绝对不同,随后雅氏便发展了这一观念。实际上,我们从中也可以看到克尔凯戈尔与尼采的思想对雅氏的影响。两人从一开始的哲学活动到最后变成"非哲学性"的哲学行为,使雅氏看到了他们对不同的信仰的追求:克尔凯戈尔向上帝飞跃,尼采以超人展现出永恒轮回。② 当两个人对世界进行无限的弃绝而追求遥远的、至上的飞跃时,雅氏看到了哲学的意义,对他们来说,虽然"超越"所指具体内容不同:克尔凯戈尔对上帝,尼采对超人,但意义却是相同的:两人在无限的反思中试图超越有限,在无限中寻求并确立某种信念。在克尔凯戈尔与尼采的生存处境中,雅氏发现了超越在哲学中所具有的深刻意旨,他从两人那里获得了超越的现代品性,并把超越与个体性生存紧密联系起来,以此提出他自己对哲学意义的理解,即个体性生存在无限的超越性诉求中确立自己对超越的信仰。当然,对于上帝之殉道的启示信仰(如克氏)与颠覆上帝之存在的无神论信仰(如尼采)③,雅氏是有所批判的,他的这个"超越"并不同于启示信仰中的上帝,也不是无神论所设定的非神性的东西。直接而言,雅氏所谓的超越,是生存为之的哲学信仰的表达。

---

① Karl Jaspers, *Philosophy* (Vol. 1), trans., by E. B. Ashton, Chicago: The University of Chicago Press, 1969 – 1971, p. 11.
② Karl Jaspers, *Reason and Existenz: Five Lectures*, trans., by William Earle, Routledge & Kegan Paul London, 1956, p. 36.
③ Karl Jaspers, *Reason and Existenz: Five Lectures*, trans., by William Earle, Routledge & Kegan Paul London, 1956, p. 52.

第五章

哲学信仰的性质——理性

在《哲学》中，雅斯贝尔斯如是说："信仰是爱的明晰的、有意识的存在之确定性。"① 雅氏认为信仰即是对存在之确信，诚如孔子对仁之践行，老子对道之体悟，柏拉图对相之思辨，康德对物自体之态度，等等，对雅氏来说，都属于哲学家对"存在"之确信，无不反映了人类在哲学思想中的理想追求。按照雅氏的思想，无论是在东方还是在西方，思想家对至上存在的追问总是属于个体性生存的自由行为。虽然东西方思想家所追问的具体"存在"及其对存在的表达方式、追求方式各不相同，但就人类对至上存在之信念，对至上存在之超越意识与超越行为而言，东西方思想家则是同等的，并不存在孰优孰劣之分，也并不存在哪个合法哪个不合法的问题。对至上存在的超越意识，对至上存在无限坚定的信念，体现了不同的思想家对人类神圣使命与终极关怀的共同承担。

然而，正是由于哲学家总是不断地对存在自身进行超越性的追问，正是由于哲学的形而上特点，人们往往据此认为哲学思想中蕴含着神学传统，或者寄予了哲学家的宗教情感。当然，这种看法符合人类的习惯，谈到信仰，人们总是把它局限在宗教领域。雅斯贝尔斯并不否认哲学家在自己的思想中所表达的类似于宗教的情感，这是人类思想的情感归属，

---

① Karl Jaspers, *Philosophy* (Vol. 2), trans., by E. B. Ashton, Chicago: The University of Chicago Press, 1969–1971, p. 243.

但宗教信仰与哲学中所表达的对至上存在的确信，在雅氏看来却有根本的不同，或者说，人们所以为的哲学中的"宗教"情感并不属于宗教，而是属于哲学本有的品性，哲学中对至上存在的确信属于哲学信仰，哲学信仰是理性的信仰。

第一节 宗教还是哲学？

雅斯贝尔斯谈到他在讲课时曾经遇到的情况："一天我确实认识到这样的事实，即我是在谈论神学声称为属于它自己的东西。在一个学期的形而上学课教程（1927-1928）结束以后，一位天主教神父来向我表示他作为我的听讲者之一对我的谢意，并表示他与我意见一致：'我只想提出一点异议，你所讲演的大部分内容，依照我们的观点来看，就是神学。'这位聪明、给我留下深刻印象的青年的话使我吃了一惊。很明显：我看作非神学而在讨论着的东西在别人看来就是神学，但我是在进行哲理探索。"① 雅氏的这种遭遇也正是西方哲学与神学时常的遭遇，从其实质上来说，这些遭遇与西方形而上学的神学性质不无关系。"西方哲学自产生起就和神的观念密不可分，哲学家们几乎都在自己的体系中为神留下了位置。"② 亚里士多德称万物之第一因即不动的动者为神，他的形而上学最终走向了神学，虽然亚里士多德的神是理性与至善的统一，并不是基督教等宗教思想中的"上帝"概念，但这一思维与说法却影响到哲学在后世的发展，尤其在中世纪，亚里士多德的理性神被基督教神学所发挥。这里的问题是：西方哲学为什么带有神学性质？从而在别人眼里看来是神学的东西在雅斯贝尔斯这里却是哲学思考？这是因西方哲学本性使然，还是因为历史性原因造就了宗教、科学与哲学的纠缠？根本原

---

① ［德］卡尔·雅斯贝斯：《雅斯贝斯哲学自传》，王立权译，第95页。
② 黄颂杰、章雪富：《古希腊哲学》，第375页。

因在于西方哲学自身的发展特点。就亚里士多德本人来说,"亚氏的本体论和神学并不矛盾,可以说,按照他的思路进行本体论探求,必然导致神论"①。西方哲学所追求的存在、对存在的论证方式等,无不必然导致其带有神学性质,海德格尔将这种现象称为形而上学的基本特征,"……我们便将处处都发现,上帝进入哲学中了。……上帝之所以能够进入哲学之中,就只是因为哲学自发地——按照其本质——要求上帝进入它之中,并规定着上帝如何进入它之中"②。"形而上学必须从上帝出发来思考,因为思想的事情乃是存在,而存在以多重方式现身为根据,作为逻各斯,作为基础,作为实体,作为主体。"③ 除了西方哲学本具神学性质外,雅斯贝尔斯有时候也明确地以"神""上帝"之类的概念诉说自己的哲学信仰思想,这让听者,那位"天主教神父",想当然地把他的思想当成神学思想。那么,当别人说其思想属于神学时,雅斯贝尔斯为什么"吃了一惊"?他为什么强调自己进行的是哲学探索?从雅氏的反应来看,他确信自己进行的是哲学思考,他也相信他所确立的是哲学信仰,这一点我们可以从雅氏的宗教信仰观及其对待宗教信仰与哲学信仰的关系来看。

对待宗教与哲学及其各自的信仰,雅斯贝尔斯是进行了明确区分的,这一点突出地表现在他将"哲学信仰"作为一个专门的主题进行讨论,而在雅氏之前,很少有哲学家如此,也很少有哲学家似雅氏那样旗帜鲜明地宣布有一种信仰就是哲学信仰的,正如他所说:"今天的哲学探讨意味着我们试图在一种不依赖于启示而形成的信仰中确证我们自身。"④ 如果不了解雅氏对宗教信仰与哲学信仰的区分,很大程度上就无法理解他

---

① 黄颂杰、章雪富:《古希腊哲学》,第 375 页。
② 转引自黄颂杰、章雪富《古希腊哲学》,第 383—384 页。
③ 转引自黄颂杰、章雪富《古希腊哲学》,第 384 页。
④ [德] 卡尔·雅斯贝斯:《时代的精神状况》,王德峰译,第 166 页。

的哲学信仰思想。在西方，因为浓厚的宗教背景，哲学家都与宗教信仰有着千丝万缕的关系，而哲学与宗教的关系，正如雅氏所说，几千年来，哲学与宗教时而相斥、时而联合。在20世纪30年代，雅斯贝尔斯写作《哲学》和《时代的精神状况》以及《生存哲学》时还没有对这两者进行明确区分，随着思想发展的深入，以及人们对他的思想或多或少的误解，只是在《哲学信仰：客座讲座》中，宗教与哲学、宗教信仰与哲学信仰的关系才成为雅氏考虑的重要问题。在《哲学信仰：客座讲座》这本书中，他通过回顾哲学与宗教的关系史，在比较两者的情况下，重新界定了信仰的含义，对哲学信仰的内容、性质进行了深入阐述。

一　雅斯贝尔斯的信仰观

就雅斯贝尔斯的个人生活经验而言，一方面因传统宗教力量在自己生活周围形成的无形浸润；另一方面又因家庭环境的影响，他对宗教的感觉与认识经历了一个比较复杂的过程，对宗教有着特殊的态度。就前者来说，雅氏并不否认自己也受到了无形的感染，而且认为，一个人无论如何也无法消除宗教的传统力量，因为它"无处不在"；就家庭环境来说，雅斯贝尔斯的父亲在70岁时脱离了教会，他的父母对教会的否定以及对宗教信仰的怀疑更是深刻地影响了他，在早年的很长时间，雅氏对宗教、神学都不感兴趣，不能不说与此有关。这样的生活经验使他对宗教不是彻底地批判，而是承认宗教的力量与社会功能，但也绝不参与其中，因为他所要努力的是为哲学之真理与信仰而奋斗，诚如他所说："我并不采取启蒙主义者那样的立场来否定教会和神学，而是要成为上述那种伟大而独立的真理的仆人。"[1] 他所说的"伟大而独立的真理"即哲学真理，他要成为哲学真理与信仰的仆人。

---

[1] ［德］卡尔·雅斯贝斯：《雅斯贝斯哲学自传》，王立权译，第96页。

仅凭雅斯贝尔斯的生活经验，我们只能大致了解他本人的信仰观。对于自己究竟持什么样的信仰，雅氏的态度很明确，他说他"始终没有——因此永远无需消除——任何特殊的对教会公开宣布的信仰"，而"只是在很久以后我才完全具有哲学信仰的意识"。① 实际上，雅氏本人对宗教的感情是复杂的，他说自己"始终没有任何特殊的对教会公开宣布的信仰"，但其生前助手和传记作者却说雅斯贝尔斯"接受了新教洗礼和坚信礼，而且他一生都交付教会税"。② 当然，如萨内尔所认为的，雅斯贝尔斯是出于习俗的目的，但雅氏却说："是否在晚年……我才变成了虔诚的、神秘的、笃信宗教的，我不敢肯定。人们同样可以说：变成了讲究实际的、开朗的、有经验的。"③ 雅斯贝尔斯对个体宗教的认同，使他无法清晰地认识自己情感中上帝信仰与哲学信仰实际上存在的纠葛。另外，上帝信仰是否在晚年使他内心有所改变，对他则是不甚明朗的。即便如此，雅氏个人情感上所认同的仍然是没有任何教会力量、任何神职人员的宗教信仰，因为他始终希望保持个人在精神上的独立性与自由。不可否认，雅氏对宗教的个人感情在其一生中是有所改变的，而这种改变又是那样的不确定，这种态度或多或少地影响了他在哲学思想中对待宗教及其"上帝"的态度。

随着雅斯贝尔斯思想的发展，宗教与哲学有什么样的关系，以及如何清晰地区分两者，就成为不可避免的问题。

二 宗教和哲学、宗教信仰和哲学信仰的关系

雅斯贝尔斯所做的就是对宗教和哲学进行界定和划分，并在此基础

---

① [德] 卡尔·雅斯贝斯：《雅斯贝斯哲学自传》，王立权译，第96页。
② [德] 汉斯·萨内尔：《雅斯贝尔斯》，程志民等译，中国社会科学出版社1992年版，第211页。
③ [德] 汉斯·萨内尔：《雅斯贝尔斯》，程志民等译，第212页。

上对宗教信仰和哲学信仰进行区分。值得一提的是，无论是对宗教还是对哲学，雅氏都主张立足于根源，试图从它们的原初状态出发发现彼此的本质，对他来说，只有认识了宗教的原初状态，才能恰当地把握哲学与宗教之间的关系。

以下我们从四个方面进行分疏：

首先，雅斯贝尔斯对个体宗教和教会宗教做出了区分。雅氏认为西方的宗教背景主要是圣经宗教，他追根溯源，通过考察圣经宗教的原初状态和整个历史，指出《圣经》中所包含的两种具有张力作用的宗教：个体宗教和教会宗教。所谓个体宗教主要指的是先知宗教，即没有任何的机构干涉和外在力量的强迫，而是个人坚持的、自由的、开放的信仰，是个体自身对上帝的直接体验，雅氏认为这种对上帝的直接信仰具有生存性，属于个体自由的行为，在《大哲学家》一书中，他正是在这种意义上把耶稣和柏拉图等哲学家放在一起进行讨论的。对于教会宗教，雅氏则是持批评态度，在他看来，圣经宗教中的国家宗教、律法宗教、救世主特定的宗教以及僧侣宗教都属于广义上的教会宗教，对于它们应当予以抛弃，因为它们影响并干涉了个人信仰的自由。从这个方面看，雅氏对个体宗教和教会宗教的区分是有意义的。

其次，雅斯贝尔斯指出哲学和宗教存在不同，它们各自具有属于自身的特点。宗教有礼拜、仪式、教会、神职人员和其他一些社会共同体，而哲学却从来没有这些东西，哲学的特点在于："每个人都与他自己有关；并没有类似牧师那样的人的引导；它的学说能引起冲动，但不提供确实的东西；并无圣书，只有在西方、在印度和中国的几千年的伟大哲学传统。"[1] 哲学始终关注的是实实在在的个体，每个人都可以使哲学完全成为自己的，每个人都因生存、因自己独一无二的生存而确信。因此，

---

[1] ［德］卡尔·雅斯贝斯：《雅斯贝斯哲学自传》，王立权译，第100页。

在哲学世界中并没有什么裁判所，也没有异教徒之说，每个人都是自由的，而哲学也是每个人自由创造的结果，按照雅氏的说法，"哲学是个体自由的产物，并非社会性确定的条件所致，而且哲学并不实行集体制裁"①。另外，宗教试图借助客观力量实现自身，具有一定的客观性，而哲学则具有主观性，"宗教有意在有形的符号中体现它的真理，而哲学只是努力获得有效的主观确信"②。可以看出，雅氏所说的哲学和宗教的不同，实际上主要是哲学和教会宗教之间的不同。对于个体宗教，雅氏把它纳入到了他的哲学信仰思想中。

再次，雅氏承认哲学和宗教又有关联，哲学离不开宗教这一背景，哲学信仰的确立离不开对宗教真理的思考。在雅氏看来，西方的传统使自己不可能完全无视《圣经》及其圣经宗教的存在。众所周知，一直以来的西方历史表明，它的哲学并未真正离开过它的宗教，而且，一个人也不可能完全脱离自己生活的传统文化背景，《圣经》以及圣经宗教早已以有形或无形的方式渗透到西方每个人的生活中，纵使哲学家或有对宗教进行严厉批评的，也都是在一定的宗教背景下进行哲学思考的，像我们熟知的笛卡尔、康德等思想家，诚如雅氏所说："西方哲学无法向自己隐瞒这样的事实，即它的伟大哲学家，一直到包括尼采在内，没有一个不是带着彻底的《圣经》知识而着手探讨哲学思想的。"③

在西方，既然哲学与宗教有如此密切的关系，那么对雅氏来说，哲学信仰的确立就离不开对圣经宗教原理的理解，雅斯贝尔斯在这方面进行了很多思考，他总结出圣经宗教真理具有以下一些基本特点：

---

① Karl Jaspers, *The Perennial Scope of Philosophy*, trans., by Ralph Manheim, New York: Philosophical Library, 1949, p. 78.
② Karl Jaspers, *The Perennial Scope of Philosophy*, trans., by Ralph Manheim, New York: Philosophical Library, 1949, p. 78.
③ Karl Jaspers, *The Perennial Scope of Philosophy*, trans., by Ralph Manheim, New York: Philosophical Library, 1949, p. 112.

第五章 哲学信仰的性质——理性

一神观念；

对有限的人心中善恶之决断的绝对本性的认识；

作为内在于人的永恒事物根本实现的爱；

行动——内在的和永恒的——作为人的检验；

道德世界秩序的典范，它们始终是历史地绝对，尽管它们的表现没有一个是绝对的或者排他的；

被创造的世界的不完备性，并不维持自身的事实，对临界状况的所有命令形式的不适性，极限体验；

上帝是最终而唯一的庇护的观念。[1]

在雅氏看来，这些特点一定程度上只是概括了圣经宗教的真理，圣经宗教还包含有其他丰富的内容。雅氏在理解、把握圣经宗教思想时始终运用的是哲学信仰的思维——对于哲学信仰的思维特点，我们已在前文讨论——体现出雅氏谦虚的态度与对真理之无止境追求的精神，诚如他的哲学信仰中生存对大全的无限追问，同样对于圣经宗教的真理，雅氏认为，一个非宗教信仰的人无论如何是不可能完全接近的，更何况他自己终生未亲自深入任何宗教领域内。即便如此，我们认为，雅斯贝尔斯对圣经宗教本质的认识还是比较深刻的。雅氏将圣经宗教的这些特点吸收、包容进他的思考中，也就是说，圣经宗教的某些真理构成了雅氏哲学信仰的一些基本原理，在他有关哲学信仰的内容中，我们将看到，在基本原理方面，哲学信仰与宗教信仰的确有很多类似性，两者都包括了上帝、世界、人等内容，其中，也都出现了"爱"和"临界体验"的观念。或许有人存在疑问：雅斯贝尔斯究竟是以哲学信仰观为基础解释并得出宗教真理的这些特点，还是宗教原理在他形成哲学信仰的内容时

---

[1] Karl Jaspers, *The Perennial Scope of Philosophy*, trans., by Ralph Manheim, New York: Philosophical Library, 1949, pp. 107 – 108.

起了一定的作用、发挥了重要的影响？这一点似乎连雅氏本人也很难说清。作者认为，在很大程度上，雅斯贝尔斯是以自己的哲学信仰观来解释《圣经》和圣经宗教的，正如他在解释中所运用的独特的哲学信仰思维，当然，哲学与宗教在源初意义上千丝万缕的关系对雅氏的态度也有一定的影响，不过，使雅氏足以确信的是，他以此确立的哲学信仰在他看来并不是哲学式的宗教信仰，也不是宗教式的哲学信仰，或者不是把神学变成了哲学，也不是把哲学变成了神学，而是属于一切哲学的信仰，是没有任何教会派别、没有神职人员、没有教条的、开放而自由的信仰。

最后，宗教和哲学、宗教信仰和哲学信仰在某些方面可以实现沟通。虽然哲学和宗教各自具有不同的特点，但对雅斯贝尔斯来说，在它们的原理和内容中存在很多可沟通的地方，这也是雅氏的哲学信仰与宗教信仰在某些方面类似的原因，雅氏认为哲学和宗教在神的观念、祈祷、启示等方面可以进行沟通。

雅斯贝尔斯所说的神的观念，主要是指古希腊哲学与基督教《旧约》所涉及的一神论思想。就古希腊一神论与基督教《旧约》中一神论的关系来说，雅氏认为："在思想内容方面，古希腊一神论与基督教《旧约》的一神论应当一致，尽管它们在关于神的存在方式方面根本不同。此不同正是哲学与宗教之间的区分。从而也是神性与上帝之间的不同，——作为理性观念的超越与存在着的上帝之间的不同；哲学的'一'并非《圣经》的'一'。"① 希腊哲学中的一神论塑造了后世哲学的"存在"思想，在对神的界定以及在其概念、特点、观念、内容等方面，古希腊一神论对后世存在论具有奠基作用，从泰勒斯到克塞诺芬尼，再到巴门尼德，在不同的哲学家的不同思考与追问中，哲学家逐渐摆脱了神在早期希腊人观念中的宗教性，而赋予神以理性之本性，将神与存

---

① Karl Jaspers, *The Perennial Scope of Philosophy*, trans., by Ralph Manheim, New York: Philosophical Library, 1949, p. 80.

第五章 哲学信仰的性质——理性

在等同，存在即神，神即存在，如在柏拉图和亚里士多德那里。在雅斯贝尔斯看来，希腊哲学家对"神"（存在）的思考和追问形成了哲学的个体性和自由性特点，而《旧约》中一神论的形成则是通过对各个不同的教派进行反抗、斗争，最终确立了唯一的上帝，上帝成了基督教信仰中确定的存在与权威，换言之，基督教信仰中上帝存在着。对一神观念的态度所引发的差异，使哲学信仰和宗教信仰具有了实在区别，也构成了哲学和宗教进行对话的可能。根据雅氏的看法，不同于宗教信仰，哲学是对"一"的信仰，哲学的"一"虽具神性，却不是宗教意义上的上帝，而是"作为理性观念"的超越，它体现的是个体的理性行为，由个体内在而生发的确信，因而哲学信仰是在理性的明晰中的自我确信与自我存在之显现。宗教信仰是人对上帝的感情，因对象之启示而成就某种确信，除了权威造成的对象性外，在一定程度上宗教信仰带有或者会导致人的非理性行为。不过，哲学信仰和宗教信仰的不同并不会影响它们之间进行沟通，两者在"思想内容方面的一致性"，如神的观念、神的存在性、神的超越性等等，"希腊和《旧约》一神教共同支配了西方的上帝观念。它们互相解释"[①]。从而使哲学与宗教之间的沟通成为可能。

正如雅斯贝尔斯认为宗教信仰具有非理性的特点，或许有人认为雅氏的哲学信仰也具有非理性，像人们对存在主义思想的界定一样，无论存在主义者是将本身的非理性行为付诸哲学思想，还是他们强调人之非理性一面，人们都认为非理性是存在主义思想的主要特点。在人们眼里，雅斯贝尔斯当然也属于此范围。然而对雅氏本人来说，"信仰绝不意味着非理性"[②]。他的哲学信仰思想也绝不是非理性的，正如他一直坚持的自

[①] Karl Jaspers, *The Perennial Scope of Philosophy*, trans., by Ralph Manheim, New York: Philosophical Library, 1949, p. 81.

[②] Karl Jaspers, *The Perennial Scope of Philosophy*, trans., by Ralph Manheim, New York: Philosophical Library, 1949, p. 6.

己并不属于存在主义这一派别,而且我们发现,在雅氏的很多著作中,他都不同程度地批评了非理性,列举了非理性的种种弊端,他说:"根本而言,非理性仅仅是否定;我们的信仰不能陷于反理性与混乱的黑暗中。"[①] 为了避免哲学信仰陷入非理性所导致的后果,雅氏坚决反对非理性。即便如此,我们仍然认为,雅斯贝尔斯对非理性的明确反对并不意味着他在他的哲学信仰思想中明确地不用非理性,雅氏的思想,尤其是他的哲学信仰思想又与非理性有着千丝万缕的关系,其中一个主要的表现在于,虽然雅氏对非理性有所批评,但他又以广泛的视野包容了非理性,将其作为哲学必不可少的要素与理性共同发挥作用,"生存"这一雅氏思想中的核心范畴,就具有非理性的特征。实际上,并不能将理性与非理性当作雅斯贝尔斯的哲学信仰与宗教信仰的本质区别,尤其是他对于哲学信仰之追求,其本身并不是断然地在理性与非理性之间做出的非此即彼的选择。

雅斯贝尔斯认为宗教中的祈祷始终是个体的行为,是个体"生存性地显现",在他看来,"只有当祈祷真正地是个人的,是根本的时候,它才处在哲学的边缘,而且,只有在摆脱掉它与神性的任何实用联系,或者消除掉为了实际目的而去影响神性的任何渴望的时候,它才成为哲学"[②]。雅氏对宗教祈祷的这个看法建立在他对个体宗教与教会宗教区分的基础上,个体宗教属于个体自由的信仰行为,个体宗教突出了宗教思想中的个体性,宗教中祈祷的个体性行为也成为雅氏沟通宗教和哲学的重要方面:祈祷脱离宗教之实用性与实际目的性而成为哲学中的独自沉思。

[①] Karl Jaspers, *The Perennial Scope of Philosophy*, trans., by Ralph Manheim, New York: Philosophical Library, 1949, p. 6.

[②] Karl Jaspers, *The Perennial Scope of Philosophy*, trans., by Ralph Manheim, New York: Philosophical Library, 1949, p. 82.

雅斯贝尔斯对启示信仰思想很重视，认为宗教最初就是以启示为基础的，他在著作中也多次提到并专门著书立说分析启示信仰思想，当然，大都是在比较的意义上，把启示信仰作为哲学信仰的必要参照与对比来说的，对他来说，启示信仰虽然有很多问题，是批评的对象，但亦有很多与哲学信仰相互沟通的地方，其中，"启示中因为人而关涉人的那一部分成为哲学的内容，而且就这一点而论，如果没有启示，它也是有效的"①。雅氏实际上是把"因为人而关涉人"的问题引发到哲学和宗教的关联中，哲学信仰应当吸收启示中"因为人而关涉人"的内容，而且，"因为人而关涉人"更应当成为哲学信仰的思想主题。不过，在雅氏哲学信仰中，"因为人而关涉人"的问题，发展为生存之为生存的可能性问题，当然，后者并不同于并独立于前者。

对于哲学信仰与宗教信仰，雅斯贝尔斯的态度是明确的，一方面，他认为哲学信仰与宗教信仰是两种不同类型、不同性质的信仰，它们彼此虽有影响、纠缠，却不能互相代替；另一方面，雅氏又强调圣经宗教的内容对哲学的基础性、方向性、源泉性作用和意义，"圣经和圣经宗教是我们哲学的一个基础，一个持久的方向和一个不可替代的内容的源泉"②。他也承认，对圣经的研究已经成为西方每一个哲学家、西方所有哲学的基础之一③，雅氏的思想中也涉及很多宗教方面的内容。

三 客观评价雅斯贝尔斯哲学思想中的神学性质

雅斯贝尔斯在哲学信仰与宗教信仰之间所做的明确分判，并不代

---

① Karl Jaspers, *The Perennial Scope of Philosophy*, trans., by Ralph Manheim, New York: Philosophical Library, 1949, pp. 83 – 84.
② Karl Jaspers, *The Perennial Scope of Philosophy*, trans., by Ralph Manheim, New York: Philosophical Library, 1949, p. 97.
③ Karl Jaspers, *The Perennial Scope of Philosophy*, trans., by Ralph Manheim, New York: Philosophical Library, 1949, p. 38.

表他的思想，尤其是哲学信仰思想不会引起别人的误解，而这个误解很多时候正是来自他在哲学思想中频繁使用的"神"或"上帝"观念，人们认为他的哲学思想具有"神学"性质，最明显的表现在于，人们将雅斯贝尔斯与克尔凯戈尔一同划为有神论存在主义的代表，另一个表现在于，雅斯贝尔斯的哲学信仰思想被很多学者放在宗教语境下解读。如果说雅氏哲学具有"神学性质"或者存在"宗教问题"，那么，我们如何客观地看待雅氏哲学思想中的神学性质或者宗教问题？人们把他的思想归为有神论存在主义，他的思想是否真的坚持神的存在？如果是，那么这个"神"究竟指的是什么？我们首先需要澄清雅氏哲学中所提到的"神"或者"上帝"究竟所指为何，接着需要说明他为什么频繁地提到"神"或者"上帝""上帝存在"等观念，如此方可理解雅斯贝尔斯哲学思想中的神学性质或者宗教问题，而且，客观地看待雅氏哲学思想中的神学或者宗教问题有利于我们把握他的哲学信仰思想。

无论是因为宗教传统的力量，还是因为他的家庭生活的影响，雅斯贝尔斯承认宗教神的存在，这一点毋庸讳言。在哲学信仰思想中，雅氏说神的存在，也说神性，但这个"神"并不同于一般意义上所说的"人格神"，而是存在，它更多地相当于亚里士多德意义上的神，即理性神。例如，雅氏常把具有存在意义的"超越"称为具有神性的存在，称为"一"，或者有时直接称之为"神"，这是他表达哲学中超越性存在的一种用法。除了"超越"这个观念，雅斯贝尔斯认为哲学最终的意义、个体最终的行为实现并不在于某个人格神，也不是因为宗教意义中的上帝，不构成权威，而是存在自身，他把这个存在自身称为"大全"。当雅氏在阐述他的哲学信仰思想时，超越、大全、"一"、神本质内涵是一致的，都属于哲学形而上范畴，具有超越性、理性之特点，它们并不是某个确定的对象性存在，而是具有内在而统一性的存在——个体由内在而统一于大全，也可以说，个体因超越、大全而实现自身的内在统一。出于对时代境况中人类生存意识之关切，雅斯贝尔斯赋予超越、大全、"一"、神以生存性内涵，使其具有了个体存在的生存性确信意义，也构成了其与传统存在论之不同。

在哲学思想中，尤其涉及哲学信仰这一主题内容时，雅斯贝尔斯也经常使用"神""上帝""上帝存在"这些概念。雅氏使用上帝存在等宗教的观念、内容，不是为了建构宗教思想，也不是为了宗教原因而论证上帝存在，诚如他所说，论证上帝存在这样的证明是不可能的，他主要是出于哲学的意图，将宗教的观念、内容作为哲学之陈述、之命题。即使对于上帝存在之证明，雅氏认为，哲学家也是在对宗教进行反思，形成的是哲学之沉思，换言之，哲学家讨论宗教问题时已经进入了哲学思考，哲学中的上帝观念、宗教内容，对他来说，并不能影响、动摇哲学，尤其是动摇他的哲学信仰更为深刻的真理。在哲学信仰中，圣经宗教的一些真理构成了雅氏哲学信仰真理的基本原理，他也把"上帝存在"作为哲学信仰的一个重要内容、命题，有时候说宗教的上帝也是"超越"，但这并不意味着，上帝学说及其上帝存在是雅斯贝尔斯构建哲学信仰的前提和全部。

对于哲学家所思考的存在，雅斯贝尔斯有时又以"上帝"称之，将"上帝"同时用在哲学和宗教领域，如他所指称的"哲学的上帝"和"宗教的上帝"，"对于宗教来说，哲学家的上帝看起来似乎陈腐、苍白无力、空洞；宗教以轻蔑的口吻称哲学的精神状态为'自然神论'；对于哲学来说，宗教的有形符号似乎就是具有欺骗性的面纱和令人误解的简化。——宗教公开将哲学的上帝指责为纯粹的抽象概念，哲学将宗教的上帝形象怀疑为诱人的、就像它们可能是的崇高的偶像"[①]。在这一段

[①] Karl Jaspers, *The Perennial Scope of Philosophy*, trans., by Ralph Manheim, New York: Philosophical Library, 1949, pp. 78–79.

话中，宗教眼里的哲学之上帝与哲学眼里的宗教之上帝或许不同，但雅氏以"上帝"这个指称陈说这种现象时，"上帝"在这里的基本意义是相同的，也就是说，无论是哲学之上帝还是宗教之上帝，或者哲学之神性还是宗教之神性，对他来说都具有超越性意义与存在性意义。众所周知，克尔凯戈尔属于神学思想家，克氏的思想，尤其他个人的宗教行为一定程度上影响、启发了雅斯贝尔斯，在哲学信仰思想的建构中，在哲学与宗教关系的分判中，克尔凯戈尔对雅氏的影响都非常大。克尔凯戈尔本人就否定具有一系列礼拜仪式、教会组织、神职人员等的机构宗教，克氏毕生的努力在于以个体之人的方式向上帝飞跃。当克尔凯戈尔以自己的真实生存表达一种思想时，即个体以无限弃绝的方式朝向上帝，雅氏看到了一种行为的自由与绝对，他赞同的是"通过个人坚持的祈祷者的自由宗教"①。在这个意义上，哲学的神和宗教的神、存在与上帝，正如雅氏所说"这是一回事"，"我们在哲学努力中不朽的任务是，通过意识到存在而成为真正的人；——或者，这是一回事：通过获得对神的确信而成为我们自己"。② 虽然存在的具体方式不同，但问题的关键在于"成为我们自己"和"成为真正的人"。那么，克尔凯戈尔本身的行为究竟属于宗教意义的还是哲学意义的？哲学之存在与宗教之上帝虽然是一回事，但于雅斯贝尔斯来说，克氏的行为属于一种生存性的自由的哲学信仰，在雅氏的哲学信仰思想中，克尔凯戈尔就是那个"个体性生存"，对于克尔凯戈尔行为中的宗教性做法，雅斯贝尔斯却持有保留态度，认为"尼采给我们奉献了他的强力意志思想，超人，永恒轮回，尽管他们无疑已经进入一些人的头脑，但也是无法接受的，正如我们可能称克尔

---

① Karl Jaspers, *The Perennial Scope of Philosophy*, trans., by Ralph Manheim, New York: Philosophical Library, 1949, p. 99.
② Karl Jaspers, *The Perennial Scope of Philosophy*, trans., by Ralph Manheim, New York: Philosophical Library, 1949, p. 166.

第五章　哲学信仰的性质——理性

凯戈尔极端的基督教所不可接受的一样"①。无论是尼采还是克尔凯戈尔，他们的行为都属于非理性的，尤其他们坚持的"存在"：尼采的"超人"，克尔凯戈尔朝向的"上帝"，在其意志主观构造中亦带有浓厚的非理性色彩，这一点却是雅斯贝尔斯否定的。雅斯贝尔斯始终宣扬理性，坚持存在的理性特点，当他把握宗教之上帝时，也一直贯穿着这种审慎态度。如此，我们就可以理解战后雅斯贝尔斯——作为国家之良心——的忏悔行为。

虽然雅斯贝尔斯有时也说"哲学的上帝"和"宗教的上帝"，但他又认为哲学意义上的存在才是真正的存在自身，尤其是当他处理哲学和宗教的关系时，他对哲学信仰中大全存在的强调，这一点也使雅斯贝尔斯与康德形成了不同。当康德为理论理性划定界限时，也就把信仰的地盘放在了实践领域，即，康德是在实践理性基础上讨论上帝存在的。上帝存在、灵魂不死和意志自由共同构成实现道德至善之必要条件，在康德哲学中，上帝存在是一个公设，他主张的是道德意义上的宗教信仰。与之不同的是，在雅斯贝尔斯哲学中，上帝存在并不是什么公设，不是实现哲学信仰的必要条件，信仰上帝也并不是哲学信仰的前提，上帝存在只是哲学信仰的命题之一。在一定意义上可以说，康德使宗教成为哲学的条件，哲学和宗教在康德这里形成了某种张力，而雅斯贝尔斯却努力在学理上区分两者，强调哲学信仰的绝对独立性。在雅斯贝尔斯哲学信仰思想中，哲学信仰扎根于大全视域，最终的一切都归于大全的统摄之中，大全是真正的、真实的存在。

雅斯贝尔斯哲学是否具有神学性质？或者，他的思想究竟是不是有神论？这个问题直接关涉雅氏哲学信仰的独立性与主题意义。从我们以上的澄清来看，的确，雅斯贝尔斯的哲学思想具有神学性质，但这并不

---

① Karl Jaspers, *The Perennial Scope of Philosophy*, trans., by Ralph Manheim, New York: Philosophical Library, 1949, p. 172.

意味着就是宗教意义上的神学,因为雅氏直接宣布:"今天的哲学探讨意味着我们试图在一种不依赖于启示而形成的信仰中确证我们自身。"① 也不牵涉雅氏个人的宗教信仰问题,而是理性意义上的神,"哲学家们关于神的观念形形色色,但不外乎两类:一是宗教意义上的神,二是理性意义或学理意义上的神。当然,在有些哲学家那里,这两者往往不能截然分开,而是兼而有之"②,雅斯贝尔斯哲学思想中的神学性质其实主要指的是理性意义上的神。西方哲学具有神学性质,这也是西方哲学发展之传统,"西方主流的哲学几乎毫无例外地具有神学和宗教的特性"③。在哲学思考中,上帝进入了哲学,海德格尔称之为形而上的逻辑使然。雅斯贝尔斯哲学思想中,他对存在的诸多指称,如:超越、大全、"一"、神,都具有超越性、生存性、理性等基本特点,也都属于形而上范畴,表达了雅氏哲学信仰的形而上诉求。中国哲学虽然是不同的语言、词汇、表达,但亦有相同的诉求,中国思想家在谈论自己的主题思想时往往援引"天""命"等以表达某种形上性。如孔子,"天生德于予,桓魋其如予何?"(《论语·述而》)孔子以"天"强调,意在确信自己拥有德。又如孟子,无论是表达自然天生之意还是道德本心,孟子都以"天"说之,"心之官则思,思则得之,不思则不得也。此天之所与我者"(《孟子·告子上》)。"尽其心者、知其性也。知其性,则知天矣。存其心,养其性,所以事天也。"(《孟子·尽心上》)诸如宋明时期的"天理"之说等,皆具直至根底之形上性。

雅斯贝尔斯之所以在阐述哲学信仰思想时频繁引用或者谈及宗教内容,也是因为西方的传统,正如他所说:"希腊和《旧约》一神教共同

---

① [德]卡尔·雅斯贝斯:《时代的精神状况》,王德峰译,第166页。
② 黄颂杰、章雪富:《古希腊哲学》,第375页。
③ 黄颂杰、章雪富:《古希腊哲学》,第645页。

第五章 哲学信仰的性质——理性

支配了西方的上帝观念。它们互相解释。"① 在西方哲学与宗教发展中形成了哲学与宗教的互相解释、彼此证明，雅斯贝尔斯要建构一种独立于宗教信仰的哲学信仰，也依赖于这个传统。当然，雅氏很多时候是以哲学信仰的尺度去衡量和阐释宗教信仰的，他认为宗教内容、宗教问题是任何西方哲学绕不开的，他的哲学信仰思想中就包容与吸收了某些宗教的内容，按他所说是宗教之真理。包容与吸收，也体现出雅氏理性的态度。

长期以来，雅斯贝尔斯哲学信仰思想未被重视，其中一个原因正是雅氏哲学中的神学性质未得到澄清。彻底澄清也是不可能的。雅氏的思维是理性的，但学理上的清晰不一定代表感情上的清晰，他将"上帝存在"作为哲学信仰的命题之一，又承认哲学上的"超越"这一存在具有"神性"，有时他称超越为"上帝"，此处与彼处之"上帝"容易引起混淆，这是其一；其二，在雅氏个人情感中，哲学上的超越之存在与宗教中的上帝是否存在矛盾或关联，他本人是否受这两者关系的困扰，正如他在晚年时个人宗教信仰之不明朗，还需要我们将来做进一步的研究。

在以上澄清的基础上，需要特别指出的是雅斯贝尔斯对印度与中国文化的基本态度。雅斯贝尔斯称印度和中国是除了圣经宗教传统以外的另外"两个伟大宗教领域"，他说："沟通已使地球上曾产生的一切彼此接触，并且产生了人与人之间总是更加亲密地理解的需要，它的发展，再加上《圣经》，已向我们揭示了其他的两个伟大宗教领域：印度的《奥义书》和佛教，中国的孔子和老子。"② 雅氏在这里之所以将《圣经》、印度《奥义书》和佛教、中国的孔子和老子相提并论，是因为他

---

① Karl Jaspers, *The Perennial Scope of Philosophy*, trans., by Ralph Manheim, New York: Philosophical Library, 1949, p. 81.
② Karl Jaspers, *The Perennial Scope of Philosophy*, trans., by Ralph Manheim, New York: Philosophical Library, 1949, p. 113.

认为这三者同属于世界"伟大宗教领域",也就是说,在此处雅斯贝尔斯是在宗教意义上认同除了《圣经》之外的印度《奥义书》和佛教、中国的孔子和老子的。那么,雅氏认为中国属于"伟大的宗教领域",他是在什么意义上说的?他所说的中国的"宗教"究竟指的是什么?《圣经》的宗教性和对西方的宗教意义不言而喻,同样,印度《奥义书》和印度佛教亦明显属于宗教,《圣经》之于西方哲学、《奥义书》之于印度哲学都具有不同程度的源泉意义,那么中国的孔子和老子呢?在上述这段话中,沿着雅氏的思路,他似乎是说"孔子和老子"属于宗教,奠定了中国的宗教基础,中国之后的哲学是以孔子和老子为基础而引发的。但实际上,"孔子和老子"并不同于《圣经》、不同于印度《奥义书》和佛教,雅氏在这段话中的说法容易使人产生误解。"孔子和老子"对于中国的哲学、对于中国的文化具有基础和根源意义,对后世之发展形成了奠基,但将"孔子和老子"说成是宗教性构成却不妥当,"孔子和老子"并不完全构成了宗教意义。雅斯贝尔斯将"孔子和老子"归之于宗教意义上的基础性和源泉意义,这一态度正体现了宗教文化背景下西方哲学家根深蒂固的宗教观念,当然,这也表明雅氏对人类不同文化中哲学与宗教之间关系的关注。

一定意义上雅斯贝尔斯认为,与西方的以圣经宗教为基础和源泉的哲学传统类似,印度和中国也体现了自身哲学的宗教传统。暂且不论印度宗教与哲学的情况如何,就中国而言,它的哲学发展与宗教之间是否存在以及存在什么样的关系,情况比较复杂,一方面,中国人本身的宗教观念比较复杂;另一方面,中国的哲学流派,就是作为主流的儒家学说,究竟是否是宗教,在何种意义上是宗教,在何种意义上又是哲学,似乎到目前学者们还未形成定论。儒学虽有终极关怀,但这种关怀与西方式的宗教关怀并不同,儒家是"尽心知性知天"式的终极关怀,诉之于道德践行,西方是诉诸上帝信仰。

第二节　哲学信仰是理性的信仰

理性是雅斯贝尔斯哲学信仰最重要、最鲜明的特点。雅氏思想中的理性观念，似乎比他的其他观念更难把握。理性不仅理解起来更晦涩，而且，雅氏有时为了与传统哲学对理性的界定区分开，又为了贯彻他的包容态度，总是试图将理性的对立面——非理性、反理性等哲学史上曾出现过的一切有关理性的东西——整合进他自己的理性观念中。虽然雅氏明确地说过他的理性更具有康德哲学的意义，但他同时亦说过，这个观念是他从克尔凯戈尔与尼采的精神中获取的，也就是说，雅氏的理性既有康德对理性的创新，又有克尔凯戈尔与尼采对理性的生存性诉诸。不过，在他眼里，康德哲学中的理性一并具有理智之功能，而在克尔凯戈尔与尼采的思想中，理性更多地具有非理性之色彩，又总是与个体性生存的意志联系在一起。至于雅氏在何种程度上接受了康德的理性，又在何种程度上吸收了克尔凯戈尔与尼采的想法，我们不得而知。总的来说，雅斯贝尔斯思想中的理性显得更加宽泛而复杂，他既继承了传统哲学中使哲学之为哲学的理性，又整合了哲学史中涉及理性的不同方面，从而使理性在他的思想中具有了独特、包容、丰富之品性。

在雅斯贝尔斯的思想中，理性既是哲学信仰的特点，也是他阐明哲学信仰的一种方法。雅氏非常重视理性方法在他的思想中的意义和作用，尤其是他在探讨生存、超越、大全等观念时，一直贯穿着理性的方法，而且，理性本身又属于哲学信仰中大全诸样态之一，在哲学信仰中具有重要的地位。作为特点，理性使雅氏的哲学信仰思想区别于科学与宗教，哲学信仰不是理智的科学信念，也不是迷狂盲从的宗教信仰，而是理性的信仰，雅氏以理性来证明哲学信仰的合法性、合理性；作为方法，因理性的保障，生存不再是任意妄为的，而是活生生的真正的人，超越不再是什么神秘力量，或迷信与虚构,而是理性之信仰的确信;作为大全样态之一,有了理性,大全诸样态之间才能保持一定的联结与张力,雅氏以理性来协调大全诸样态之间的关系,使各样态可以进行理性的交往。在雅氏哲学信仰的确立中,理性保持着积极的作用,理性使生存朝向超越,并确保生存之信仰的理性本性,而生存从理性那里获取现实性,并获取对自我存在与超越的确信。

一 雅斯贝尔斯理性的意旨

我们说,雅氏思想中的理性这一观念宽泛而复杂,并不好把握。雅斯贝尔斯在其著作《理性与生存》与《我们时代的理性与反理性》中表达了自己关于理性的观点,我们将从中发现他的理性之意旨,理解其哲学信仰思想的理性特点及其对理性方法的运用,进而理解他的哲学信仰思想。这些观点包括:

第一,希腊人认为,可以通过理性之外的方式把握理性所不能达到的东西。同样,在基督教中,非理性往往被认为是理解"神意"的方式,非理性在宗教中以信仰的形式表现自身,理性与非理性的对抗实际上是理性与信仰的对抗。可以说,宗教往往通过异于理性自身的方式达到对至上存在的把握。基于此,雅斯贝尔斯认为,哲学本身既然具有超越性,哲学中的理性就必须把上述种种在传统意义上并非理性的把握方式当作自身的补充。

第二,近代哲学从笛卡尔确定理性原则开始,就存在对理性的反抗——反理性(例如经验主义)。但在雅斯贝尔斯看来,反理性者往往出自那些完全拥有理性,而又同时能够看出理性自身界限的人,因此"(与理性相对的)另一方在任何理性面前都是重要的,它使理性成为可能,并且限制理性"[1]。

---

[1] Karl Jaspers, *Reason and Existenz: Five Lectures*, trans., by William Earle, Routledge & Kegan Paul London, 1956, pp. 21—22.

第五章　哲学信仰的性质——理性

第三，雅氏认为理性在德国唯心主义那里获得了前所未有的发展，哲学家"以惊人的努力创造（理性与它的另一面）的和解，在理性中发现了比理性自身更多的东西"①。尤其是康德，他将理性主义与经验主义相综合，以此创造了理性的"新的起点"，虽然在黑格尔那里，理性被迷失在封闭的体系中，但费希特与谢林又突破了传统的理性观念。

第四，即使在最彻底的反对理性、质疑理性的声音中，理性仍然从未被摧毁，"理性之安定"仍然存在，并使西方哲学的传统一直延续至今，"使哲学免于毁灭"②。理性自身固有的合理性正是在漫长的哲学史中沉淀下来的，理性是哲学思维的共同本质与必要基础，甚至可以说，理性体现了哲学的本性，"一旦理性丧失了，哲学自身也就丧失了"③。

第五，当理性不再关注生命自身并与信仰之真理相分离时，当人们在对理性的过分信赖中使理性变成仅仅是认知历史的工具时，尤其是当理性被迷失在黑格尔式的封闭框架中所带来的危害日益凸显时，哲学活动也就结束了，因为它丧失了把握真理、把握真正的存在的能力。

雅斯贝尔斯认为，真正的哲学活动必须立足于新的现实处境，这一新的现实处境对他来说，就是克尔凯戈尔与尼采的精神在当下的显现，哲学需要从他们两人的精神处境中获取新的、可能的视域。克尔凯戈尔与尼采在思想形态与人性方面的共同点之一，就是对理性进行了前所未有的、彻底的反抗，他们以一种不同于以往的态度，基于生存之深度去对待理性，因此他们对理性的反抗不仅仅是"教条式的怀疑"与"简单

---

① Karl Jaspers, *Reason and Existenz: Five Lectures*, trans., by William Earle, Routledge & Kegan Paul London, 1956, p. 22.
② Karl Jaspers, *Reason and Existenz: Five Lectures*, trans., by William Earle, Routledge & Kegan Paul London, 1956, p. 23.
③ Karl Jaspers, *Reason and Anti-Reason in Our Time*, trans., by Stanley Godman, New Haven: Yale University Press, 1952, p. 63.

的敌意",而是"力图无限地占有一切的理性方式"①。按照雅氏的理解,克尔凯戈尔与尼采以生存性的态度为理性注入了新鲜的血液,并且以无限的可能性触及真理,触及真正的存在。雅氏思想中理性的方法和特点,一定程度上正是他从克尔凯戈尔与尼采的思想中沉淀出来的。

毫无疑问,雅斯贝尔斯思想中的理性一并具有非理性特点,这一特点与他开放的思维有关,雅氏继承了传统哲学中的理性,又整合了理性在哲学不同发展时期的表现形态:反理性、非理性、超理性,同时又注重理性的生存性意义。

二 理性的优越性

在雅斯贝尔斯的思想中,理性的地位非常重要,以至于雅氏以理性的优越性来表达。在论述大全诸样态中理性凸显出的高度,以及理性向非理性自身开放的积极性时,雅氏专门强调了理性在这两方面表现出的优越性。除此之外,理性的优越性或者理性之突出性地位还主要体现在:第一,理性是生存性自我存在的根源。生存从理性那里获取选择、判断的能力,理性不断地激励生存,并使生存处于无限的运动中,理性的主要功能之一就是促使生存积极地朝向超越。第二,理性就是生存的自由。当个体性自我在世界中进行活动、参与历史的进程,并在交往中、在信仰面前行为时,总是面临着决断与选择的过程,理性使生存能够自由地进行自我决断与自我选择,理性保障了生存的自由行为。第三,理性就是统一的意志。这一点尤其突出地表现在理性与大全诸样态之间的关系中,理性使每种样态都趋向统一,理性不但是统一的意志,而且理性的目标就是统一的"一",它自身朝向"一"无限地运动。第四,理性

---

① Karl Jaspers, *Reason and Existenz: Five Lectures*, trans., by William Earle, Routledge & Kegan Paul London, 1956, p. 25.

第五章 哲学信仰的性质——理性

"在本质上具有无限的开放性"①，理性向"一"开放，"一"自身也向理性开放，理性使"一"趋向统一；反之，"一"使理性进行无限的思维运动，理性不但向"一"开放，而且还向一切的可能性开放，它不拒绝任何东西，也不放弃任何东西。第五，理性是无限的交往意志。理性把一切纳入存在的视域，促使不同的人，或者具有不同的文化根源的人进行交往，交往是理性自身不可缺少的本质因素，"否定交往就等于是否定理性自身"②。这一点我们可以从大全具体的样态表现中看到，大全的各个样态其实是雅斯贝尔斯对以往的哲学观念进行"理性"交往的结果，没有他这样的"理性"行为，可能就没有大全的各个样态。第六，理性具有"自知之明"。它不同于理智，也不同于激情，理智容易导致信仰的专断，激情则往往使信仰变得虚假，两者最终会导致精神上的虚无；理性能够自觉地考察知识的界限并理解人性，能够自觉地使生存追问超越，从而保证生存之信仰的理性态度与自由行为，但正因为理性的自觉意识，它又意识到它自身离不开理智和激情，它能够意识到理智与激情的意义和界限，并超越它们，最终实现自己的飞跃。最后，理性自身不是僵化不动、确定不变的，它总是处在不断的运动中。

在哲学信仰中，理性保持着积极的作用。在哲学活动中，理性使生存朝向超越，并确保生存之信仰的理性本性，而生存从理性那里获取现实性，并获取对自我存在与超越的确信；哲学信仰在大全诸样态中的显现有赖于理性的保证；理性自身也在这一过程中实现超越，即从自由的、具有决断能力的生存到指向"一"的存在自身的超越。理性通过对存在的无限阐明获得自己的真实性。

---

① Karl Jaspers, *Reason and Anti-Reason in Our Time*, by Stanley Godman, New Haven: Yale University Press, 1956, p. 39.
② Karl Jaspers, *Reason and Anti-Reason in Our Time*, by Stanley Godman, New Haven: Yale University Press, 1952, p. 43.

三 "理性哲学"

理解了雅斯贝尔斯对理性的认识，就不难理解他对德国唯心主义在这方面的批评。在雅氏看来，德国唯心主义所讨论的理性其实是理智，它标志着绝对精确的客观思维，而不是理性自身。实际上，德国唯心主义的这种理智，正是雅氏在大全诸样态中所讲的"意识一般"，或者"精神"。因此，既不能把理性当成是科学性认知方式的理智，也不能把理性当作对普遍有效性、绝对自我封闭之整体的追求，因为这些同样是理智或精神所表现出来的特性。也因此，在雅斯贝尔斯的哲学中，生存、超越与大全的显现用的是理性的阐明方法，而非理智的认知方式。

从上面的分析中可以看出，理性在雅氏哲学活动中具有相当的重要性，当然，理性的运用并不完全说明雅氏的哲学就是理性的，正如雅氏同样反对人们把他的哲学当作非理性的一样。雅氏认为自己的哲学活动既不在理性中，也不在非理性中。不过，这丝毫不影响他对理性的特别关注。在《我们时代的理性与反理性》中，雅氏提到，他在早年之所以称哲学为"生存哲学"，是因为原本属于哲学领域的永恒性的东西，即生存，曾一度陷入客观世界而丧失了自身的本性，那么，在今天，他倒是更希望称哲学为"理性哲学"，因为这一称呼对古老的哲学传统的本质的强调，显得尤为迫切。[①] 他也说过，理性的提出在今天的时代更有意义，它就像是任何生命不可或缺的"空气、水、阳光"。哲学信仰的理性特点与本质不言而喻。

第三节 从哲学根源与"三个命题"看哲学信仰的性质

雅氏思想中表达了这样的立场：哲学思想的意义在于个体对存在的

---

① Karl Jaspers, *Reason and Anti-Reason in Our Time*, by Stanley Godman, New Haven: Yale University Press, 1952, p. 39.

信仰，换言之，在于哲学信仰的确立。具体在他的哲学信仰思想中，个体性生存持有信仰，个体生存在不断的超越活动中形成对超越（存在）的信仰。应当说，雅氏对哲学意义的这一界定契合了哲学的特点和本性。纵观整个西方哲学史，从古希腊早期思想家开始，哲学思考无不带有这个特点，即使是中国哲学，纵然学界对其超越问题有争论，或者说中国哲学中的超越不同于西方哲学的超越，其"存在"不同等，也罢，中国哲学亦有形上诉求，这一点毋庸置疑。哲学的形上诉求显然已经形成了哲学与其他学科，尤其与宗教和科学的区别，也形成了哲学家和其他人的不同，在雅斯贝尔斯看来，哲学家的形上诉求即哲学家的信仰，属于哲学本身的信仰，他较为明确地把哲学的信仰作为一个思想主题提出来，自有其深意。雅氏的这一立场首先基于他对哲学根源的理解，当然，从根源处讲哲学，更能体现出雅氏哲学信仰的理性性质。

一　哲学根源问题

雅斯贝尔斯从三个方面理解哲学的根源问题：一是人们的世界观；二是信仰与不信仰之间的张力；三是哲学之"一"。

就其第一个根源即世界观来说，雅氏这里所说的世界观并不同于我们惯常认为的是对世界之总体的看法和把握。按照康德的批判哲学，理性不能僭越自身而去把握一个不属于自身范围内的东西，人不可能认识世界总体之本质，人只能认识自己给自己创造的世界。雅氏承继了康德审慎的哲学态度，对他来说，没有对世界之总体的把握，只有人们在世界中的行为与活动。康德对理性界限之分判，其目的是解决传统形而上学发展之极致出现的问题，在此基础上，康德认为，除了对自己创造的现象界的认识，理性还有"另一种应用"，即理性在实践领域中的作为，"这一纯粹理性的最终的努力的目标，就是至善理想。而这是要通过纯粹理性除去思辨的应用之外的另一种应用来实现的，这种应用就是实践的应用。这就为通向另一种形而上学开辟了道路"①。"实践的应用"实际上是指康德的实践理性思想，它解决人类的道德、伦理、终极等实践问题。正如康德在传统形而上学发展至困境时为人类的思考开辟道路一样，20世纪面对诸多困境，雅斯贝尔斯也在尝试突破，他以"世界探源"思想回应康德理论理性与实践理性的分判。在世界探源活动中，雅氏区分了科学之世界探源与哲学之世界探源，区分了科学活动与哲学活动，科学活动是对对象的认识，而哲学活动是超越对象、超越科学之认识，达至存在。与康德不同的是，雅斯贝尔斯开辟出来的道路基于人类的现代生存意识，属于生存性的活动，雅氏尤其强调个体的生存意义，强调人的生存性交往如何可能，这一点毫无疑问地与他所处时代人的生存境况有关系，对他来说，人的生存性问题的解决植根于世界探源活动，哲学的世界探源是阐明"我"的自我存在的源泉。世界探源形成了个体生存的世界观，通过斗争、理性等沟通方式，世界观进入个体与他人交往的视域中。真实的世界观构成了世界探源的根本状况。

"世界观的核心是信仰。"② 信仰与不信仰之间的张力是哲学根源涉及的第二个方面。哲学的世界探源活动在于超越对象世界，追问存在，对存在的确信构成了世界探源活动的最终意义。在对存在的确信活动中，个体自我的存在并不总是在信仰中，亦有不信仰，这个"不信仰"并不是对自我存在的否定，也不是对自我追问存在的否定，而是个体实现自我存在的一种状态，按照雅氏的意思，不信仰毋宁是一种边界，在不信仰的边界，信仰得以逆转并实现自身，如他所说："在不信仰的边界处，信仰退到最低限度，而在无限低中，信仰逆转，并重新得到显示。"③

---

① 俞吾金等：《德国古典哲学》，第92页。
② Karl Jaspers, *Philosophy* (Vol. 1), trans., by E. B. Ashton, Chicago: The University of Chicago Press, 1969-1971, p. 255.
③ Karl Jaspers, *The Perennial Scope of Philosophy*, trans., by Ralph Manheim, New York: Philosophical Library, 1949, p. 19.

第五章 哲学信仰的性质——理性

雅氏认为信仰与不信仰都属于自我存在的状态。在个体的生存意识中，信仰与不信仰是两个具有辩证性的因素，两者不可分，又相互抵抗、排斥，个体总是在信仰与不信仰的张力中进行自我选择。同时，信仰通过不信仰而获得意义，没有不信仰就没有信仰，当信仰与不信仰之间的张力消失时，或者任何一方消灭了另一方时，哲学活动也就结束了。能否时刻保有对存在的疑问，是个体能否理性地生存于世的保证。个体的生存充满了选择，选择就意味着各因素的辩证运动，在雅斯贝尔斯的思想中，他坚持，哲学信仰包含信仰与不信仰这样的辩证因素。[①] 当然，辩证法在哲学信仰中的意义不同于黑格尔在其思想中的运用，对雅氏来说，"辩证法具有绝对不同的含意。而对不同的含意其共同点仅仅是矛盾的必要性。辩证法意味着反题在合题中得到解决的逻辑过程，辩证法以矛盾表示实在之运动，彼此攻击，结合，并产生新的东西。然而，辩证法亦意味着反题恶化为不可解决的自相矛盾，陷于困难与矛盾中，——也意味着一个使我们通向不同领域的过程，在那里，存在似乎完全被分裂，在那里，我的真实存在成为信仰，而信仰成为仿佛荒谬中的对存在的理解"[②]。个体生存在信仰与不信仰的对抗、不分中意识到其存在。在哲学信仰思想中，雅斯贝尔斯将辩证法运用在哲学活动中，认为辩证法是个体的生存性体现，他强调的是个体在辩证行为中如何理性地实现存在意识。哲学信仰中的辩证法通向存在之信仰。

最后，对于哲学根源的"一"究竟如何理解？雅斯贝尔斯在讨论圣经宗教时提到"一"这个范畴，他认为"'一'成为存在与民族精神意

[①] Karl Jaspers, *The Perennial Scope of Philosophy*, trans., by Ralph Manheim, New York: Philosophical Library, 1949, p. 19.

[②] Karl Jaspers, *The Perennial Scope of Philosophy*, trans., by Ralph Manheim, New York: Philosophical Library, 1949, pp. 18–19.

识的基础，成为积极投入世界的根源"①。虽然雅氏在这里是从圣经宗教谈到"一"的意义，但我们从其思想可以知道，无论是圣经宗教还是其他宗教，抑或哲学，"一"对雅氏来说都具有本源意义，"一"也构成了人进入世界的根源，不过，雅氏一直强调哲学和宗教的不同，他认为哲学上所追问的理性神与宗教的上帝不同，即使是哲学的"一"也不同于宗教的"一"，哲学的"一"是"理性观念的超越"，诚如他所说："从而也是神性与上帝之间的不同，——作为理性观念的超越与存在着的上帝之间的不同；哲学的'一'并非《圣经》的'一'。"② 在生存性的斗争与选择中，个体在作为"一"的哲学中活动，与"一"紧密联系，进行自我确定，确定他的存在，确定"一"，他清楚，也是他唯一能做的，就是他只服务于他的"一"。在雅氏这里，作为"一"的哲学具有本源性，"一"并非确定的、完成的，体现了个体不断的超越活动，它也不是封闭的，它敞开自身，成为不同的个体交往之源泉，在这层意义上，"一"构成了哲学的超越性根源，哲学就是"一"，也是在这层意义上雅氏坚信，哲学思想的意义就在于确立哲学信仰。

从内容上来讲，世界观、信仰与"一"，并不是雅斯贝尔斯哲学的新创，哲学史上也曾不断出现过与之类似的范畴。"信仰"这一范畴比较普遍，也曾频繁地出现在中世纪哲学家的思考中，柏拉图等哲学家对"一"与"多"进行过思辨演绎，普罗提诺论证过"太一"，至于世界、世界观也较为常见，从古希腊早期思想家开始就成为话题，与雅斯贝尔斯同时代的海德格尔也在谈论。雅氏将其作为理解哲学根源的内容，是为了构建他的哲学信仰思想，对他来说，世界观、信仰与"一"本身就

---

① Karl Jaspers, *The Perennial Scope of Philosophy*, trans., by Ralph Manheim, New York: Philosophical Library, 1949, p. 38.

② Karl Jaspers, *The Perennial Scope of Philosophy*, trans., by Ralph Manheim, New York: Philosophical Library, 1949, p. 80.

具有本源性，也构成了人最源初的生存活动，他是从哲学根源出发探寻哲学的意义的，我们也可以将雅氏此举理解为他是从根源处重新界定哲学，之所以说重新界定，是因为在雅氏的探讨中这三个范畴既关涉理性，亦密切关涉人的生存，哲学活动中人的生存总是理性的生存，反过来，理性是与人的生存密切相关的理性，理性具有生存意识与存在意识，这一点与以往哲学家的思考不尽相同，雅氏赋予这三个范畴以生存性意义和理性内涵，试图从根源处激发现代人的生存意识，从而在生存意识中确定存在、确定自身、确定人的存在。①

世界观、信仰与"一"意味着在雅斯贝尔斯那里，哲学信仰在源初意义上即理性的信仰，哲学就是有关个体在自我确定中进行哲学信仰的理性活动，世界观、信仰与"一"的本质在于表明："作为生存，人在他的自由中应当体验被超越给予这一事实。因而人类自由就在他的一切可能性的最深处，并且通过超越，通过一，人被引向他自己的内在统一中。"②

二 关于哲学信仰的几个命题

在其思想中，雅斯贝尔斯谈到三个命题，他将这些命题称为哲学信仰的命题，这三个命题包括：

"至上存在。"（也为"上帝存在。"）

"绝对律令。"

"世界是上帝与生存之间的瞬息进程。"③

这三个命题基本与《哲学》三卷本的主题相对应，"世界是上帝与

---

① ［德］卡·雅斯贝尔斯等：《哲学与信仰：雅斯贝尔斯哲学研究》，鲁路译，第262页。
② Karl Jaspers, *The Perennial Scope of Philosophy*, trans., by Ralph Manheim, New York: Philosophical Library, 1949, pp. 70 – 71.
③ Karl Jaspers, *The Perennial Scope of Philosophy*, trans., by Ralph Manheim, New York: Philosophical Library, 1949, p. 30.

生存之间的瞬息进程""绝对律令""至上存在"分别对应于世界探源、生存阐明、形而上学。之后，雅氏又有补充："在《哲学导论》中，他进而提出了两点：人是有限的、不完善的；人可以依靠上帝的引导而生活。"① 这两点补充是为了进一步阐明生存。雅氏的这些命题容易引起误解，仅从命题看，似乎表明雅氏谈论的是具有宗教性的信仰，一些学者，尤其是国外学者也往往于宗教语境下讨论雅氏的哲学信仰思想。那么，这些命题在哲学信仰中意味着什么？雅氏以这些命题试图表达什么？我们主要对他的前三个命题进行分析。

雅斯贝尔斯为什么用"至上存在"或"上帝存在"作为他的哲学信仰的命题？实际上，雅氏关注的并不是上帝是否存在，在这里更不是进行上帝存在之证明，对他来说，有关上帝存在的证明没有任何意义，"被证明的上帝根本不是上帝"②。他甚至认为对上帝存在的确信只是一种假定，并不是"哲学行为的结果"。雅氏关注的是"什么""存在着"之"存在性"，对上帝存在的确信证明了"存在着"什么，证明了"存在性"之存在。作为一个命题，"至上存在"至少能确定具有神性的东西的存在，"至上存在"的观念表明人在内心具有的存在之意识，对"上帝存在"的观念使人内心有了某种信念，就信念而言，足以证明人内心的力量与人的行为意识，说明的确存在由人内在生发的存在意识与行动意识。对雅斯贝尔斯来说，对上帝存在的证明并不能使一个人实现内心的转变，而"只有从上帝开始行动的人，才能寻找自己"③。所以他关注的是作为人是否具有并能够进行真正的行动。换言之，雅氏之所以用至上存在或上帝存在作为哲学信仰的命题，就在于他一方面强调人的行为、

---

① ［德］维尔纳·叔斯勒：《雅斯贝尔斯》，鲁路译，第58页。
② Karl Jaspers, *The Perennial Scope of Philosophy*, trans., by Ralph Manheim, New York: Philosophical Library, 1949, p. 32.
③ Karl Jaspers, *The Perennial Scope of Philosophy*, trans., by Ralph Manheim, New York: Philosophical Library, 1949, p. 32.

第五章 哲学信仰的性质——理性

人的哲学行动；另一方面强调人的存在意识，强调人对存在的确信意识。

雅斯贝尔斯有时称他的哲学信仰中的超越为上帝、为神，我们也就不足为怪了，除了超越这一观念本身受西方传统哲学有关上帝观念的影响外，雅氏的如此运用，无非是承认存在自身之存在及其所具有的超越性，至于"上帝"存在、"超越"存在、"道"之存在、"物自体"等，在即是存在自身这层意义上于他并没有实质区别。

雅斯贝尔斯强调绝对律令在哲学信仰中的绝对性与必要性。对他来说，绝对律令是人的行为的基础，在信仰中是支撑人的因素，"作为行为基础而存在的绝对，并不是认识的原因，而是信仰必不可少的要素"[1]。雅氏把信仰中的绝对律令与以实际目的和权威为基础的律令相区别，指出后者并不具有绝对有效性，它们始终是外在于人的、对人具有强迫性和压制性的命令，人们为了某一现实利益，或者心理惧怕而遵奉之、盲从之。在信仰中，律令具有绝对性，绝对律令并不是外在于人的一种客观力量，绝对律令根源于人，又支撑着人。绝对律令是由超越发出的，但它同时又具有绝对的自我给予性，是生存自身给予自己的，在人的信仰行为中，当超越发出律令时也正是人在内心自觉执行律令之时。

对于"世界是上帝与生存之间的瞬息进程"这一命题，我们以"世界的中介性与暂存性"来表达雅氏这个命题的意思。一切对象都存在于世界中，而一切对象又都是现象。世界万物是具有有限性与对象性的存在。对雅斯贝尔斯来说，如果没有世界，就没有生存与超越的遭遇，也就从根本上无从谈起哲学信仰，"我们的存在最终是生存与超越的遭遇"[2]。此遭遇就发生在世界中，世界对生存来说具有中介性，是联结生

---

[1] Karl Jaspers, *The Perennial Scope of Philosophy*, trans., by Ralph Manheim, New York: Philosophical Library, 1949, p. 33.

[2] Karl Jaspers, *The Perennial Scope of Philosophy*, trans., by Ralph Manheim, New York: Philosophical Library, 1949, p. 36.

存与超越的场域。生存把握超越离不开世界的中介作用,超越的密码就在世界中向生存显现,没有世界,生存对超越的理解与逼近就不可能,超越之密码的显现也不可能。同样,世界的中介性还体现在大全各个样态对自身的实现过程,尤其是自我对其不同存在方式的超越,如果没有世界,自我就不可能从实存、意识一般到精神最终到生存的超越,真正的自我也就不可能实现,在这层意义上,世界就是自我实现不可缺少的因素。另外,世界具有的中介性亦说明世界的暂存性,世界是转瞬即逝的,自我如果要实现真正的存在,就必须超越世界,避免丧失于暂时性中,如雅氏所认为的"如果我们迷失于世界中,我们也就迷失了自我"①。

"至上存在""绝对律令"和"世界是上帝与生存之间的瞬息进程",诚如雅氏本人所说,这三个命题也并不是什么新鲜的东西。的确,"上帝存在"一直以来都是西方传统关注的主要问题,也是西方哲学必不可少的内容,"绝对律令"带有康德道德哲学的影子,具有康德哲学的意味,"世界"也是许多哲学家经常涉及的话题。不过,雅斯贝尔斯基于哲学信仰赋予这些命题以崭新的意义,使它们所包含的具体思想内容与以往人们对这些命题的讨论大不同。"至上存在"一方面表明雅氏对西方哲学古老传统的重视与继承;另一方面又做出了区分,将哲学信仰的"至上存在"与宗教信仰的"至上存在"进行区分,从而把哲学信仰与宗教信仰区分开来。"绝对律令"系雅斯贝尔斯在继承康德思想的基础上,提出的人的行动的绝对性与主动性。无论康德如何强调律令在人心中的重要地位,但在雅氏看来,康德所缺的正是对人之行为的绝对性的强调,同时,康德的绝对律令仅仅是人内心普遍的道德法则,而非人的存在意识,无法体现人对存在自身的意识,也就是说,康德绝对律令缺失人与

---

① Karl Jaspers, *The Perennial Scope of Philosophy*, trans., by Ralph Manheim, New York: Philosophical Library, 1949, p. 36.

第五章 哲学信仰的性质——理性

存在的互相关涉这一环,如果缺乏这一环,存在自身对人就失去了意义,成为与人无关的纯粹对象,如此就会从根本上消解哲学信仰,因为对雅斯贝尔斯来说,"我们的存在最终是生存与超越的遭遇"[①]。信仰是人自身与存在自身的永恒遭遇,缺乏超越这个真实的存在,就无法保证律令对人的绝对有效性,也是从这个意义上,雅斯贝尔斯认为康德的绝对律令从根本上否定了人的信仰。就"世界"这一观念来说,雅氏突破了以往人们对世界的或空洞或抽象理解,他把世界当作人用以实现自身、实现对超越的信仰的现实处境,认为世界是超越之密码显现的场域,如此雅氏赋予世界以历史性,使世界成为人类历史实实在在的、必不可少的过程,当然,世界的历史性也使雅斯贝尔斯的哲学信仰具有了实在性,从而使哲学信仰在世界中的沟通变得真实可靠。

在哲学信仰中,"至上存在""绝对律令"和"世界是上帝与生存之间的瞬息进程"这三个命题分别体现了信仰的如下特质:超越性存在的存在,行动的绝对性,信仰的真实性。对于这些命题的澄清,有利于我们把握雅氏哲学信仰思想的实质和性质。除了以上所讲的三个命题与他之后的补充外,雅斯贝尔斯还把理性和沟通或交往作为哲学信仰不可缺少的因素提了出来,其目的正是为了将其哲学信仰与科学、宗教进行区分,强调他的哲学信仰的独立性与独特性。

---

① Karl Jaspers, *The Perennial Scope of Philosophy*, trans., by Ralph Manheim, New York: Philosophical Library, 1949, p. 36.

第六章

哲学信仰的视域——大全

在前面章节，本书梳理了雅斯贝尔斯哲学信仰的主要内容和基本思想。总的来说，雅氏哲学信仰何以可能有四个基础：一则，哲学信仰的最终确立有赖于生存性自我存在的确立；二则，哲学信仰的现实在于超越的生存性显现；三则，在生存与超越阐明自身的基础上，两者之间的生存性关涉最终达成哲学信仰；四则，雅氏独特的思维方法直接决定着哲学信仰的性质，也始终贯穿于他的整个思想。

雅氏的哲学信仰是开放的信仰，以上四个基础并没有也不可能穷尽它的本质。信仰的哲学活动需要在更广阔的视域，即大全视域中得到表达，雅氏在大全视域进一步阐明了哲学信仰。当然，雅氏大全视域的提出，有很多原因。不过，就其哲学信仰何以可能的基础来说，一方面，在大全视域中的哲学信仰，保障了生存追问超越的自由行为，因为大全视域中的信仰是无限开放的，而不是封闭的，只有在大全视域中，真正的、生存性的哲学信仰才是自由的；另一方面，在大全视域中，超越进一步通过其他样态显现自身，并确立自己在视域中作为"大全之大全"的显现；除此之外，雅氏通过阐明大全的不同样态，将生存与超越的关涉在大全视域中表现得更为清晰、更为鲜明。对于哲学信仰的更深刻的理解，则有赖于大全自身的阐明，信仰在大全每一样态的阐明中显现自身，哲学信仰最终"通过大全得到引导与完成"[1]。

---

[1] Karl Jaspers, *The Perennial Scope of Philosophy*, trans., by Ralph Manheim, New York: Philosophical Library, 1949, p. 17.

第六章 哲学信仰的视域——大全

本章将对大全、大全各个样态及其之间的诸种关系、超越与大全的关系等内容进行梳理与阐释,以期更为深刻地理解雅氏的哲学信仰。

第一节 大全

在 1931 年发表的《哲学》三卷本中,雅斯贝尔斯并没有明确提出"大全"这个观念,虽如此,但其中有关的思想已经很明显。在《哲学》发表随后的几年,他愈发清晰地意识到大全思想的重要性,在 1935 年的《理性与生存》中,他首次公开发表了这个观念,并对其进行了概述。在 1937 年的《生存哲学》中,"大全"得到系统的发展,大全及其各个样态都得到了具体的阐明。在 1948 年的《哲学信仰》中,雅斯贝尔斯把信仰放在大全视域中进行讨论,而且他认为,对大全诸样态的阐明就是哲学信仰自身的阐明。当然,雅氏以后的很多著作,依然把大全引入一些不同的主题。在《论真理》这本巨著中,雅斯贝尔斯更是深入地、系统地讨论了大全。大全思想对雅氏整个哲学信仰起着重要的作用,是其哲学信仰的进一步拓展和完善。

仍然需要注意的是,雅斯贝尔斯一贯坚持其独特的方法,如本书在第二章所分析的,非客观性、主客分裂、超越性的方法等,在大全思想中,这些独特的方法表现得更为鲜明。也由于此,雅氏哲学中的任何观念、思想都不具有绝对的规定性。自然,大全也不例外。雅斯贝尔斯并没有对大全作任何概念限定,他试图超越一切对象与视域,超越客观性,通过大全的各个样态阐明大全。基于此,对于大全的理解,我们也不能通过任何具体的定义直接界定它,应当从不同的角度出发理解大全。

一 基于对象与视域的大全的阐明

正如前文所述,根据雅氏,当人们追问存在时,首先面对的是与他相关的对象的问题。人们在世界中思维存在,但是与他所遭遇的并不是存在自身,而是世界中的现象,这些现象成为他特定的认知对象;人们以习惯性的思维总是把与自己相遇的任何现象,任何事物绝对化,以为这就是已经把握了的存在自身。雅氏指出,这里涉及的并不是存在自身的问题,而只是有关存在的样态的问题,人们自以为把握了的存在,只是存在自身的具体样态,雅氏认为,存在自身绝不可能被当作对象来把握,任何确定的对象都不是存在自身。其次,对雅氏来说,当人们追问存在时,必须面对视域问题,人总是在一定的视域与界限中思维与生活,成为人的对象的,也总是存在于一定的视域中,在一定的视域中,也总是有新的东西不断出现、随之而来,新的视域也不断地涌现。对于对象的认识过程,促使人们的视域不断开放。

由于雅斯贝尔斯哲学思想所具有的生存性特点,所以追问存在的背后,总是有人的基本的生存性冲动,这也决定了对存在的追问是永无止境的。人总是试图超出已经把握了的对象,超出每一有限的视域,总是试图把握新的对象,把握更大的视域。但是,人努力的结果只是面对比先前的视域更大的视域,视域总是具有无限地向后退的趋势。人似乎永远无法企及存在自身,与人所遭遇的,也总是成为其视域中的对象性的存在,而不是存在自身。人愈是无限地逼近存在自身,它愈是无限地向后退,这个无限地向后退的存在自身,在雅氏这里,就是他所谓的"大全"。概言之,大全并不是人的对象,也不在人的视域中。然而,正是由于人对大全的超越性追问,才使存在成为存在,同时,在大全视域,一切存在向人显现。

雅氏的大全追问告诉我们:哲学的基本活动并不在于对对象的确定,但又不可或缺,而在于人必须超出每一确定的对象,超出一切有限的视域,奔向为之开放的存在自身,奔向使一切存在向人们显现的大全。在这个活动中,人似乎是一劳永逸地前进,因为他似乎根本无法最终把握大全。不过，在雅氏看来，这个活动却是有意义的，也是必需的。其一，在追问存在的过程中，人确定了对象，开阔了视域，他把握了已成为对象的，他在更开阔的视域中前进，体验到了所不是的存在，也体验着真正所是的存在；其二，大全对人的无限向后退，使人从确定的对象、有限的视域中解放出来，使人获得了更多的自由与无限的可能性，并使人自由地呼吸"存在之气息"；其三，虽然已经把握了的对象与视域可能会成为现象，但人决不能放弃现象世界，因为它使人在追问存在时，获得某种确定性的保证，在对对象的理解中，人也获得对存在自身的确信。

二 超越了一切客观性的大全

在追问大全的哲学活动中，人们也不可避免地会遇到思维中的悖论，正如前文一直提及的：非客观的存在自身必须通过客观的东西来理解。雅氏认为，作为存在自身，大全属于非客观的，它不能被客观地把握，但是，人们对存在自身的追问，必须在客观性的内容中获得确保，在大全活动中所把握的对象，在确定对象时所运用的客观化方法，是人们理解大全必不可少的因素，大全在其中显现自身。由于存在自身的非客观性，客观性自身又必须消失，因为"也只有当客观性消失的时候，我们才可以意识到存在自身"[①]。

从以上角度出发，人们也并不能穷尽大全自身。不过，对雅氏来说，通过以上角度却可以理解大全如何所是的，在对大全追问中，一切对象、方法、视域等，通过大全获得存在的意义，大全使它们超越自身，人最终也超越这些对象、方法、视域，从而逼近存在自身。正如雅氏所说，他的大全思想"必须洞察一切思维形态，意识到它们的意义并使其意识

---

① Karl Jaspers, *Basic Philosophical Writings*, trans., Edith Enrlich, etc., London: Ohio University Press, 1986, p. 28.

到自己的界限，而不是创造新的方法、新的对象。必须在一切客观性样态中、一切方法中、一切对象中发现自己的确信，而不是借助于神秘主义推进到彼岸世界的领域中"①。

三　大全与传统哲学中的"存在"的区分

雅氏有时又称大全为"全体"，那种思维上的全体。就大全具有思维上的全体性与其形成的对存在之追问的无限意识而言，柯劳斯在他的一篇文章中指出，雅斯贝尔斯关于大全的这种内涵，实际上在古希腊就有所体现了，他举例说阿那克西曼德的"无限"与雅斯贝尔斯的大全具有相当的意义，认为"无限""大全"等，并不是现象世界中一切事物简单相加的总和，而是人们了解、规定一切事物的东西，他甚至把大全与柏拉图的"相"等同起来。② 如果这样的话，又如何理解"超越"与这些"存在"的关系？如何理解"超越"与"大全"的关系？诚然，这些观念具有相关性，但它们之间更有本质区别。就阿那克西曼德的"无限"来说，它首先是世界之本源，万物由它产生而又复归于它，它是万物不变的、最后的原因，所以，"无限"就只是一个确定的界限，而大全是无法确定的，它超越了一切界限。而且在最初的哲学态度中，人们只是把存在当作一种确定的、绝对的客观对象加以认知，雅氏的大全虽然也是对全体性的思维，但它不是确定的，它是界限之外的界限，视域之外的视域，并不能把大全当作世界中向人显现的、就像人认识其他经验对象那样来认知的东西。

首先，根据雅氏对基于对象与视域的大全的阐明，大全属于一种开

---

① Karl Jaspers, *Basic Philosophical Writings*, trans., Edith Enrlich, etc., London: Ohio University Press, 1986, pp. 29 – 30.
② Paul Arthur Schilpp, *The Philosophy of Karl Jaspers*, New York: Tudor Pub. Co., 1957, p. 141.

放的视域。而且，它自身——无论是作为"即是我们的大全"，还是作为"即是存在自身的大全"，并不在世界中显现，它却是使一切其他事物向人们显现的视域。在这层意义上，我们就可以理解雅斯贝尔斯对传统哲学的批评，他认为，传统哲学中关于存在的思想只是有关特殊的、个别对象物的知识而已。不过，如果大全不能以对象的形式在经验世界中显现，就可能会使一些人产生误解，即认为大全不可理解，大全思想毫无内容。其实不然，大全的非确定性与广阔无边的特点使人们能够更深刻地洞见大全视域中的诸种可能性。之所以会产生误解，是因为人们总是试图以确定的知识的思维方式理解存在，总是以知识能够把握一切、能够认知存在自身的态度理解存在。正如克尔凯戈尔与尼采两人对他们的时代所批判的，人们总是以科学的、学究的、虚伪的面具面对真正的存在。

另外，大全不同于其他有关存在的观念。雅斯贝尔斯对传统哲学的批评，也是重要的一点就是，传统哲学只是研究与人无关的，或者被称为自然或者被称为相、上帝、世界（所谓的抽象概念）的作为存在自身的存在，而忽视了作为人自身所是的存在，按照他的思想，传统哲学忽视了大全中"即是我们"的大全。在以往的哲学中，"我们"只是认知，或理解存在的纯粹主体或者是手段，而忽视了"我们"也是存在之全体中的存在，"我们"自身就是存在。众所周知，对于人自身的存在的讨论，是从康德开始的，但雅氏认为，康德也只是开启了这个方向，并没有就此具体展开。真正意义上，使存在关注人自身，肯定人自身也是存在，并且以实际行动与自身体验对存在进行把握的，在克尔凯戈尔与尼采两人身上得到了充分体现。他们一反以往哲学中"思维即存在"的学说，克尔凯戈尔从信仰中确信自我、确信存在，按照雅氏的说法，克尔凯戈尔确定了：你信什么，你就是什么，信仰即存在，而尼采则希望在永恒轮回中实践强力意志。

四 对雅斯贝尔斯"大全"的疑问

康德认为，人们只能认识现象，无法把握现象背后的物自体。我们也看到，雅斯贝尔斯对康德哲学中现象与物自体这一对范畴所做的生存性阐述，在雅氏这里，大全同样是不可最终把握的，人们认识的只是在大全中向人们显现的存在物，认识的只是大全的各个样态。进而，雅氏为了克服现象与物自体之间无法逾越的鸿沟，他本人引出了与生存紧密关涉的，也是"一切大全之大全"的"超越"，使得生存与存在自身之间有了媒介、有了沟通。但正是这一点，又容易引起我们的怀疑：超越（或者神性）是否就是大全在世界中的代言者，或者信息传达者，正如神话中的赫尔墨斯？如果不是，那么雅斯贝尔斯是否解决了康德的问题？他提出超越又是何故？如果是，那么雅氏努力避免的哲学中所具有的宗教等任何神秘主义的东西的同时，不就陷入了具有浓厚色彩的神话主义的阐释中？

雅斯贝尔斯在《大哲学家》一书中，也试图阐释自己有关生存与超越以及大全视域中对存在无限逼近的思想，孔子、释迦牟尼、柏拉图、康德，包括他曾重点讨论的克尔凯戈尔和尼采等历史上伟大的哲学家，在他看来，这些哲学家都面对不同的、属于每个个体性自身的"超越"，他们与这些"超越"对话，倾听它们的言说，并通过它们追问存在自身。有时候，这些伟大的哲学家又成为当下人们与之交往的具有超越性的生存，通过与他们的交往，人们意识到了不同的生存方式，不同的存在方式，也追问并体验着大全自身。那么，一方面是具有生存性的不同的"超越"；另一方面又是大全自身，在哲学信仰中，这两者之间存在什么样的关系？雅氏又是如何看待并解决这两者的关系的？这些不得不引起我们进一步的思考。

同时，在对大全无限逼近的视域中，我们亦看到雅氏的另一种努力，他力图包容哲学史上迄今为止对存在进行的一切的阐释。相应地，我们也从中看到他的基本的哲学态度：一方面，他认为迄今为止，对一切"存在"的阐释都是对存在自身的体验与追问，所以，他以包容的态度将一切"存在"纳入了大全视域中；另一方面，他在这些"存在"中发现了对人的自由、对存在自身的限制，所以，他又以大全的无限开放性，为生存的无限可能打开了自由的空间。那么，当雅斯贝尔斯以"大全"包容一切时，虽然他主观上认为大全并不以确定的、有限的、绝对化的方式限制自身，但是我们发现：难道大全在客观上就不具有对存在自身限制的可能？当雅氏试图以大全来克服哲学史上对存在自身的对象化、绝对化理解时，他是否又重蹈覆辙？或者能不能说，当他以生存与超越之间的关系来完成他的思想时，发觉他又重蹈传统哲学之覆辙，于是便进入了"大全"视域？

第二节 哲学信仰在大全各个样态及其彼此关系中的阐明

对于无所不包的大全，雅斯贝尔斯还通过大全自身分裂的各个样态进行阐明。一定意义上，阐明大全各个样态也是雅氏对哲学信仰的进一步阐明。因此，对大全各个样态的理解，有助于人们更深刻地理解存在自身，理解雅斯贝尔斯的哲学信仰。雅氏指出，大全经过初步的分裂后显现为"即是我们的大全"和"即是存在自身的大全"，"即是我们的大全"样态包括实存、意识一般、精神，"即是存在自身的大全"样态包括世界和超越，此外，还有理性与生存，它们属于大全的特殊样态。

当然，雅氏也反对把大全及其各个样态当作客观对象来认知，反对对它们的绝对客观化，但他同时又认为，客观化作为大全视域中的一种确定性，对大全自身及其各个样态的阐明也是必不可少的。对于雅斯贝尔斯的反对态度，可以稍作重复的解释：大全自身不具有客观性，而且，它也拒绝任何对其客观化的把握，如果对大全自身客观化，把它当作可认知的对象来把握，那么，人们或许可以认识到大全的一个方面，但仅此而已，这样的方式并不能将大全自身真正的内涵挖掘出来，人们所把握的也并不是真正的大全自身，对大全各个样态的把握也是如此，只有在这层意义上，雅氏才反对客观化，也只有在这层意义上，他才说："大全观念是一种具有破坏性的观念，它消除掉我们通常思想中有关的一切自然而然的客观性。"①

那么，大全各个样态又以何种方式向人们显现？就其作为大全不同的样态来说，各个样态自然有不同的显现方式，正如雅氏所说："大全自身，无论它是'即是我们的大全'还是'作为存在自身'的大全，逃离一切的客观性。就我们所是的那种大全而言，它只能被阐明；就其作为存在自身而言，我们通过探询它无限的显现来把握它；就其被言之超越而言，它被绝对的、历史的生存倾听。"② 也就是说，无论是大全自身还是其各个样态，都拒绝客观性，对于实存、意识一般、精神，只能进行生存性的阐明，在阐明中理解它们，对于作为存在自身的内在世界，只有参与它的活动中，在它的世界的显现中把握它，对于超越性存在，只能通过阅读它的密码语言理解它自身。

对于大全的各个样态，人们更多的是分别讨论这几个样态具体所是的，忽视了它们在大全视域中彼此之间的相互关系，忽视了生存分别与其他样态之间的关系，也并没有关注大全自身与其样态之间的逻辑关系。这些关系对理解大全视域及其哲学信仰有着非常重要的意义，故本章在简单交代各个样态的基础上，将主要对这些关系进行梳理与分析。

---

① Karl Jaspers, *Reason and Existenz: Five Lectures*, trans., by William Earle, Routledge & Kegan Paul London, 1956, p. 73.
② Karl Jaspers, *Reason and Existenz: Five Lectures*, trans., by William Earle, Routledge & Kegan Paul London, 1956, p. 70.

第六章 哲学信仰的视域——大全

一 实存、意识一般、精神及其与生存在大全视域中的关系

本书在第三章涉及"即是我们的大全"样态,不过,当时是从自我的不同存在方式的角度对其进行分析的,在这一章,我们将在相互比较中,从它们作为大全的不同样态及其与生存之间的关系着手分析。

1. 实存及其与生存之间的关系

实存属于"即是我们的大全"的一种样态,表征着有限时间中的经验个体。经验实存体现了人的存在的感性与事实性,属于对象范畴。与实存相比较,生存首先是具有无限可能性的个体,是非对象性的,它自身关涉永恒、自由、超越。雅氏将实存与生存的关系阐述为:实存是生存的经验显现,是生存在世界中的现象,实存与生存表现出人的双重性,即作为经验世界的自我与作为超越的生存性自我;生存是潜在的,不可被绝对把握,它不能被当作人类知识的对象来认知,它只能被阐明,当人们试图最终把握生存时,它已然成为实存;实存与生存不可分离,虽然在哲学分析中,实存是实存,生存是生存,但在现实中人们却无法将两者清晰地分开;两者之间的关系又很微妙,当生存丧失了自己的超越性,甘愿成为经验对象时,它就成了实存,当实存否弃并超越了经验世界,意识到真正的自我需要自由时,它就成了无限可能的生存。雅氏指出,两者在历史性中成为同一的。

2. 意识一般及其与生存之间的关系

意识一般把握对象的一般和本质。它对人们把握对象、认识事物具有重要的意义,正如施太格缪勒所说:"由于这种同一意识[即'意识一般'],我们的理论认识以及非理论认识(譬如伦理和美的认识)才能达到普遍有效性。"[①] 根据前文分析,也是雅斯贝尔斯一直强调的,意识

---

① [联邦德国] 施太格缪勒:《当代哲学主流》(上卷),王炳文等译,商务印书馆1986年版,第245页。

一般在哲学活动中具有客观性意义，它使生存在向超越追问的过程中获取某种程度的有效性，并获取对自身的确信。雅氏在《哲学信仰》中说过，意识一般的主要特点就是使人们在主客分裂中把握对象。既然大全的阐明是基于主客分裂的，而且，大全的每一样态也是基于主客分裂的，那么，在大全中，意识一般的作用与意义就很明显："就其自身而言，意识一般是大全的一个不真实的连接。通过它，大全被区分为这些样态：根据其一，大全能够作为经验的自然过程而成为个体化的，成为可知的；根据其二，大全成为可理解的、自明的、总体化的现实或自由。经验实存与精神产生现实的诸形式；而意识一般是这样的形式：于其中，我们把大全视为普遍有效与可传达的条件。"①

意识一般的思维方式渗透到大全的每一种分裂中，并参与了每一样态的行为。但正是如此，雅氏认为，人们往往容易把意识一般与思维的普遍性相互混淆起来，在真正的哲学活动中必须区别意识一般与思维的普遍性。在他看来，思维的普遍性首先是指思维在形式上的优越性，表现在两个方面：一方面，大全诸样态只有进入人们的思维中，才能够向人们显现；另一方面，只有通过思维，大全诸样态才能够彼此联结，构成一个有机的存在论结构。诚然，意识一般与思维的普遍性两者之间有一定的联系，但思维的普遍性是超越了意识一般的东西，是"超越了自身的意识一般"，换言之，思维的普遍性是超越了即是我们自身的大全的实存意识、意识一般之意识、精神意识之总体的思维形式，同时又关涉大全的其他样态。而意识一般的对象只涉及世界，并不涉及存在自身，它以经验实存为基础获得实在内容，以精神为力量获得整体与意义。在处理大全诸样态之间的关系时，如果混淆了意识一般与思维的普遍性，将造成对存在自身进行对象式认知的后果。

---

① Karl Jaspers, *Reason and Existenz: Five Lectures*, trans., by William Earle, Routledge & Kegan Paul London, 1956, p. 59.

意识一般在大全中的意义与作用，使它与生存明显地区分开。意识一般强调认知结果的普遍有效性，意识一般中的个体仍然属于一般的人，而生存具有绝对的个体性，它强调在超越中逼近存在自身，生存并不导致任何确定的结论。两者亦有联系，在世界中，生存总是基于意识一般认识世界中的对象，生存在意识一般中显现，并通过意识一般获得确定性。虽然同属于"即是我们的大全"样态，但两者在大全中的地位并不同，生存始终要突破意识一般的方式，实现真正的自我存在。

3. 精神及其与生存的关系

在大全诸样态中，雅氏将精神置于"即是我们的大全"的最高处，是最高样态。生存不同于精神，不同于精神中的个体，生存属于绝对的个体性，它通过自我反思、自我阐明，在历史性中显现自身。精神在整体中意识到自身，而生存永远不可达到所谓的整体或者普遍。生存与其他生存处于无限的交往中，彼此永远也不可能达到普遍中的共性。精神是可把握的，而生存是不可最终把握的。两者也有关联，生存在精神中显现，并通过精神获得明晰性，精神成为生存得以突破自身之整体的意志的媒介，生存最终在绝对意识中超越精神而显现为不具有任何一般化的自我。因此，精神与意识一般一样，也是关涉世界中的内在存在方式，仍然属于理智范畴。

总之，在哲学活动中，实存之个体经验性，意识一般之绝对性，精神之观念性保持着紧密的联系，虽然区分于生存，但它们并不是无关紧要的，雅斯贝尔斯说："实存、意识一般、精神并不意味着是可分离的事实。确切地说，它们代表了三个起点，通过这些起点，我们能够感觉到即是我们的无所不包的存在，并在这些起点中，一切存在、任何科学上可研究的事物向我们显现。"[①] "无所不包的存在"即大全，实存、意识

---

① Karl Jaspers, *Reason and Existenz: Five Lectures*, trans., by William Earle, Routledge & Kegan Paul London, 1956, p.58.

一般、精神属于"即是我们的大全"样态，它们在世界中活动，并通过生存对超越与存在自身发生关联，这三者仅仅表达了人之存在的内在性，它们也无法渗透自我意识之反思的根源。相对于前三者，生存具有超越性，并为它们提供最终的意义，但生存要获取实在的内容与自我确信，又必须依赖于实存、意识一般与精神，同时，在大全中，生存又必须超越这些存在方式，朝向超越。实存、意识一般、精神与生存，是大全中属于人的样态，虽然生存与存在自身关涉，但它们中的任何一种样态都不是存在自身，而是"即是存在自身的大全"的显现。正因为对它们自身有限性的突破，人们才发觉在有限性之后还有无限的存在自身。进而雅氏强调，存在自身又是不可把握的，它分裂为世界与超越这两种样态，雅氏称世界与超越为"即是存在自身的大全"样态，这两种样态的关系表现为内在与超越。

二 世界及其与生存的关系

根据前文分析，超越活动的发生既有界限，更有作为发生之基本动力的哲学追问。对存在自身的追问是无休止的。雅氏认为，当人们追问"即是我们的大全"是否就是存在自身时，就超越了它的内在性，超越了它作为有限意识的界限，存在自身就在人们的经验过程中间接地表明自己，但人们无法像把握"即是我们的存在"那样来把握它，当人们自以为把握了它时，它却隐而不显，表现出了一种无限向后退的趋势，雅氏把这种存在称为"世界"。人们从"即是我们的存在"样态（实存、意识一般、精神）逼近存在自身。在向自身之外的超越中与外在的现实相遇，也就是说，意识与其相对的实在相遇，这样的现实就是世界。世界是现实的源泉，也是人们的经验存在所是的；人们对于世界的认识是客观的，它通过进入人们的意识而向人自己显现。

生存与生存在世界中交往，但生存却不是世界中的经验存在。世最大的特点就是作为普遍有效性之整体,而生存属于历史性中的个体。生存通过意识一般意识到世界的对象性。生存与世界的关系不离不合,在它们之间保持着一种张力,使两者既不能分离,成为互不干涉的,也不可能完全"合一",而消解彼此的独立性。生存与世界的关系,按照雅氏的思想,其实是自由的生存之存在与客观的世界之存在之间的关系,在意识对世界存在的探源与对生存之阐明的过程中,这两种存在是如此接近地联系起来。两者亦有明显区别,客观意义上的存在根本不同于自由意义上的存在,两者甚至会互相排斥。① 世界的特点是客观性与时间性,而永恒性却是生存的特点:一个是有效的,总是在确定中获取确定的认知,另一个总是失败,对存在自身永远不可把握的无奈;一个属于知识的问题,另一个属于自由的问题。

三 超越在哲学信仰中的意义

通过对"即是我们的存在"之界限的意识,雅氏指出,还有另一种作为存在自身的东西,它既不像"即是我们的存在"那样,在可研究的经验世界中显现自己,也不像世界那样间接地表明自己,"它是那种作为绝对的大全,就像是我们既不能看见,也不能认识的确定的系词'是'那样的东西"②。它有自己独特的显现方式,雅氏把这样的存在称为"超越",正如本书在第四章探讨的。

1. 作为"即是存在自身"的超越

在前文我们曾引用雅氏的一段话,这段话对于理解他的"超越"之存在很重要,有必要再次引用:"超越的现实既不是经验存在,就像是被

---

① Karl Jaspers, *Philosophy* (Vol. 1), trans., by E. B. Ashton, Chicago: The University of Chicago Press, 1969–1971, p. 58.
② Karl Jaspers, *Reason and Existenz: Five Lectures*, trans., by William Earle, Routledge & Kegan Paul London, 1956, p. 60.

物化了的超越，亦不是超越中的另一个世界，它的经验有赖于内在存在的突破，在生存与存在遭遇的历史时刻的突破。超越既不在这个世界，亦不在另一个世界。它就在边缘处境中——当我真正的是我自己我才面对超越时的处境。"① 也就是说，超越是这样的现实：它既不同于经验实在，因此不能被物化；又不同于与人们无关的另外一个世界，因此不能将其神秘化。对雅氏来说，超越自身具有互相矛盾的一面，它或者"什么也不是"，或者"又是一切"。一方面，人们无法确切地把握超越，已经了解的，进入人们的视域中的，始终是确定的存在，超越对人们似乎遥不可及，甚至人们会怀疑它是否存在，"因此，对我们来说，超越存在什么也不是，因为凡是对我们存在着的东西都是以实际存在的形态存在着的"②。另一方面，超越是任何存在着的东西的确定，任何实际存在着的东西都从超越那里获得真实性与意义，在这层意义上，超越又是一切，"而因此，对我们来说，超越存在又是一切，因为对我们实际存在着的东西只当它与超越存在发生关联时，或者说，只当它是超越存在的密码时，才是真正的存在"③。

2. 超越与生存在大全中的关系

本书在前面章节主要讨论了生存与超越如何关涉的问题，而在大全视域中，作为大全不同样态的超越与生存之间亦存在特殊的关系，这种关系是对哲学信仰的进一步阐明，体现了超越在大全中的意义。

按照雅氏，超越从生存自身获取存在意义，生存是人对超越确信的根源，只有与超越相关涉时，人才能够由实存状态飞跃到生存状态。在大全中，唯有在超越面前，生存才释放自身，并且成为独一无二的；唯

---

① Karl Jaspers, *Philosophy* (Vol. 3), trans., by E. B. Ashton, Chicago: The University of Chicago Press, 1969–1971, p. 13.
② [德]卡尔·雅斯贝斯：《生存哲学》，王玖兴译，上海译文出版社2005年版，第73页。
③ [德]卡尔·雅斯贝斯：《生存哲学》，王玖兴译，第73页。

第六章 哲学信仰的视域——大全

有在生存面前,超越才具有意义。两者是互为彼此的,对生存而言,其彼者是超越;对超越而言,其彼者是生存。超越是使生存成为它自己的那个势力,生存之所以是自由的,恰恰就在于超越的缘故。雅氏以"生存"观念改变了以往哲学中存在(在他这里是"超越")的空洞、不可知,或作为纯粹对象的状况,在生存面前,存在成为真正的现实;他又以"超越"观念改变了以往哲学中生存的或者经验性,或者独断性的状况,如果没有超越,生存就会变得冷酷、贫乏、没有信仰。进而,雅氏将生存与超越的关涉放置于大全视域,大全视域保全了生存与超越的特殊关系,因其开放性与广阔性,大全视域保证并保障了生存对超越的自由与生存性信仰。

在生存与超越的关系中,我们似乎可以看到克尔凯戈尔与他的上帝的关系。虽然从克氏有关个体的人的信仰思想中,雅斯贝尔斯受到了启发与影响,他却认为克尔凯戈尔的宗教信仰是荒谬的,因为在克氏无限弃绝的信仰运动中,世界及其一切存在都消失了,而在雅氏这里,克尔凯戈尔式非此即彼的选择表现得更多的是包容,这一点我们可以在大全诸样态中自我不同存在方式之间的关系看到。雅氏一直反对人们把超越当作某种具有神秘性的东西,在他的哲学信仰中,他坚持超越既不是自然,也不是世界,更不是上帝,纵使超越具有神性,也并不是传统意义中的,或者宗教意义中的神。很多人认为雅斯贝尔斯的思想具有神秘主义倾向,对他们来说,雅氏的坚持显得很苍白。不过,在对宗教与哲学上的至上超越性进行区别时,我们仍然会感到雅斯贝尔斯所做出的语言、方法与思想方面的努力。

除了与生存具有丰富的、特殊的关系外,超越还是生存与世界的源泉。一方面,生存与世界都属于内在存在,它们要获得现实性,就必须突破自身的界限,向超越性存在飞越;另一方面,无论是"即是我们的存在",还是"即是内在存在"的世界,都无法从根本上解决自由意识,无法解决生存对最深刻的本真的追问以及对形而上的探求等问题，也都无法对它们提供根本的原因，只有超越才真正地与这些问题相关涉，并为它们提供源泉，在这个意义上，雅氏认为超越也是世界的源泉。

3. 超越：作为哲学信仰的表达

雅氏认为，虽然在历史性中，人们保持着对宗教、对无神论——当上帝死亡或者成为异于人们的陌生者时——的根源，但是，哲学又必须拥有自己的现实，确立自己的存在，拥有自己的信仰，他说过，一切哲学思维的目标就是获得对一切超越的确信，尤其在克尔凯戈尔与尼采之后，雅氏更是强调，哲学必须确立自己的信仰，这也是时代迫切的需要。雅斯贝尔斯也区分了哲学信仰与其他两种信仰：启示信仰与无神论信仰。当然，雅氏是在克尔凯戈尔与尼采的意义上讨论这两种信仰的。他认为，哲学信仰作为一种新的哲学行为，一方面确立了无限开放的真理，如此就消除了无神论所主张的"没有什么是真的"；另一方面，面对启示信仰，即面对一个确定的人格神，人们被束缚在这一确定的对象中，失去了自由，失去了对一切可能性的追求，但哲学信仰属于人的自由的信仰，能够"无限制地把握大全的一切可能性"①，也可以说，只有在大全视域中，才可以无限制地把握一切可能性。

正如本书在前面考察过的，雅斯贝尔斯的哲学信仰思想最直接地来源于他对时代状况的判断，也来源于克尔凯戈尔与尼采的影响，克尔凯戈尔与尼采不同的信仰使雅氏看到了哲学有自己的信仰的可能。在雅氏哲学信仰中，超越的意义就在于：阐明生存在无限的超越性诉求中确立自己的信仰。在雅氏对克尔凯戈尔与尼采的思想的批判中，我们亦发现，雅斯贝尔斯又似乎在努力协调两种关系，在他看来也许是两种极端，即对上帝之殉道的启示信仰与颠覆上帝之存在的无神论，因为他明确承认：

---

① Karl Jaspers, *Reason and Existenz: Five Lectures*, trans., by William Earle, Routledge & Kegan Paul London, 1956, p. 139.

哲学必须在这两者之间运动。无论如何，雅氏哲学信仰的努力就是，他试图使人们避免陷入迷信或者虚无主义。然而问题在于，虽然雅斯贝尔斯是基于时代信仰的危机，基于与传统哲学的区分提出生存对超越之哲学信仰的，但无论他如何努力克服信仰的虚无化与专制化，都无法避免超越之存在对生存的绝对关系。这种关系在他的强调下或许会成为束缚生存的绝对力量，恰恰由于超越又是信仰的表达，这样，超越可能会成为生存的绝对权威，也可能导致生存对它的怀疑。另外，作为大全样态之一的超越，如果失去了与生存的关涉，可能就会成为外在于人的纯粹客体，那么，超越又如何保障它与生存的关涉？如何解决？如何避免？雅氏哲学或许会落入传统哲学之窠臼？或许基于此原因，雅斯贝尔斯才提出了大全？那么，在大全视域中，超越与大全之间又存在什么样的关系？它们的关系对哲学信仰又有何意义？我们稍后再做分解。

四　再论理性及其在哲学信仰中的意义

对于雅斯贝尔斯思想中的理性这一观念，本书曾在不同的地方讨论过，不过，当时主要涉及的是作为哲学信仰性质的理性。相应地也提到，理性在雅氏思想中首先具有的两个优越性：一是体现在大全诸样态中，二是理性向非理性自身开放。理性的这两个优越性，主要体现了它在大全样态中的作用与意义，以及它在大全中与生存的关系。这里讨论的理性，主要涉及的是作为大全样态的理性。

1. 理性在大全样态中的意义

理性在大全诸样态中的优越性，主要体现在它首先是一个连接的枢纽。雅氏认为，理性是使大全诸样态趋向统一的连接，理性自身的特点就是趋向统一。继而在雅氏看来，既然理性与大全的每一样态都有关联，那么，它本身就必须是一个"持续的运动"，它需要不断地突破大全的一个样态，向另一个样态飞跃，每一次的飞跃都是对界限的突破，因此，理性又是对自我界限不断突破的无限运动。在无限的运动中，理性能够实现"那种通过理性向我们显现的存在自身的安宁"①。虽然雅斯贝尔斯也将理性作为大全的一种样态，但理性并不同于其他样态，它不是一个大全赖以显现自身的样态，而毋宁是使大全在被连接的诸样态中得以显现的样态，正如一列火车，诸节车厢构成了大全诸样态，理性不是车厢，而是车厢与车厢之间的连接，在这层意义上讲，理性自身并不是独立的，理性与其他样态共同构成了一个统一体。所以雅氏强调，一方面，既不能在大全的每一样态中把握理性，因为它根本不在诸样态中显现自身；另一方面，也不能使理性陷于每一样态中，而误将诸样态的思维特点当成是属于理性自身的特点。

2. 理性与生存在大全中的关系

理性的重要性不仅表现在对大全诸样态的连接上，它与生存之间的张力，亦构成了雅氏整个大全思想重要的一环。根据前文分析，当克尔凯戈尔与尼采从生存角度对待理性时，雅斯贝尔斯便将他们的理性与生存及其之间的关系，纳入自己的大全思想中。理性与生存及其之间的关系，在雅氏思想中占有重要的地位，甚至可以说，它们不仅是其大全思想，而且也是他终其一生的思想与人生体验之灵魂。雅斯贝尔斯最重要的著作之一，也是以"理性与生存"命名的，这就是1935年出版的《理性与生存》（*Reason and Existenz*）。我们清楚，雅斯贝尔斯对待理性的态度基于他对非理性的态度，正如他所说："我的全部理性建基于非理性之上。"② 理性的第二个优越性，就体现在理性向非理性自身开放。在雅氏思想中，非理性只有通过理性才能够获取意义，不过，就其本质而

---

① Karl Jaspers, *Reason and Existenz: Five Lectures*, trans., by William Earle, Routledge & Kegan Paul London, 1956, p. 65.

② Karl Jaspers, *Reason and Existenz: Five Lectures*, trans., by William Earle, Routledge & Kegan Paul London, 1956, p. 119.

言，这里的"非理性"正是"生存"。

雅氏说，理性与生存"彼此在大全的每一样态中相遇"，它们之间互相依存，关系紧密，"一个消失了，另一个也跟着消失"①。而且，"生存只有通过理性才变得明晰；理性只有通过生存才具有内容"②。也就是说，如果没有了来自生存的内容，理性自身就变得空洞、无意义；生存在理性中进行自我阐明，并获得明晰性。生存与理性共同的作用体现在大全诸样态的联系中，在诸样态中，"生存是其根源，理性是其联结"③。

3. 理性的意义

哲学上，理性问题虽然是一个古老的问题，在雅氏这里被重新提出来，却有深刻的意义。

第一，雅氏将理性放在与生存之间的关系中提出来，而他思想中的理性又不同于传统哲学中的理性。正如我们在前文分析的，他的理性具有能够使人们窥见至上存在的能力，同时又保障生存对超越信仰之理性特点，但也正因为如此，很多人认为雅氏的哲学思想具有非理性的特点，雅氏本人并不这么看待，他如是说："我既不是非理性地，又不是理性地进行哲学活动。但是，我感觉在其特殊的地方我发现了每一特殊的形式，发现了思维的特点。"④ 至少我们可以理解为，雅氏是在理性与生存的张力中讨论理性的。在理性与生存之间，生存使理性不至于成为意识一般，生存有理性的保障，理性使生存免于堕落于或作为偶然之经验对象，或作为普遍中的个体、整体中的一部分，在理性中，生存又保持绝对独立

---

① Karl Jaspers, *Reason and Existenz: Five Lectures*, trans., by William Earle, Routledge & Kegan Paul London, 1956, p. 67.

② Karl Jaspers, *Reason and Existenz: Five Lectures*, trans., by William Earle, Routledge & Kegan Paul London, 1956, p. 67.

③ Karl Jaspers, *Reason and Existenz: Five Lectures*, trans., by William Earle, Routledge & Kegan Paul London, 1956, p. 107.

④ Paul Arthur Schilpp, *The Philosophy of Karl Jaspers*, New York: Tudor Pub. Co., 1957, p. 797.

的个体性。理性与生存之间，这里的生存亦体现了雅斯贝尔斯的独特。虽然克尔凯戈尔与尼采在自身体验中显现出生存性的品性，但雅氏认为，他们并没有系统地讨论这个观念，而且，他们对理性的批评，多少影响了他们对生存与理性之间关系的重视。"生存"也出现在海德格尔的思想中，在《存在与时间》中，一个核心的概念是"此在"，海德格尔用它来表达不同于以往哲学中人之存在的状态，"此在"被海德格尔当作人的最本真状态，"此在"最主要的特性是"生存"。但在雅斯贝尔斯看来，"此在"并不是人之本真的状态，并没有完全摆脱人之存在的经验性，"此在"属于大全中的经验实存这一样态，他认为被海德格尔忽视了的恰恰是人之本真存在，属于真正的自我存在的方式。其实，这是雅斯贝尔斯的误解与偏见，已有研究者做过这方面的讨论，本书不再赘述。

第二，在雅氏思想中，因为生存与理性、与超越的特殊关系，理性与信仰的关系亦有不同的表现。理性与信仰曾经是水火难容的两极，在雅氏哲学信仰中却发生了戏剧性的改变：生存成为理性与信仰的纽带，也唯有通过理性，生存才会在对超越的无限诉求中显现自身的信仰，可以说，理性是信仰得以实现的保障。

通过以上对大全各个样态及其一些关系的考察，我们发现，在大全诸样态中，生存具有基础性的地位。"生存之信仰在生存自身中是绝对的，一切为它的事物都基于此，而且在其中，精神、意识一般、经验实存都被决定并被一起连接于这个绝对的信仰中，在这里，第一次出现了动力与目标；在这里，克尔凯戈尔的命题'信仰即存在'得到了应用。"[①] 生存是诸样态的动力，并赋予其他一切样态以意义，就这方面而言，生存就是大全。而且，生存与大全诸样态的关系也很紧密，这种关系体现在生存对其他样态的意义上。如果没有生存，经验实存、意识一般、精神就好像变成无根

---

① Karl Jaspers, *Reason and Existenz: Five Lectures*, trans., by William Earle, Routledge & Kegan Paul London, 1956, p. 63.

基、虚假的纯粹经验对象了，如果没有生存，世界与超越也变得空洞。但是，若要实现自身成为与存在相关联的个体性自我，生存就必须突破经验实存与世界的束缚，并与超越相关涉。所有的大全样态都根源于超越。雅氏强调，在大全的各个样态中，超越是最真实的存在，它表达了一切哲学信仰，生存与超越的关系构成了生存的信仰，大全的各个样态都被纳入生存的信仰中，并且保持着一定的关联。在生存的信仰中，由各个样态共同构成的生存性哲学活动，最终成为大全自身的阐明。

第三节　有关大全内部的逻辑关系问题

柯劳斯认为，可以把雅斯贝尔斯所有的大全样态归结为两种世界：一种是主观世界，也就是"即是我们的大全"世界；另一种是客观世界，也就是"即是存在自身的大全"世界。我们清楚，雅斯贝尔斯主要的思维方法是主客分裂，并最终实现对主客分裂的超越，他对主体与客体、对主观与客观有个基本的看法，认为这两极彼此相连，当人们言及主观时，必是在相对于客观的意义上来说的，而且，对真正的存在的理解，只能通过主客分裂的超越来实现。柯劳斯将"即是我们的大全"和"即是存在自身的大全"的关系说成是主观与客观的关系，有一定的道理，但问题还不仅仅在于此，东方思维，尤其是中国哲学思维是否对雅氏有影响，暂且不提。因为同时，人们并不能把大全诸样态简单地归结为主观世界与客观世界，如果这样的话，雅氏一再强调的哲学信仰方法就失去了意义，这样的理解可能会教条地理解雅斯贝尔斯，也就误解了作为理性、生存、超越之大全样态，以及大全自身的真正意义，从而无法真正地理解雅氏的大全思想。另外，也不能把大全的每一种样态教条地要么当作主体，要么当作客体，也是前文专门讨论过的，如生存既不是主观的，也不是客观的，而是在主客分裂的两极中显现自身，而且，生存最终要超越主客分裂，实现与超越的"一"。

总之，按照雅氏的思想，大全的各个样态都不能被当作客观对象来把握，它们自身也是无法最终把握的。根据前文对雅氏哲学方法的分析，我们知道，雅氏的划分是基于主客分裂的思维方法，而主客分裂只是一种权宜之计，当他具体讨论某种存在方式时，他又用非客观性的方法来超越或纯粹的客观性，或纯粹的主观性。

有关大全与诸样态的关系，及其诸样态之间的逻辑关系，雅斯贝尔斯在《理性与生存》这本书中有所论述。在由石尔普编撰的《雅斯贝尔斯的哲学》这本书中，雅斯贝尔斯的反驳意见中亦有简单分析。对大全与诸样态的关系，及其诸样态之间彼此的关系的把握，有助于我们更好地理解雅斯贝尔斯的思想，其间的逻辑关系也是大全思想的有机构成。我们看到，国内学者很少注意大全与诸样态的关系，及其诸样态之间彼此的关系，而国外学者往往对这方面的理解又有失偏颇。

一 大全与它的样态之间的逻辑关系

在对待存在自身与现象诸物的关系方面，哲学史上曾经有两种相对的趋势：一种认为，人们可以从世界中的现象推导出存在自身；另一种与之相反，认为人们可以从存在自身，或者从一个绝对原则推演出包括一切客观认知的具体事物，也包括人在内的整个世界。在雅氏看来，这样的推导根本无法把握真正的存在，从万事万物中推导出来的存在并不是存在自身而是被客观认知的，或者是人们设想的对象；从存在自身演绎出整个世界的做法也值得怀疑，因为其中的存在自身是被人们已经预知的、确定不变的对象，换言之，这个存在自身必定是预先在认知上被把握了的，所以雅氏说："一个彻底的演绎从未成功过，也决不可能成功。"[1]

---

[1] Karl Jaspers, *Reason and Existenz: Five Lectures*, trans., by William Earle, Routledge & Kegan Paul London, 1956, p. 71.

第六章 哲学信仰的视域——大全

当人们面对的是大全,一个不具有认知性、非客观的东西时,雅氏认为,绝不能按照推演的方式处理大全与诸样态之间的关系,也就是说,大全与诸样态的关系不是彼此演绎而来的。就大全与诸样态之间的关系,人们既不能把大全当作一个什么总的原则,或者一个能被认知的、具有客观化功能或当作确定的对象,能够演绎出它的一切样态。显然,也不能想当然地认为大全自身是从诸样态中推衍而来的。按照雅氏的意思,当大全显现为经验实存这一样态时,人们决不能从任何客观认知的经验事物中推衍出实存大全。同样,在作为大全的诸样态中,人们也不能进行这样的推演,例如,对于作为整体之精神的大全样态,人们不可能从显现于人们的特殊的个体中推演出它,对于作为意识一般的大全样态,不能从意识中的特殊事物推演出绝对意识。因为雅氏指出,这种状况自从克尔凯戈尔与尼采之后就改变了:哲学思想不再是一个封闭的、简单的体系,不再是通过一个绝对的、总的原则演绎而来,哲学本质上就是活动,就是生存。

二 各个样态之间在大全视域中的逻辑关系

至于各个样态之间的关系,也不是彼此演绎而来的。

在大全视域中,各个样态互相关联,彼此共生共长,一个离不开一个。对此,雅斯贝尔斯亦有明确述说,在大全各个样态中,"两者之间的关系不是那种简单的互惠,而是上上下下运动的关系。一个人不能期望较高的东西机械地从较低的东西那里产生,或者较高的东西将较低的东西当成条件,而较高的东西能够基于它产生。因为,较高的东西有它自己的恰当的原因,较高者赋予较低者以显现和次序,却不能产生较低者"[1]。所以,在"即是我们的大全"的各个样态与生存之间,彼此并不

---

[1] Karl Jaspers, *Reason and Existenz: Five Lectures*, trans., by William Earle, Routledge & Kegan Paul London, 1956, p.75.

是一个个孤立的、毫无关联的存在，也不可替换。在雅氏的交往理论中，对它们之间的紧密关联状态亦有说明，亦显出它们之间的这种关系对交往真理与整体交往意志的重要性，也就是说，真正的交往离不开各个样态之间的连续性与关联性，较高层次的交往从较低层次的交往中获取可能性，同时为其指明方向。不过，人们或许会有这样的看法：在大全中，既然超越是所有样态的最终根源，那么，雅斯贝尔斯的大全诸样态及其之间的关系，是否表明他对现实世界的否定，最终会使他走向具有神秘主义色彩的超越，或者走向虚无。实际上，这是一种误解，雅斯贝尔斯并不否弃现实，而且大全思想恰恰避免了虚无主义。因为大全并不是空无任何内容的东西，它是具有诸多样态的广大无边。

　　克尔凯戈尔曾经详细地讨论过在人生诸领域进行非此即彼选择的问题，如果人们熟悉这一思想，可能会以此将克尔凯戈尔与雅斯贝尔斯联系起来，只要认真比较，我们就会发现两人根本不同的哲学态度。克尔凯戈尔有关人生的三种领域：审美领域，伦理领域，宗教领域。这三种领域之间是非此即彼的选择，也就是说，你如果选择了伦理性的生活方式，那么，你就无法选择宗教信仰，也就无法追随上帝。在克尔凯戈尔的个体性体验中，他试图与上帝进行沟通，但前提是必须弃绝自己的现实生活，这也是一个对现实不断地虚无化的过程，是荒谬的运动。当然，就克尔凯戈尔对这三种领域的划分而言，我们无法不怀疑雅斯贝尔斯从中受到启发，而构建了他的大全诸样态，即便如此，我们也绝不怀疑雅氏在这里所表现出的批判性与超越性。从实存、意识一般、精神、生存、超越、世界、理性之间的关系来看，生存确实是雅氏所认为的、能够表现出真正的个体性的东西，但生存对其他样态的超越又不是简单地、一味否弃的过程，也不属于价值选择的问题，在交往沟通中，生存从实存、意识一般、精神与世界中获取作为个体之本质的稳定性，获取自身的存在处境，又从理性那里获取自己

第六章 哲学信仰的视域——大全

的明晰性。克尔凯戈尔让亚伯拉罕最终得到了上帝的爱,虽然后者并未同时失去自己的儿子,但现实中的克尔凯戈尔却犹豫了、后悔了:与雷吉娜共同生活并不与他对上帝的爱相冲突,伦理生活与宗教生活除了非此即彼的选择外,还有沟通。而且,在雅氏看来,对上帝的信仰束缚了人的自由,而在他的哲学信仰中,因为大全视域,生存对超越的运动是永无止境的,超越对生存亦无限开放。

此外,大全诸样态之间除了"上上下下运动"的交往关系外,雅氏还认为它们之间并不是简单的一种关乎水平性的状态,而是具有层级性的状态,例如,生存优于经验实存,优于意识一般,而精神又比意识一般优越,不过,在诸样态中,除了超越,"再没有其他哪个大全样态能够宣称自己具有绝对的优越性"[①]。换言之,在大全各个样态之间构成的层级关系中,超越之存在超越了其他一切样态,在这层意义上雅氏讲,超越是"一切大全的大全"。但超越同时又是隐匿的,人们只是通过对其他样态——这些样态都是作为超越的密码——的解读来理解超越。所以,对于大全各个样态之间的关系,不能想当然地随意安排、随意想象。雅氏也是一直注重它们之间的这种逻辑关系,一再强调:"一个人绝不应当忘记大全的每一样态对其他样态之间的关系,不能忘记这种关系的方向。"[②] 只是人们往往忽视了这一点。

就逻辑意义而言,大全各个样态之间的这些关系构成了一个具有内在的、有机连接的存在结构,而不是简单的次序问题,所以雅氏说:"有关大全各个样态层级的问题,是一个存在论的问题,而不只是存在诸样态的一个相对价值,或者是诸样态的可能的冲突——只有在样态之一的

[①] Karl Jaspers, *Reason and Existenz: Five Lectures*, trans., by William Earle, Routledge & Kegan Paul London, 1956, p. 107.

[②] Karl Jaspers, *Reason and Existenz: Five Lectures*, trans., by William Earle, Routledge & Kegan Paul London, 1956, p. 75.

层次上才有可能的问题。"① 在大全各个样态中，没有绝对的起点，每一种样态都可以说是一个起点。

总之，大全与其各个样态之间保持着一定的张力。因为有了各个样态及其之间的关系，才使得大全免于堕入虚无；因为有了大全，才使得各个样态之间有了交往、有了行动方向，不至于使自己堕入无意义的、散乱的、盲目的泥潭。不过在雅氏看来，如果人们进一步想当然地认为诸样态在大全的指引下会形成一个可知的整体，或者会走向一个自我完善的和谐统一体，那么这种设想就错了，与黑格尔不同，雅氏认为他的大全思想并不提供任何关于可认知的客观整体，也不提供封闭的统一体系。大全毋宁是一种思维态度，一种视域，一种生存的可能。

第四节　超越与大全

有时候，雅斯贝尔斯会把历史上的"存在"，诸如"相""物自体"等，称为"超越"，有时候又把它们称为"大全"，当然，他认为这些"存在"与他自己思想中的"超越"和"大全"不能雷同。那么，雅氏究竟在何种意义上认为"相""物自体"就是"超越"？在何种意义上"相""物自体"又被称为"大全"？这里主要涉及的是超越与大全的关系问题。对于超越与大全之间的关系的正确认识，有利于我们更好地理解雅氏的哲学思想，有利于我们对雅氏的哲学与传统哲学进行比较，也有利于我们进一步把握大全视域下哲学信仰的意义。

一　在超越与大全的相异中理解两者的关系

根据前文交待，大全是无所不包的，所有的存在样态都在大全的统

---

① Karl Jaspers, *Reason and Existenz: Five Lectures*, trans., by William Earle, Routledge & Kegan Paul London, 1956, p. 108.

摄之中，超越是大全的一种样态，只不过对雅氏来说，超越属于所有样态中最完美的样态，是大全中的最高样态。大全不可最终被把握，它总是无限地向后退，超越了一切对象、一切视域。基于大全之分裂样态，雅氏随后又总结，大全分裂为三个主要的存在样态："世界""生存""超越"。他认为，当这三种样态向人们显现为"一"时，亦即生存通过与超越的相关涉意识到"存在自身"时，这里，"存在自身"即大全，而超越则是大全的显现，人们通过与大全显现样态的关涉来理解大全自身。超越与大全的相异，亦表现在两者对生存的关系上。在雅氏思想中，一方面，超越对生存而言是普遍的，即超越是生存面对的唯一普遍的现实，除此之外再没有任何其他可能；另一方面，超越又是一切大全的大全，就自身而言是绝对的"一"，也就是说，从生存的角度出发，超越是普遍与"一"的统一。大全则是生存广大无边的视域，在大全所有样态中，生存属于自我最本真的存在方式，也只有它才能与超越关涉。具言之，就其对生存的意义而言，超越表达了生存之信仰的确信，使生存能够实现真正的自我存在，并使生存性哲学信仰最终得以确立；而大全则使生存能够实现自我存在与存在自身的观照，保障生存之信仰的自由与开放，大全视域为生存提供了无限超越的空间。

二 在超越与大全的互摄中理解两者的关系

超越与大全都超越了一切对象，属于超越的领域，当生存追问它们时，它们似乎总是处于遥远的地平线。两者都属于非客观的，不能被最终确定，人们也不能通过客观的方法认知它们。对雅氏来说，它们都表达了作为存在自身的意义。

从大全各个样态之间的关系来看，如果生存积极参与到每一样态中，那么，每一样态都有可能在交往中实现自身的超越，而与超越相关联。例如，实存只有意识到自身的界限，才可能走向生存，生存只有面对超越,才是真实的自我存在。换言之,大全的各个存在样态都把超越视为自己的理想状态,都指向超越。在此意义上,雅氏的大全即超越。作为最完美的存在样态,超越并不直接显现,它只能通过密码显现自身。大全的其他存在样态都是作为超越的密码而存在的,也就是说,其他样态都是超越的显现。在此意义上,雅氏的超越即大全。所以,当雅斯贝尔斯用超越表达"相""物自体"等存在自身时,我们就不会感到疑惑,因为超越就是一切大全的大全,就是存在自身。

三 大全属于超越最终的旨归

众所周知,海德格尔有这样的看法:哲学把存在自身遗忘了。海氏认为,传统哲学家总是从对存在自身的追问开始,但似乎都无可避免地把一特定的、有具体名称的"存在者"当作最终的归宿。雅斯贝尔斯用不同的方式表达了相同的看法,一方面雅氏试图以不同于传统哲学的思维重建存在之说;另一方面,雅氏提出大全,不能不说也考虑到他的超越可能涉及"存在者"与"存在自身"这一疑难,虽然他反对将超越看作"存在者"而非"存在自身"。可以确信,雅斯贝尔斯与海德格尔在这一点上对传统哲学提出了同样本质的批评,同时,两人也同样在这一方面发展了传统存在论。具体在雅氏这里,虽然他一直强调,超越是生存之信仰的诉求,但同时他也说超越就是存在自身,由此难以避免地,也是有些学者批评的,雅氏思想中存在着上述海德格尔所述问题的倾向,也就是说,如果把超越作为最终的哲学信仰问题来看待,或者作为最终的存在自身,虽然在他这里,存在自身是生存性存在与超越性存在的同一,可能会重蹈将特定的"存在者"当作"存在自身"的覆辙,从而遗忘存在自身。为此雅氏提出大全以表达"存在自身"之存在。不过,我们仍然相信雅氏大全视域与哲学信仰的意义,超越虽然是对生存性哲学信仰的表达,但它并不终结任何信仰,因为无限开放的大全保证了超越

第六章 哲学信仰的视域——大全

的这一特点;大全为超越与生存的关系打开了一个开放的视域,使它们之间保持着永恒的、无限自由的张力。简言之,雅斯贝尔斯提出大全存在,一方面使自己的哲学信仰区分于宗教信仰;另一方面又把自己的思想与传统哲学区分开。鉴于此,大全是超越最终的旨归。

雅斯贝尔斯的思维是清晰的,当他谈及"相""物自体"等存在具有无所不包的特点,是作为一切"存在者"赖以存在的存在自身,而自身又不可最终被把握的时候,他认为这些"存在"就是大全本身。而当雅氏为了批评传统存在论,把"相""物自体"视为即是存在自身的显现时,"相""物自体"便与超越一样,都被他纳入了属于大全中的最高样态。

需要说明的是,在《哲学》中,雅斯贝尔斯并没有正式提出大全,因此,按照前文提到的《哲学》三卷本的划分主题,当他说"存在自身"时,指的是"超越",而他这个时候所谈到的历史上的"存在",诸如"相""物自体"等,往往指的就是"超越"。而《哲学》中的三大主题——"世界探源""生存阐明""形而上学",形成了对存在自身进行探寻的三个向度,当"世界""生存""超越"成为哲学活动中探寻存在自身的界限与跳板时,它们就共同指向了大全。它们不可分地构成了真正的存在即大全的三种样态,构成了生存对存在自身确定的信念。据此可以说,《哲学》虽然没有直接言及大全,但其中的思想内容却体现出大全之意蕴。此后,雅斯贝尔斯为了避免超越作为哲学信仰的表达而造成的对存在自身的遗忘之倾向,避免哲学信仰的虚无化与绝对化,在《理性与生存》中公开提出大全这一观念,使哲学信仰回到生存对存在自身的观照。

所以,我们既不能简单地等同超越与大全,亦不能忽视其中的任何一方,只有正确认识两者之间的相互区别与相互关系,才能正确理解雅斯贝尔斯的生存性哲学信仰。

第七章

哲学信仰的旨向——沟通

雅斯贝尔斯明确承认"孔子和老子"属于伟大的哲学家。在雅氏看来，孔子、老子、佛陀、基督，包括苏格拉底等，都是具有独立性的个体，他们的行为都属于个体的自由行为，他们在边缘处境中对人类境遇以及对超越性存在进行内在反思与体验，他们以不同的方式与"存在"关联、结合，"哲学的目标始终是获得作为个体的人的独立。通过与真正的存在建立关联，他达到这一目标。以他对超越的结合深度，他获得对发生在世界上任何事的独立。老子在道中发现的，苏格拉底在神谕和知识中发现的，耶利米在向他显示自己的耶和华中发现的，波埃修斯、布鲁诺、斯宾诺莎所知道的：那些正是使他们独立的"[①]。在这些哲学家内心都有终极关怀，他们的行为在雅氏看来，都属于个人生存式的哲学信仰行为。雅斯贝尔斯对哲学家的这些看法，体现了他自己对哲学的独特理解，即哲学就是哲学家的信仰表达。对于个体的哲学信仰诉求，雅氏这样说："一直以来，哲学的这一目标总是以矛盾为其特点：独立在远离世界的超然态度中、在出家和孤独中被发现——或者在世界自身中，通过世界，参与世界，却不屈从于世界中发现独立。因此，哲学家渴望他的自由，同时只与其他人的自由同在才是可能的，他渴望他的生命，在

---

① Karl Jaspers, *The Perennial Scope of Philosophy*, trans., by Ralph Manheim, New York: Philosophical Library, 1949, p. 166.

第七章 哲学信仰的旨向——沟通

与人们的交往中才能实现的生命,哲学家正是被称为傻子的孔子那样的人:'知其不可为而为之'——一个将自己运用到有限知识并将其现象绝对化的真理,但并未动摇哲学信仰更为深刻的真理之真理。"[①] 虽然哲学家独立的方式不同,但独立性是他们的共性;在世界中,哲学家的自由与他人之自由共在;与他人之交往、沟通中哲学家实现自己的自由,实现自身之存在之意义。生存、独立、自由、沟通是从哲学家自己而且通过哲学家内在生发的,在生存中意识到自身存在之意义,这是哲学家的信仰,是个体的哲学信仰。

雅斯贝尔斯将印度和中国作为人类不同于圣经宗教的另外两个伟大传统,按照他的哲学信仰的内在逻辑要求,其目的在于说明人类普遍沟通的可能。在雅氏《大哲学家》一书中,孔子、老子、佛陀首先是作为伟大的哲学家而存在的,雅氏认为,正是他们奠定了"轴心时代"不同于西方的东方哲学传统。而这些已经发生的,按照雅氏的说法,正是沟通让人们认识到了那地球上曾经产生的以及它们的伟大,沟通是不同文化理解的需要,沟通也将继续推进这种需要,使人们形成开放的视野,推进不同文化的深层理解。只有在哲学意义上的沟通,或者更具体地说是在哲学信仰的意义上此种沟通才可能实现。孔子、老子、佛陀、基督、苏格拉底所体现出来的个体性、生存性、独立性,他们的自由、参与其中等,具有共同性、公共性意义,不同文化源初意义上的共同性使其具有未来沟通之可能。在雅氏眼里,哲学信仰的视野是如此广泛和开阔,由于其根源,其已经产生的与将要产生的沟通是如此开放和自由,以至于对他来说,在这层意义上,哲学超越了宗教。按照雅氏的思想,只有以哲学信仰意义上的沟通为基础,才会使人们重新发现几千年前不同的哲学传统和文化样态,才能使人类的关系更加密切。

[①] Karl Jaspers, *The Perennial Scope of Philosophy*, trans., by Ralph Manheim, New York: Philosophical Library, 1949, pp. 166 – 167.

第一节　雅斯贝尔斯思想中的沟通

在雅斯贝尔斯思想中，有关沟通的思想占据非常重要的地位。雅氏认为，哲学的终极根源在于真实沟通的"意志"，而对真实沟通的追寻则体现了哲学的基本态度，而且，按照他的说法，一切哲学都在寻求沟通，力图表达自己并要求一种倾听，一切哲学都以沟通为本质，而沟通又是与真理不可分割的[①]，在雅氏这里，"沟通是真理最终被揭示的形式"[②]。甚至于他强调，哲学的目的就是沟通，"哲学信仰也可以被称作沟通中的信仰"[③]。沟通不仅是人与人之间不同程度的交往，通过人与人之间的真正沟通，不同文化之间的沟通也成为可能。对于雅氏的沟通思想，我们不能仅仅将其局限在人与人之间的交往中，而应该将其扩展至不同文化甚至整个人类的沟通，正如其大全视域中各个样态的关系，并不是仅仅局限于不同存在方式的人的交往。挖掘雅氏沟通思想的深刻意蕴，如此，我们就可以理解雅斯贝尔斯所提出的有关"轴心时代"的思想，进而理解他的世界哲学这一主张。

雅斯贝尔斯思想中所涉及的沟通问题主要体现在三个方面：人与人之间的沟通；人与超越之间的沟通；不同文化之间的沟通；在此基础上还有世界哲学之发展。鉴于沟通的前两方面在前文已交代，我们将对沟通的第三个方面以及雅氏的世界哲学思想做一阐述。

---

① ［德］卡尔·雅斯贝尔斯：《智慧之路》，柯锦华、范进译，中国国际广播出版社1988年版，第16页。
② Karl Jaspers, *The Perennial Scope of Philosophy*, trans., by Ralph Manheim, New York: Philosophical Library, 1949, p.46.
③ Karl Jaspers, *The Perennial Scope of Philosophy*, trans., by Ralph Manheim, New York: Philosophical Library, 1949, p.46.

第七章 哲学信仰的旨向——沟通

一 人与人之间的沟通

人与人之间的沟通问题,即人们常说的交往问题,也是本书在第三章交代的。对雅氏来说,人与人之间存在不同层次的交往,而不同层次的交往正是基于他对自我的不同存在方式的理解。在雅氏思想中,自我是以生存性与非生存性的方式进行哲学活动的,真正的生存性自我是一个具有丰富内涵的存在,它不是在孤立中,而是在交往中实现自身的。对于人与人之间的交往,雅斯贝尔斯非常重视,他认为,人与人之间真正的沟通体现在个体性生存与生存之间的交往中,"交往是生存的源泉"[①]。而且,为了表达交往的深刻与存在性,雅氏以"斗争"的过程来表达生存与生存之间的交往。雅氏关于人与人之间的交往思想注重交往中的自我意识,对他来说,自我意识实现的过程,也是自我在交往中追求存在自身的过程。概言之,雅氏交往思想的目的很清晰,即确信真正的自我,在交往中确信存在自身。

二 人与存在之间的沟通

至于人与存在之间的沟通,在雅氏哲学信仰中正是人与超越之间的沟通问题,我们在第四章做了论述。雅氏关于人与超越的沟通思想,突出体现了生存对存在的信仰,这方面的内容主要涉及:生存对超越的信仰之所以可能的问题,生存实现哲学信仰的方式与途径。另外,因超越的隐匿性,解读密码也属于生存与超越的沟通问题。

三 不同文化之间的沟通

不同文化之间的沟通问题,涉及大全视域下哲学信仰的普遍沟通

[①] Karl Jaspers, *Philosophy* (Vol. 2), trans., by E. B. Ashton, Chicago: The University of Chicago Press, 1969–1971, p. 55.

问题。

雅斯贝尔斯认为，迄今为止的哲学是源自从中国到西方的一个整体①。既然哲学是源自东西方的一个整体，那么，它何以是一个整体？在今天这个"整体"又向我们透露出哪些信息？这里牵涉到哲学沟通问题，对我们现实的，尤其是中国与西方不同文化之间的哲学沟通问题。雅氏说哲学就是"对人类根本的普遍性，对所有人与人之间的联系的一种活生生的表达"②。"人与人之间的联系"是"人类根本的普遍性"，哲学的本质就在于人与人之间的沟通的普遍性。人与人之间对彼此进行了解与理解的渴望，对不同文化认识的迫切需要，在今天，比历史上任何时候都显得重要。唯有通过沟通，才能使人类几千年前作为整体的哲学重新发生关联，在沟通中回到源初意义的统一。雅氏认为，除了西方的哲学传统，对于中国及印度两个文化领域的重新认识，正是人类普遍沟通的结果；反过来，对不同文化之间的理解与把握又加深了沟通的普遍性。当然，承认不同文化之间普遍沟通的可能，也是雅氏对过去三千年人类历史所呈现的伟大精神的认同，对人类哲学最初根源的认同。

"'哲学'这个词已经成为一个象征符号，象征我们对与传统进行持续对话的可能性的感激。这个词已成为我们的语言习惯，我们谈及它就像是和一个活生生的人交谈。"③ 这段话体现出雅氏对哲学之沟通性的关注，他认为哲学承载着人类传统，亦是人类传统之持续性的表达。在现代西方哲学家那里，与传统进行沟通并不是雅斯贝尔斯一个人的主张，但雅氏意义上的与传统的沟通却具有自身的独特之处，包括雅氏思想中的其他沟通思想，这段话至少传递了三方面的信息：一、哲学意味着

---

① Karl Jaspers, *The Perennial Scope of Philosophy*, trans., by Ralph Manheim, New York: Philosophical Library, 1949, p. 21.
② ［德］卡尔·雅斯贝尔斯：《智慧之路》，柯锦华、范进译，第7页。
③ Karl Jaspers, *The Perennial Scope of Philosophy*, trans., by Ralph Manheim, New York: Philosophical Library, 1949, p. 22.

第七章 哲学信仰的旨向——沟通

"交谈",意味着"对话",和哲学传统的"持续对话";二、其中的"传统"并不仅仅指哲学的西方传统,而是正如雅氏说的"源自从中国到西方的一个整体"①,指的是东西方整个的哲学传统;三、如果哲学固守于传统,在今天没有新的发展,未实现很好的沟通,那么哲学或哲学史就是死水一潭。雅氏提出与传统进行对话,其视野显然开阔得多,他将包括中国在内的所有哲学当作一个整体,认为无论是东方还是西方的哲学,都共同属于哲学史长河中的一页,属于哲学的整个传统。三千年前,哲学在中国、印度、西方奠定了自己的根基,构成它的内在意义与最初根源,在三千年以来各自的历史中形成了自身的传统。那么,如何在各自的传统中进行整个人类的普遍沟通,重新成就哲学之整体这个伟大的传统?雅氏做出了尝试,他以哲学信仰试图解决人类的普遍沟通问题,对雅氏来说,与传统的沟通体现了哲学的信仰本质,他的哲学信仰总是要求回到最初的根源②,回到它的传统。

同时,不同文化背景下的哲学具有自己的独特本性,不同的哲学具有不同的信仰途径与思维方式,面对不同的社会境遇具有不同的信仰内容,例如,孔子对仁的践行,老子对道的体悟,柏拉图在逻辑思维中对相的规定,康德哲学的批判态度等,这些都体现出哲学信仰的个体性,但雅氏认为哲学信仰的个体性并不排斥或否定沟通的可能;相反,正是哲学信仰的绝对个体性才保障了不同沟通的可能,毕竟在雅氏看来,对存在自身的信仰是所有哲学永恒的目标,可以说,个体性是哲学信仰之沟通成为可能的前提。这一点正如雅氏对个体性生存的理解,足以保持绝对独立性的个体才可能进入真正的交往中,同样,承认某种文化的绝

---

① Karl Jaspers, *The Perennial Scope of Philosophy*, trans., by Ralph Manheim, New York: Philosophical Library, 1949, p. 21.

② Karl Jaspers, *The Perennial Scope of Philosophy*, trans., by Ralph Manheim, New York: Philosophical Library, 1949, pp. 22 – 23.

对独立性是进入普遍沟通的条件,而所谓的普遍沟通即雅斯贝尔斯所称的大全视域下的沟通。在雅斯贝尔斯这里,哲学本质上属于个体对于超越性存在的信仰,哲学就是信仰,而哲学信仰就是人根本的存在方式,如此而论,在哲学信仰的共同存在方式中,人和人具有了沟通的可能。大全视域下的信仰始终保持开放,保持自由,为普遍的沟通提供了条件和保障。对于大全信仰,雅斯贝尔斯说:"没有人能以任何确定的形式把这种信仰称为是他自己所有:这是对真理之路的信仰,在这条路上所有真诚地寻找的人都能互相遇见。他们的思想仍然是敞开着的,他们并不把自己孤立起来。"①

以上三种沟通:人与人之间的沟通,人与超越之间的沟通,不同文化之间的沟通,互相影响,彼此之间存在着内在关联。第一种沟通是基础,保障了其他两种沟通的顺利进行,因为唯有绝对自由的、独立的个体性生存才可能进入真正普遍的沟通中;第二种沟通并不否定第一种沟通的可能,对于超越的绝对信念并不否弃个体的存在,正是由于超越的存在,个体性生存才在"爱的斗争"中实现彼此的沟通,唯有在真正的信仰面前,面对真正的存在,生存之间才有真实的沟通;第三种沟通使一切具有真正哲学信仰的人,使不同的文化能够进入大全视域,从而进行普遍的沟通。在雅斯贝尔斯思想中,前两种沟通都是为了进入第三种沟通而做准备的,第三种沟通显得更为重要,是他的哲学思想的最终目的,雅氏的世界哲学正是其现实发展。

第二节 世界哲学

很明显,世界哲学这一主题正是以上这三种沟通逻辑发展的必然。

---

① [德]卡尔·雅斯贝斯:《雅斯贝斯哲学自传》,王立权译,第100—101页。

第七章 哲学信仰的旨向——沟通

人与人之间的沟通、人与超越之存在的沟通、不同文化之间的沟通正是哲学信仰所包含的主要内容，从这种意义上可以说，雅斯贝尔斯的哲学信仰主题构成了其世界哲学思想的基础。

一 世界哲学何以可能？

雅斯贝尔斯认为，人类目前的哲学有一个共同的根源，都源自从中国到西方的一个整体①。雅氏的这个判断在今天看来，具有更重要的意义。人类具有共同的哲学根源上的"整体"性，按照这个说法，包括中国在内的其他世界各国文化曾经面临共同的人类处境，雅斯贝尔斯在其思想中，尤其在《大哲学家》这本著作中，阐明了不同文化领域中的不同哲学家对这个处境的思考，最终发现不同文化所具有的源初意义上的共同性。雅氏以哲学信仰来表达这个共同性，当然也说明这个整体是具有共同性的整体。从这个意义上说，雅斯贝尔斯论证了世界哲学所具有的合理性与现实性，意味着世界普遍交往具有理性上的可能性。从本质上讲，雅斯贝尔斯"世界哲学"是一个承诺，也是一个从源头上、基于世界不同哲学历史状况及未来发展的承诺，是人类基于已有共同传统并将继续这个传统的坚持和期许。基于人类共同的传统、在世界之整体中持续对话，形成具有普遍性哲学话语的世界哲学，在哲学的世界性意义中实现人类文明可能的普遍沟通，这也是雅斯贝尔斯由哲学信仰思想走向世界哲学的必然。

雅斯贝尔斯世界哲学如何可能？根据哲学信仰思想内容，我们可以从以下几个方面窥见一斑：

其一，历史性中超越的密码。除了自然的、历史的、意识一般、人的密码外，雅氏亦关注不同思想家的思想密码，正如他关注的孔子、老

---

① Karl Jaspers, *The Perennial Scope of Philosophy*, trans., by Ralph Manheim, New York: Philosophical Library, 1949, p. 21.

子、佛陀、柏拉图、康德等哲学家，他认为人类一切的哲学之追问都属于超越之密码。一定程度上，雅氏的密码思想客观上将促进不同文化之间的广泛交流，开启世界哲学之大门。正如在当代我们看到的，不同文化领域的思想家对于异于自身文化的思想的研究已蔚然成风。

其二，大全视域。虽然雅氏的大全思想是当代西方思想家在特殊的时代对存在问题的思考，不过，与其说大全是有关存在之学说，毋宁说其是一种存在之视域，很多时候，雅氏也是在这种意义上阐述大全的。如果说康德的物自体具有限制意义，限制理性的适用范围，限制人类知识的能力，那么，雅斯贝尔斯的大全则具有无限开放之义，理性促使生存不断地朝向大全存在，大全存在无限地后退，开放出广阔的视域。大全视域中的理性除了对哲学信仰与生存具有保障性外，还连接、协调着大全内部每一方的关系与交往，使其中的交往不断朝向真理，不断走向普遍。所以，大全视域的广阔性与开放性使其避免任何的"自我中心"，例如"欧洲中心论"，大全视域中的世界哲学"是一种新的思想构想，其开放性和交往能力使得它可以接受来自欧洲之外的思想传统"[①]。

其三，生存。雅斯贝尔斯哲学信仰强调，生存属于真正的自我性存在。哲学信仰维持人的生存实践，证明每个人都有能力成就自己，认为生存通过自身之内在行为，在自我的绝对意识中实现与存在的同一，正如传统儒家所主张的每个人都可以在道德实践中成就自身。"人皆可以为尧舜。"（《孟子·告子章句下》）"故涂之人可以为禹。"（《荀子·性恶》）哲学信仰中，生存具有独立性、个体性，面对存在自身，生存实现作为人的自由、人的尊严，诚如"仁远乎哉？我欲仁，斯仁至矣"（《论语·述而》）。"为人由己，而由人乎哉？"（《论语·颜渊》）这份自由与人的尊严是无可比拟的，是人内在拥有的。当然，雅氏强调人的个

[①] ［德］卡·雅斯贝尔斯等：《哲学与信仰：雅斯贝尔斯哲学研究》，鲁路译，第188页。

体性，是相较于西方传统哲学中"一般的人"与"普遍的人"，但又不是极端化、孤立状态的个体，而是处于交往中的个体。

其四，理性与普遍交往。雅氏强调，理性在交往中具有枢纽作用，理性连接不同的存在样态，理性保障下的哲学信仰积极地促成交往，促进交往，"哲学信仰离不开交往的完全开放"①。同样，普遍交往也离不开哲学信仰，也只有哲学信仰才能够使人类不同的文化、思想趋于理性交往，"对交往的无限开放并不是任何知识的结果，它是跟随人类历程的决定。交往的思想并不是乌托邦，而是信仰"②。只有基于理性的哲学信仰才能使人类的普遍交往成为可能。

雅斯贝尔斯试图在"哲学信仰"这一平台上进行东西方哲学之间的对话，虽然我们对他的这个平台还需要做进一步研究，但毕竟不可否认的是，雅氏敏锐地看到了东西方哲学进行沟通的可能，预见哲学未来发展之必然趋势：世界哲学，他对于人类文明普遍沟通所进行的哲学论证，他对于这种沟通的真诚与对整个人类精神的关注，都值得我们敬佩。

二 哲学信仰的现实

从雅斯贝尔斯思想中所涉及的这三种沟通，我们可以看出，他是立足于哲学信仰这一前提讨论人类普遍沟通问题的。既然哲学信仰属于作为个体性生存的思想家的自由信仰，那么它也就拒绝任何教条，不受任何权威与机构的束缚，而是在自身所具有的存在意识中展开自由的、普遍的沟通；既然不同的哲学扎根于自己的文化土壤，具有自身独特的品性，那么，大全视域保障不同哲学自身独立性的同时，使它们在对存在

---

① Karl Jaspers, *The Perennial Scope of Philosophy*, trans., by Ralph Manheim, New York: Philosophical Library, 1949, p. 181.

② Karl Jaspers, *The Perennial Scope of Philosophy*, trans., by Ralph Manheim, New York: Philosophical Library, 1949, p. 182.

自身的永恒追问中趋向真正的哲学信仰，正如雅氏强调的："无论在西方，在中国，还是在印度，各类伟大的体系哲学已经有二千五百年的历史了。一个伟大的传统正在召唤我们。尽管哲学思想派别繁多，尽管各派思想互相对立，彼此排斥，自命为真理，但是，在所有的哲学中都有着一个'一'（one），没有人拥有这个'一'，但一切这样的努力无论何时都为之神迷——趋向一个永恒的哲学（ternal philosophy, philosophia perennis）。"① 此处"永恒哲学"在雅氏思想中所指即哲学的信仰，在这层意义上，雅斯贝尔斯哲学信仰思想的真正实现恰恰就是哲学走向世界的实现，换言之，哲学信仰是世界哲学必然成为可能的出发点和基础。

雅斯贝尔斯的哲学信仰为东西方哲学之间的沟通打开了一个广阔的视域。哲学信仰开辟出不同思想进行比较的研究路向，开阔了比较的视野，在当下进行中西哲学比较研究的过程中，不啻为一种借鉴。雅氏本人在《关于我的哲学》中提到：在我们人类面临新的生存处境，而从巴门尼德到黑格尔以来，西方哲学相对稳定的局面已失去的情况下，我们必须以新的方式来理解人之存在的基础。② 他发现，这一"新的方式"就是"把印度和中国作为另外两个哲学思想的新途径"③。雅氏的这一发现，实质上表达了他自己对东西方思想进行沟通的尝试，他有关"轴心时代"的思想亦表明了同样的立场，"这个时代（轴心时代，B.C800—200年的中国、印度、伊朗、巴勒斯坦、希腊）的新的因素是：人类在各处都开始意识到作为整体的存在，意识到他自身和他的限度。他体验到世界的恐怖和他自己的孤单无知。他产生了种种激烈的问题，并且在对解放和救赎的欲求中接近过无底深渊。他在对自身的限定进行有意识的了解中，将自己立为最高的目的。他在自我的深层与超越的明晰中体

---

① ［德］卡尔·雅斯贝尔斯：《智慧之路》，柯锦华、范进译，第7—8页。
② ［美］W. 考夫曼编著：《存在主义》，陈鼓应等译，第139页。
③ ［美］W. 考夫曼编著：《存在主义》，陈鼓应等译，第139页。

验到绝对"①。一方面，虽然属于不同的地域、不同的文化背景，但在特定的历史时期，东西方却同样表现出人类对自身生存现状的沉思与改变，人类意识到他自己之存在；另一方面，纵使东西方思想家以不同的思维思考"存在"，以不同的方式表达"存在"，却形成了相同的"绝对"之意识，形成了对"绝对"之信念，不同哲学思想、不同文化在对存在的最初追问中表达了最充分的信仰意识，人类意识到作为整体之存在。这两方面是内在而统一的，正如雅氏一直强调的，人的存在与存在自身内在而统一。在雅氏的观念中，哲学是整个人类为之的信仰活动，而他的哲学信仰并不要求一种共同的、普遍有效的信仰内容与信仰方式。由此不难看出，雅氏对东西方哲学进行沟通与对话的真诚与努力精神。

第三节 雅斯贝尔斯哲学信仰视域中的儒家哲学

在哲学信仰中，雅氏提出了如此主张：只有在"哲学信仰"这个意识下，不同的哲学，包括中西哲学之间才可以沟通。而且雅氏也正是立足于"哲学信仰"这一观念来讨论东西方哲学的，换言之，他在这一前提下承认孔子、佛陀的哲学地位，正如他承认柏拉图、康德的哲学地位一样。可以说，在世界文明对话交流的今天，雅氏的哲学信仰为儒家思想的合理定位提供了可能。雅氏提出的大全视域下的哲学信仰，并没有预先设定哪一种哲学优先，这就为中西各种不同哲学的平等交流奠定了可靠的基础。在他看来，不同的哲学具有共同的根源与人类传统，即他所说的"轴心时代"，这一根源体现了哲学所具有的共同存在方式，即作为信仰的哲学，因此，不同的哲学之间并没有价值高低之分，而只有信仰的具体内容、具体思维方式的不同。在雅氏哲学信仰视域下，我们

---

① ［德］卡尔·雅斯贝尔斯：《智慧之路》，柯锦华、范进译，第70页。

尝试理解中国传统儒家哲学。

现代新儒家牟宗三先生认为，儒家的"内圣之学"是"即道德即宗教"、是"道德的宗教"。他说：

> 此"内圣之学"亦曰"成德之教"。"成德"之最高目标是圣、是仁者、是大人、而其真实意义则在于个人有限之生命中取得一无限而圆满之意义。此则即道德即宗教，而为人类建立一"道德的宗教"也。此则既与佛教之以舍离为中心的灭度宗教不同，亦与基督教之以神为中心的救赎宗教不同。在儒家，道德不是停留在有限的范围内，不是如西方者然以道德与宗教为对立之两阶段。道德即通无限。道德行为有限，而道德行为所依据之实体以成其为道德行为者则无限。人而随时随处体现此实体以成其道德行为之"纯亦不已"，则其个人生命虽有限，其道德行为亦有限，然而有限即无限，此即其宗教境界。……要说信仰，此即是信仰，此是内信内仰，而非外信外仰以假祈祷以赖救恩者也。[①]

牟宗三先生在此认为儒家是"即道德即宗教"、是"道德的宗教"，具有"宗教境界"，这一观点实际上是根据西方的价值判断体系形成的。这也是现在绝大多数人认为儒家是宗教的深层原因，他们一方面依据西方的价值判断认为宗教价值优先；而另一方面，他们自身同时又是儒家思想的坚定的信仰者，认为自己信仰的儒家必须具有价值优先的地位，否则就是自我否定自己的信仰，于是乎就认为儒家也是宗教。儒家信徒将儒家视为宗教是"宗教价值优先"这一观念的必然结果。对于此，我们不得不追问：他们的这一价值判断是否具有合法性？如果这一判断是

---

① 牟宗三：《心体与性体》（第一册），正中书局1968年版，第6页。

合法的，那么，我们就会承认儒家是宗教，尽管如此，儒家的价值地位也绝不会达到儒家信徒想要达到的程度，原因在于，儒家即使是宗教，其宗教的纯粹性也无法与佛教、基督教、伊斯兰教相比，换言之，就宗教性而言，儒家即使是宗教也绝对比不上佛教、基督教、伊斯兰教，这样的结论，恐怕是牟宗三先生和儒学爱好者都未曾想得到的：他们想为儒家争得应有的价值，反而使儒家的价值大打折扣，这或许是牟宗三先生和儒学爱好者无法接受的论断。然而，只要讲儒家是宗教，承认宗教价值优先，就会得出如此必然的结论。

本书认为，这种以西方宗教优先的价值判断体系为儒家争取价值地位的做法，其出发点就是错误的，既无益于真正把握儒家思想的实质，也无益于确立儒家的真正价值地位，更无益于中西方不同文化之间的平等交流。

要想把握儒家思想的实质和认识其应有的价值地位，要想使中西方各种文化能够进行平等交流与对话，本书认为，雅氏提出的哲学信仰的平台为此提供了可能。应当看到，牟宗三先生在为儒家争取价值地位的同时，认为儒家是"即道德即宗教"、是"道德的宗教"，其实质是想表达儒家亦有自己独特的信仰，即他所讲的儒家是"内信内仰"；此外，儒家亦有超越性追求，即牟先生所说的"道德行为所依据之实体以成其为道德行为者则无限"，此"无限"即儒家的道德信仰。而要为儒家这一独特的信仰寻求应有的价值地位，按照雅斯贝尔斯的思想观点，就不能放在宗教信仰的价值体系中进行讨论，而应放在哲学信仰的基础上进行。一方面，在哲学信仰思想中，雅斯贝尔斯明确区分了哲学信仰与宗教信仰，在哲学信仰的前提下，他认为，不同的哲学形态具有共同的存在方式，即作为信仰的哲学，在对"一"的永恒追求中，各种哲学立足共同的人类传统而进行普遍沟通。另一方面，在雅斯贝尔斯对西方传统哲学的批判中，我们发现，他认为西方传统哲学主要属于理论哲学信仰，关注人在逻辑思维的超越中对存在的把握，而他更强调人在行为的超越中对存在自身的无限逼近，即他关注的是实践哲学信仰，这一点可以从他所运用的哲学思维中看出，因而，在他这里，哲学信仰又可分为理论哲学信仰与实践哲学信仰。按照雅斯贝尔斯的思想，儒家哲学既不属于宗教信仰，也不属于理论哲学信仰，它重在道德方面，故此属于实践哲学信仰。当然，即使同属于道德哲学信仰领域，西方的道德哲学信仰与儒家的道德哲学信仰又不同，这是由其特定的信仰内容和思维所决定的。牟宗三先生认为儒家是"内信内仰"，正体现了儒家信仰的独特之处。

中国哲学中没有主客二分，没有对象思维，这已是不争的事实。根据雅斯贝尔斯哲学信仰中的超越性思想，他批评西方传统哲学思维的同时，认为应当借鉴东方的哲学思维，他在主客分裂思维中试图超越主客对立，而达到主客不分的状态，正是对东方尤其中国哲学思维的认同与理解。

就人自身的超越行为而言，传统儒学中，主要体现在道德修养境界的不断提升、德性的不断提高中，例如孔子的"吾十有五而志于学，三十而立，四十而不惑，五十而知天命，六十而耳顺，七十而从心所欲，不逾矩"（《为政》）。孟子的"可欲之为善，有诸己之谓信，充实之为美，充实而有光辉之谓大，大而化之之谓圣，圣而不可知之之谓神"（《孟子·尽心下》）。善、信、美、大、圣、神六个境界是逐渐上升的，体现了人自身的超越活动。此外，作为儒家的最高追求，仁、天道也具有超越性。

雅斯贝尔斯反对超越的外在对象性，认为超越并不是生存在彼岸世界的客体对象或神秘存在，而是内在于生存、与生存息息相关的，此外，他认为，超越对生存始终隐匿着，可以说，隐匿性正体现了超越的超越性，超越的超越性说明存在自身并不是直接显现的，这一点与中国传统哲学中的"仁"具有异曲同工之妙。

1. 仁作为孔子的超越性追求

孔子开创了儒学,以仁作为思想的核心。在孔子思想以及儒学整个思想传统中,仁都具有根基性的作用。那么,在孔子内心世界中,仁到底具有什么意义?"富与贵,是人之所欲也,不以其道得之,不处也。贫与贱,是人之所恶也,不以其道得之,不去也。君子去仁,恶乎成名?君子无终食之间违仁,造次必于是,颠沛必于是。"(《里仁》)在这里,孔子讲的仁与道同样指的都是仁道。对于君子而言,面对富贵与贫贱,始终要坚守仁道,只有符合仁道要求的富贵,君子才获取而泰然处之,也只有符合仁道,君子才去除贫贱。这样,仁就构成了君子生存始终相关涉的对象,仁成为君子的生存界限,君子无论处在什么样的境地,都时刻以仁来规范和要求自我。仁对于君子的这种作用,说明仁是君子的信仰对象,是君子的超越性追求。

仁具有超越性,体现在孔子对当时的贤者和自己最得意的弟子不许以仁。对于最得意的弟子,孔子曰:"回也,其心三月不违仁,其余则日月至焉而已矣。"(《雍也》)孔子认为颜渊比其他人更能长久地遵循仁的原则,这实际上是说颜渊并没有完全达到仁。就是孔子认为"可以使南面"的雍也,"或曰:'雍也仁而不佞。'子曰:'焉用佞?御人以口给,屡憎于人。不知其仁,焉用佞?'"(《公冶长》)孔子不知雍也之仁,实际表达的就是雍也没有达到仁。对于颜渊、雍也,孔子认为最有德的弟子,他都不许以仁。至于其他弟子,如子路、冉有、公西华,孔子虽承认他们具有一定的才干,但都否认他们达到了仁。孔子不仅不许自己的贤能弟子以仁,对当时的贤者令尹子文也只是称其忠而不许以仁,对陈文子称其清而不许以仁。孔子不许人以仁,说明了仁的超越性。

但在《论语》中有两处,孔子似乎许人以仁。"微子去之,箕子为之奴,比干谏而死。孔子曰:'殷有三仁焉。'"(《微子》)还有,"子路曰:'桓公杀公子纠,召忽死之,管仲不死。'曰:'未仁乎?'子曰:

'桓公九合诸侯，不以兵车，管仲之力也。如其仁，如其仁。'"（《宪问》）伊川认为，孔子所言"管仲之仁，仁之功也"[①]。同样，微子、箕子、比干之仁也是"仁之功"。可见，孔子在这里赞许微子、箕子、比干、管仲以仁，针对的是他们具体的行为，他们四人的上述行为展现了仁的功用，就这些行为而言，只是仁的具体表现，孔子赞许他们的这些行为，并不是说他们已达到仁德。如果说他们已达到仁，就和孔子在其他地方对管仲的批评产生了矛盾，因此，孔子对他们四人许以仁是就仁之功用而言的。孔子赞许颜渊、冉雍等，也是由于他们表现了仁之功用。由此，就具体行为而言，只有符合礼义规范的要求，孔子就会许以仁的功用。如果是作为仁之功用的最终根据，即仁德而言，孔子绝不会许任何人以仁，原因就在于仁具有超越性。

孔子敢于承当人文传统和德，但对于仁则不敢自许，亦可以说明仁的超越性品格。就孔子自身而言，确信自己继承了当时的人文传统，"文王既没，文不在兹乎？天之将丧斯文也，后死者不得与于斯文也；天之未丧斯文也，匡人其如予何？"（《子罕》）孔子也确信自己拥有德，"天生德于予，桓魋其如予何？"（《述而》）"天生德于予"，孔子意在确信自己拥有德。孔子对自己继承的文化传统和拥有德是如此的自信，但是谈到仁、圣，孔子则是另一种态度，"若圣与仁，则吾岂敢？抑为之不厌，诲人不倦，则可谓云尔已矣"（《述而》）。有的学者认为这是孔子自谦，那么，孔子为什么对于人文传统和德不自谦，而对于仁、圣则自谦呢？这只能理解为，在孔子看来，对于现实的人来说，只能把仁、圣作为追求的对象，而无法最终获得。换言之，人只有在与仁、圣的相关涉中，不断地提升自我。

因此，对仁、圣的敬畏就构成了君子的基本品格。颜渊喟然叹曰：

[①] （宋）程颢、程颐：《二程集》（上、下），中华书局1981年版，第109页。

"仰之弥高，钻之弥坚，瞻之在前，忽焉在后。夫子循循然善诱人，博我以文，约我以礼，欲罢不能。"这是颜渊对孔子之教发出的感叹，实际上正体现了孔子、颜渊师徒二人在对仁、圣的追求过程中的人生体验。在对仁、圣的不断追求中，发现"仰之弥高，钻之弥坚"的高妙与深刻；仁、圣又不远离人，"瞻之在前，忽焉在后"，孔子和颜渊又实实在在地体验到了仁；这种对仁的体验，并不是诉诸神秘的体验，而是通过"博我以文，约我以礼"的现实人文活动来完成的；仁、圣成了孔子和颜渊真实的生命体验，据此，他们对仁、圣不懈地追求而"欲罢不能"，同样体现了仁的超越性品格。而只有对超越性的追求，才会是永无休止的，如果仁可以在现实中达到，那么仁就不会成为"欲罢不能"的永恒追求的目标了。

2. 仁的特点

仁是孔子的超越性追求，这一追求由人自身决定，"为仁由己，而由人乎哉？"（《颜渊》）说明仁内在于人自身，这是孔子超越性追求的独特性所在。由于超越性追求并不在人自身之外，而是内在于人自身的，因此，孔子曰："仁远乎哉？我欲仁，斯仁至矣。"（《述而》）正因为仁既内在于人自身，又是人的超越性追求，所以对于仁，就是《中庸》所言的"夫妇之愚，可以与知也，及其至也，虽圣人亦有所不知也，夫妇之愚，可以与行也，及其至也，虽圣人亦有所不行也"。自然，《中庸》讲的是中庸之道，但这一点亦可以用于仁，由于仁内在于每一个人，所以夫妇之愚，可以与知、可以与行，但仁又是超越性的追求，人不可能完全达到仁，所以即使是圣人，对于仁的极致，亦有所不知、不行。

3. 行仁的途径

以孔子、颜渊为代表的儒家对仁的体验，并不是诉诸神秘的体验，反映了正统儒家重视人文传统的理性精神，这与基督教、佛教等宗教信仰活动构成了鲜明的对比，因此我们说，正统儒家也有自身的信仰，它具有与宗教相似的"安身立命"之功能，但绝不是宗教信仰，而是实践哲学信仰，即道德信仰。孔子、颜渊所信仰的仁并不在彼岸世界，而就在现实的人文世界，对于孔子、颜渊来说，离开现实的人文世界，仁就失去了其应有的价值和意义。宗教重视神和死亡问题，但在孔子那里却一一被搁置起来，而代之以对现实的人文世界的关怀。"季路问事鬼神。子曰：'未能事人，焉能事鬼？'曰：'敢问死'曰：'未知生，焉知死？'"（《先进》）对于基督教来说，首要的是事神，亚伯拉罕按神的旨意把自己的儿子献出去；但在孔子这里，首先是事人，对人事的敬重。对于基督教关心的人之死后灵魂升天堂之事，孔子却立足于现实世界，从"知生"做起。雅斯贝尔斯的死亡观也是如此，他重视人的边缘体验，但并不关心人死后如何，不关心彼岸世界是否存在，而强调人在当下现实中的生存行为。

与宗教不同的是，孔子对仁的信仰追求始终不离现实的人文世界，始终在现实的人事中探求，当听完子路告诉他两位隐者对他的评论时，"夫子怃然曰：'鸟兽不可与同群，吾非斯人之徒与而谁与？天下有道，丘不与易也。'"（《微子》）表明在进行仁的追索过程中，孔子始终不离开具体的人文环境，和众人在一起，在人与人的相互关系中，探索仁道的真谛，也是在人与人的相互关系中展现仁道最真实的一面。

孔子对仁的追求根植于现实的人文世界，在追索的过程中，总是从人事的最为切近处出发，显示出他理性的一面。在现实的人文世界中，一个人最为切近的就是自己的父母兄弟姐妹，因此，儒家讲仁总是从事亲开始。"有子曰：'其为人也孝弟，而好犯上者，鲜矣；不好犯上，而好作乱者，未之有也。君子务本，本立而道生。孝弟也者，其为仁之本与！'"（《学而》）这里，"孝弟也者，其为仁之本与！"是将孝悌作为行仁的出发点和基础，对于儒家来说，离开孝悌而谈行仁是难以想象的，因此，儒家极为重视孝悌在成就道德中的基础性作用。儒家的这一重家庭、人伦的人文品格与佛教离家修行构成了鲜明的对比，就是与基督教将基督徒视为神的子女亦有很大的不同。

4. 行仁的方法：下学而上达

孔子对仁的信仰基于现实的人事，并从切近的事亲出发，那么在此过程中，孔子是通过什么具体的方法与仁相关涉，达到对仁的确信，并指导具体的生活实际的？对孔子来说，他认为自己并没有超常的德性，自己所取得的一切成绩主要归功于他的好学，"子曰：十室之邑，必有忠信如丘者焉，不如丘之好学也。"（《公冶长》）同样，孔子之所以视颜渊为得意门生，也是基于他的好学。"哀公问：'弟子孰为好学？'孔子对曰：'有颜回者好学，不迁怒，不贰过。不幸短命死矣，今也则亡，未闻好学者也。'"（《雍也》）可见，好学是人追求仁、上达天道根本的方法。又如："子曰：'莫我知也夫！'子贡曰：'何为其莫知子也？'子曰：'不怨天，不尤人，下学而上达。知我者其天乎！'"（《宪问》）"下学而上达"正是孔子求仁、上达天道的根本方法。

当然，孔子重学并不是构成儒学信仰独特性的主要因素，各大宗教和哲学流派在信仰追求上也都重视学。但不同的宗教、哲学流派都有它们自身所特有的学的内容，这就构成了它们区别于其他宗教、哲学流派的特性。在孔子那里，学的主要内容是诗与礼，诗以知言，礼以立人，这些都是现实人文、具体的道德内容，决定了儒学信仰的独特性。"陈亢问于伯鱼曰：'子亦有异闻乎？'对曰：'未也，尝独立，鲤趋而过庭。'曰：'学诗乎？'对曰：'未也。''不学诗。无以言。'鲤退而学诗。他日，又独立，鲤趋而过庭。曰：'学礼乎？'对曰：'未也。''不学礼。无以立。'鲤退而学礼。闻斯二者。"（《季氏》）陈亢与伯鱼的这番对话，说明了"下学而上达"的"下学"的主要内容。孔子认为，人生活在现实的人文世界，就不得不与人进行交往、沟通，与他人进行交往和沟通就必须理解对方，必须给自己一个合适的定位。理解对方，就要知人，

· 245 ·

而知人首先在于知言，要知言就需要通过学诗以知言，因此，孔子所讲的学诗，并不是为了学诗而学诗，而是蕴涵着鲜明的现实人文关怀。要与他人进行交往，就必须按照一定的礼仪规范，就要求知礼，知礼就需要学礼。因此，孔子讲的学礼与学诗都是为了现实的人与人之间的沟通与交往，进而由此上达仁道。

孔子讲学礼以达仁，目的是现实的人与人之间的沟通与交往，因此，学礼达仁主要是通过对礼的践行来达到对仁的体验。"颜渊问仁。子曰：'克己复礼为仁。一日克己复礼，天下归仁焉。为仁由己，而由人乎哉？'颜渊曰：'请问其目。'子曰：'非礼勿视，非礼勿听，非礼勿言，非礼勿动。'"（《颜渊》）学礼、知礼并不能保证人就能现实地达到对仁的体验，只有依礼而行，做到视、听、言、动都符合礼的要求，才能达到对仁的体验。因此，孔子讲要"学而时习之"，这里的"习"是"实习""演习"之意，即践行之意，学习礼后要践行礼，正是在践行礼的过程中，逐渐达到对仁的真实体验。

5. 仁的现实意义

仁是现实的人不断超越自身完善自身的力量。"子曰：'吾十有五而志于学，三十而立，四十而不惑，五十而知天命，六十而耳顺，七十而从心所欲，不逾矩。'"（《为政》）这是孔子一生求索的心路历程，体现了孔子"下学而上达"求仁的心路历程，"吾十有五而志于学，三十而立"是孔子下学礼、立于礼的过程；"四十而不惑"是孔子下学礼而在生命中体验到仁，对行礼不再有困惑，是"下学而上达"的过渡性阶段；"五十而知天命，六十而耳顺，七十而从心所欲，不逾矩"。这几个阶段，都是孔子明确体验到仁道，并在仁道的指引下，继续提升自我的心路历程。孔子就是这样一路走来，仁内在于自身，又超越于自身。仁内在于自身，使人获得自我的确信；仁超越于自身，限制人自身的妄自尊大，促使人不断地求索，这就是仁的力量。孔子在四十就有对仁的生命体验，此后他也并没有因此而终止他的求仁历程，而是在此基础上不断地提升他的人生境界，这充分体现了仁的超越性品格。

仁的这一品格亦体现在颜渊身上。"子谓颜渊，曰：'惜乎！吾见其进也，未见其止也。'"（《子罕》）这可能是孔子看重颜渊的关键所在，因为只有如此，才是面对仁的正确态度，也只有如此，才可以不断地提升自身。

参考文献

一　中文文献

卡尔·雅斯贝尔斯：《智慧之路》，柯锦华、范进译，中国国际广播出版社1988年版。

卡尔·雅斯贝斯：《历史的起源与目标》，魏楚雄、俞新天译，华夏出版社1989年版。

卡尔·雅斯贝斯：《雅斯贝斯哲学自传》，王立权译，上海译文出版社1989年版。

卡尔·雅斯贝斯：《时代的精神状况》，王德峰译，上海译文出版社2003年版。

卡尔·雅斯贝斯：《卡尔·雅斯贝斯文集》，朱更生译，青海人民出版社2003年版。

卡尔·雅斯贝斯：《生存哲学》，王玖兴译，上海译文出版社2005年版。

卡尔·雅斯贝尔斯：《大哲学家》，李雪涛主译，社会科学文献出版社2005年版。

卡·雅斯贝尔斯等：《哲学与信仰：雅斯贝尔斯哲学研究》，鲁路译，人民出版社2010年版。

［古希腊］柏拉图：《理想国》，郭斌和、张竹明译，商务印书馆2002年版。

（宋）程颢、程颐：《二程集》（上、下），中华书局 1981 年版。

戴文麟主编：《现代西方本体论哲学研究》，浙江人民出版社 1993 年版。

［法］笛卡尔：《第一哲学沉思集》，庞景仁译，商务印书馆 1986 年版。

［德］海德格尔：《路标》，孙周兴译，商务印书馆 2000 年版。

［德］海德格尔：《存在与时间》，陈嘉映、王庆节合译，生活·读书·新知三联书店 2006 年版。

［德］汉斯·萨内尔：《雅斯贝尔斯》，程志民等译，中国社会科学出版社 1992 年版。

［德］黑格尔：《精神现象学》（上卷），贺麟等译，商务印书馆 1981 年版。

［德］黑格尔：《精神现象学》（下卷），贺麟等译，商务印书馆 1983 年版。

［德］黑格尔：《哲学史讲演录》（第四卷），商务印书馆 1981 年版。

［德］黑格尔：《哲学史讲演录》（四卷），贺麟、王太庆译，商务印书馆 1997 年版。

黄颂杰、章雪富：《古希腊哲学》，人民出版社 2009 年版。

康德：《纯粹理性批判》，邓晓芒译，人民出版社 2004 年版。

［德］康德：《实践理性批判》，邓晓芒译，人民出版社 2003 年版。

［丹麦］克尔凯郭尔：《非此即彼：一个生命的残片》（上、下卷），京不特译，中国社会科学出版社 2009 年版。

［德］莱布尼兹：《人类理智新论》，陈修斋译，商务印书馆 1996 年版。

［英］罗素：《西方哲学史》（上、下卷），何兆武、李约瑟译，商务印书馆 2001 年版。

牟宗三：《心体与性体》（第一册），正中书局 1968 年版。

［德］尼采：《偶像的黄昏》，周国平译，光明日报出版社 1996 年版。

［德］尼采：《查拉斯图拉如是说》，尹溟译，文化艺术出版社 2003

年版。

［法］让－保尔·萨特：《存在与虚无》，陈宣良等译，三联书店1987年版。

［法］让·华尔：《存在哲学》，翁绍军译，生活·读书·新知三联书店1987年版。

［联邦德国］施太格缪勒：《当代哲学主流》（上卷），王炳文等译，商务印书馆1986年版。

［美］苏珊·李·安德森：《克尔恺廓尔》，瞿旭彤译，中华书局2004年版。

［丹麦］索伦·克尔凯郭尔：《致死的疾病》，张祥龙、王建军译，中国工人出版社1997年版。

［美］W. 考夫曼编著：《存在主义》，陈鼓应等译，商务印书馆1987年版。

［德］维尔纳·叔斯勒：《雅斯贝尔斯》，鲁路译，中国人民大学出版社2008年版。

徐崇温主编：《存在主义哲学》，中国社会科学出版社1986年版。

［古希腊］亚里士多德：《形而上学》，吴寿彭译，商务印书馆2007年版。

杨伯峻译注：《孟子译注》，中华书局1960年版。

杨伯峻译注：《论语译注》，中华书局1980年版。

俞吾金等：《德国古典哲学》，人民出版社2009年版。

俞宣孟：《本体论研究》，上海人民出版社1999年版。

二 英文文献

Karl Jaspers, *The Question of German Guilt*, trans., by E. B. Ashton, Dial Press, 1947.

Karl Jaspers, *The Perennial Scope of Philosophy*, trans., by Ralph Manheim, New York: Philosophical Library, 1949.

Karl Jaspers, *Reason and Anti-Reason in Our Time*, trans., by Stanley Godman, New Haven: Yale University Press, 1952.

Karl Jaspers, *Reason and Existenz: Five Lectures*, trans., by William Earle, Routledge & Kegan Paul London, 1956.

Karl Jaspers, *The Future of Mankind*, trans., by E. B. Ashton, Chicago: University of Chicago Press, 1961.

Karl Jaspers, *Philosophical Faith and Revelation*, trans., by E. B. Ashton, Chicago: University of Chicago Press, 1967.

Karl Jaspers, *Philosophy (vol. 1, 2, 3)*, trans., by E. B. Ashton, Chicago: The University of Chicago Press, 1969 – 1971.

Karl Jaspers, *Philosophy of Existence*, trans., by Richard F. Grabau, Philadelphia: University of Pennsylvania Press, 1971.

Karl Jaspers, *Man in the Modern Age*, trans., by E. Paul and C. Paul, London: Routledge & Kegan Paul Ltd., 1951. AMS Press Reprint, 1978.

Karl Jaspers, *Karl Jaspers: Basic Philosophical Writings, Selections*, trans., Edith Enrlich, etc., Ohio: Ohio University Press, 1986.

Bernard F. O'Connor, O. S. F. S., *A Dialogue between Philosophy and Religion*, Lanham: University Press of America, 1998.

Filiz Peach, *Death, "Deathlessness" and Existenz in Karl Jaspers' Philosophy*, Edinburgh: Edinburgh University Press, 2008.

Paul Arthur Schilpp, *The Philosophy of Karl Jaspers*, New York: Tudor Pub. Co., 1957.